東アジアにおける留学生移動のパラダイム転換

大学国際化と「英語プログラム」の日韓比較

SHIMAUCHI Sae　嶋内佐絵

Paradigm Shift on International Student Mobility in East Asia
Comparative Analysis on Internationalization of Higher Education and
English-medium Degree Programs in Japan and South Korea

東信堂

まえがき

英語がもたらした東アジア地域における学生移動のパラダイム転換とその背景

　本書は、非英語圏の大学で近年増え続けている英語「で」学ぶ国際的な教育プログラム（「英語プログラム」）について、その全容と高等教育や学生移動においてもたらされた変容を明らかにすることを目的にしています。大学において、英語はもはや一つの語学や学習の対象としての言語ではなく、専門科目に関する授業を行うための伝達手段として、また授業内で討論をしたり、文献を読んだり、学位論文を書いたり発表する際の媒介言語として使用されています。いわば言語として英語「を」学ぶから、専門科目などを英語「で」学ぶことへの転換です。英語を教授媒介言語として使った教育は、アメリカやイギリスなど英語圏においては勿論のこと、近年ではヨーロッパを中心とした非英語圏における大学の国際化戦略のなかで増加しつつあり、留学先国の共通語（たとえば日本の場合は日本語、韓国では韓国語）を使った従来の教育空間とは異なった学びの場を作り出していると言えます。

　本書では、日本と韓国における高等教育の国際化をテーマとし、「英語プログラム」に関する調査と分析をもとに、日韓に特有の国際化や「英語プログラム」への留学の様相について議論を行っています。研究対象として日本と韓国を選んだ理由は、比較分析を行う上で必須である相対的に類似性の高い社会的・教育的・言語的条件を持ち合わせており、かつ韓国の事例を知り比較を行うことで、日本の政策決定や研究においても、また日本語でこの文献を読む読者にとっても、日本の教育を相対的に俯瞰し、日本への示唆を引き出すことができると考えるからです（詳しくは、第2章の第1節「日韓高等教育の共通点と比較の妥当性」を参照）。韓国は、日本にとって最も近い外国であるだけでなく、社会的な英語学習熱の高さ、盛んな海外留学や大学国際化

の取り組みなどが注目されています。日本と韓国は同じ東アジア地域における非英語圏であり、高等教育においては日本語や韓国語といった国の言語を使った学術的蓄積があり、歴史的に海外からの留学生の受け入れは、長年日本語や韓国語による教育プログラムで行っていました。しかし近年、グローバル化の深化を背景に、留学生受け入れの増加や国内学生や高等教育機関の国際的競争力の強化を目的として、国や大学レベルでの国際化政策・戦略のもと、多くの「英語プログラム」が開講されるようになっています。日本と韓国は言語的にも、高等教育の国際化政策の歴史的にも共通点の多い国であり、日本と韓国における英語プログラムの状況を比較しながら議論することで見えてくるものも多いのではないかと思います。

何を明らかにしたいのか？

　大学における英語「で」学ぶ国際的な教育プログラムの提供は、単純にこれまで使っていた日本語や韓国語から英語へという教授媒介言語、プログラム内共通言語の転換だけを意味するのでしょうか。本書では、まずこのような教育プログラムにおける媒介言語の転換が何をもたらしたのか？について明らかにしていきます。

　先に答えを言ってしまうと、教授媒介言語としての英語の導入は、日韓高等教育における国際化と学生移動の形にパラダイム転換をもたらしました。パラダイム転換とは、見方の転換、価値観や認識の劇的な変化のことを指します。何故、日本や韓国の大学において英語で教育を行うということが、大学の国際化の様相と留学の形に変化をもたらしたのか。そして、その変化とは、具体的になにを意味しているのか。本書では、英語「で」学ぶことがもたらしたパラダイム転換とその変容によって生まれた様々な課題や様相について、政策分析や全英語プログラムのデータをもとにした類型化、留学生へのインタビューなどの質的調査を通して言語的、文化的、構造的、教育的側面からあぶり出して行きます。

本書の目的の二つ目は、日韓というアジアの非英語圏における国際的な教育プログラムに注目した比較高等教育研究を通して、アジアという地域性を反映した高等教育国際化のモデルや理論的枠組の構築に貢献することです。現在まで、比較教育学の分野では、アジアの高等教育国際化や留学生交流を説明することのできる普遍的な理論的枠組は存在していません。そのなかでも最も通用性のある理論として参照されてきたのが、高等教育の「中心」を西洋と定め、学術や高等教育の発展は中心からアジアやアフリカなどの「周辺」地域に移行するという、アルトバックによる従属論（Altbach 1989, 2002, 2004）です。従属論に関しては、近年における地域レベルでの高等教育政策の進展や地域的留学生交流の活性化などから、自立に向けた国際的な位置づけの変化が起きているという指摘（黒田 2008b）や、アルトバック自身もアジア地域における研究大学の形成や国際的な位置づけを重視した議論を行うようになっていますが（Altbach & Umakoshi 2004; Altbach & Balán 2007; Gopinathan & Altbach 2005 など）、本書では英語という教授媒介言語とそれによる教育プログラムが非英語圏にもたらした「新たなる従属性」と課題についても検証していきます。

　本書は比較・国際教育や国際関係学、社会言語学、地域研究などに関心のある学生や研究者、大学関係者、政策立案に関わる方を対象に書かれています。本書を通じて、「英語プログラム」に関するより深い知識と学術的視点を提供できれば幸いです。

目　次

まえがき ……………………………………………………… i
図表一覧 ……………………………………………………… x

序章　英語「で」まなぶ高等教育プログラムへの視点 ………… 3

第1節　問題の所在と背景 ………………………………………… 3
第2節　研究目的および研究設問 ………………………………… 5
第3節　研究の意義 ………………………………………………… 7
　　1. テーマの現代性と政策への示唆　7
　　2. 多層的視座による3つのレベルでの日韓における分析　8
第4節　研究の対象―なぜ日本と韓国なのか？ ………………… 8
第5節　主要概念の定義 …………………………………………… 10
　　1.「英語プログラム」　10
　　2.「東アジア」　12
　　3.「旗艦大学」　13
第6節　分析方法の概要と構成 …………………………………… 13

第一部　高等教育の国際化と「英語プログラム」

第1章　東アジア地域の高等教育と言語 …………………… 17

第1節　高等教育の「国際化」とはなにか ……………………… 17
第2節　東アジアにおける高等教育の「地域化」 ……………… 20
　　1.「東アジアの東アジア化」―留学生移動の地域的増加　20
　　2. 東アジア地域における高等教育交流と教授媒介言語　22
　　3. 英語か、国家語か　26

第3節　欧州における高等教育と言語をめぐる議論と政策……27
　　　　1. 留学生交流・言語・地域共同体形成の相関　28
　　　　2. 英語問題とその対応および課題　31
　　第4節　"English and more English"………………………33
　　　　1. 何が英語化を加速させているのか？　33
　　　　2. 英語化がもたらした課題　35
　　　注　37

第2章　日韓における「英語プログラム」の発展と様相 …… 39

　　第1節　日韓高等教育の共通点と比較の妥当性……………39
　　　　1. 言語―国家公用語と英語の位置　40
　　　　2. 高等教育―歴史的背景と現状　41
　　　　3. 留学生交流―送り出しと受け入れの視点から　43
　　第2節　日韓高等教育政策比較分析……………………………49
　　　　1. 日本の高等教育政策と英語に関する議論　49
　　　　2. 韓国の高等教育政策と英語に関する議論　54
　　第3節　現代日韓社会における英語と
　　　　　　英語による (EMI) 教育の様相 ………………………58
　　　　1. 英語の社会的・文化的位置に関する考察　58
　　　　2.「英語プログラム」に関する先行研究とその課題　60
　　第4節　日韓高等教育における「英語プログラム」の
　　　　　　導入とその目的 ……………………………………65
　　　注　68

第3章　「英語プログラム」分析のための批判的視座
　　　　―東アジアにおける高等教育国際化を捉え直す……… 71

　　第1節　日韓高等教育における「国際化」の再検討…………71
　　第2節　従属論と英語帝国主義からの視座……………………74
　　　　1. 高等教育における「従属論」の再考　74
　　　　2. 英語帝国主義批判からの視座　79
　　第3節　「英語プログラム」の地域性に関する考察……………83

1. 留学生の地域内移動と「地域の創造」　83
　　2.「英語プログラム」と東アジア地域における言語共同体　86
　　3. 地域内留学と地域共同体形成　88
　　4. 英語と地域アイデンティティ　92
　第4節　「英語プログラム」への批判的視座と分析枠組…………　96
　　1. 国際化における「英語プログラム」のリスクとベネフィット　96
　　2.「英語プログラム」の持つ4つの志向性　100
　　注　102

第二部　「英語プログラム」がもたらす留学生移動と国際化のパラダイムシフト

第4章　日韓「英語プログラム」の形態分析と類型化モデル…　107

　第1節　研究方法……………………………………………………　107
　　1. 現存する"英語による学位プログラム"リストの検証と「英語プログラム」の定義　108
　　2. 大学別ウェブサイト検証の必要性と意義　112
　　3. 調査の詳細およびインターネット調査における指標　113
　第2節　日本における「英語プログラム」の全大学調査………　115
　　1.「英語プログラム」の分布状況　115
　　2.「英語プログラム」の形態分析　124
　　3. 日本における「英語プログラム」の類型化とその特徴　128
　第3節　韓国における「英語プログラム」の全大学調査………　136
　　1.「英語プログラム」の分布状況　136
　　2.「英語プログラム」の形態分析　142
　　3. 韓国における「英語プログラム」の類型化とその特徴　144
　第4節　日韓「英語プログラム」の志向性と展望………………　146
　　1.「国際」「グローバル」が意味するもの　146
　　2.「英語プログラム」の実態
　　　―英語「で」教えるのか、英語「を」教えるのか　149

  3.「同化型」と「離層同化型」　150
  4. 入学・卒業「要件」としての日本語・韓国語　152
  5. エリート養成機関としての「英語プログラム」　154
 第5節　「英語プログラム」の全容とその多様性……………… 155
  注　157

第5章　日韓旗艦大学の「英語プログラム」におけるケーススタディ　159

 第1節　研究方法…………………………………………… 159
  1. 比較教育研究における質的研究　159
  2. サンプリングの妥当性とその意義　160
  3. 調査方法の詳細　166
 第2節　調査大学および「英語プログラム」の概要…………… 173
  1. 上智大学（日本）　173
  2. 早稲田大学（日本）　175
  3. ソウル大学（韓国）　176
  4. 延世大学（韓国）　177
  5. 高麗大学（韓国）　178
 第3節　「英語プログラム」の特徴と課題…………………… 182
  1. 差異と共通点　182
  2. 言語をめぐる課題　185
  3. ビジョンとリアリティ
   ―Look like "Global", but it's "National".　190
 第4節　留学動機分析―新たなるプッシュ・プル要因の出現　194
  1. 多様化するナショナル（国家的）プッシュ・プル要因　196
  2. リージョナル（地域的）プル要因と「周遊」型留学の創出　199
  3. 西洋英語圏との比較軸とその覇権性　202
  4. 留学動機の類型化と多様化　205
 第5節　英語がもたらす学びの空間………………………… 209
  1. 英語への認識　210
  2. 言語のパワーと経済性への視点　212
  3. 英語帝国主義的状況　213
  4.「英語」の再構築―西洋の英語から、"私たち"の英語へ　218

5.「英語＋α」とアジア言語　220
第6節　教授媒介言語と学術の相関……………………………………225
　　　1.ディシプリン(学問領域)と言語　225
　　　2.教員の学術的背景とアカデミックカルチャー　228
第7節　「英語プログラム」におけるアイデンティティ………………231
　　　1.「純ジャパ」と「正試」―多様な学生と学生間の隔たり　231
　　　2.アジアのなかの英語圏　238
　　　3.「英語プログラム」とナショナルコンテクスト
　　　　―順応か、迎合か、同化か　242
　　注　246

終　章　おわりに……………………………………………………247

第1節　結論とその意義……………………………………………………247
　　　1.アジアの共通言語としての英語の確立と
　　　　東アジア地域における多言語・複言語主義政策　249
　　　2.カリキュラムと教育のデリバリー　251
　　　3.多様なアイデンティティと相互理解　252
　　　4.英語プログラムと国際教育の可能性　255
第2節　今後の課題と展望…………………………………………………258

　　初出一覧　260
　　参考文献　263
　　あとがき　279
　　索　引　283

図表一覧

図1	分析レベル別の研究方法	13
図2	東アジアにおける留学生移動の地域化	21
図3	日本における「英語プログラム」の設立年分布	121
図4	日本における「英語プログラム」の専攻別分布	122
図5	「英語プログラム」の類型化	129
図6	韓国における「英語プログラム」の設立年分布	140
図7	韓国における「英語プログラム」の専攻別分布	141
図8	「離層同化型」	151
図9	日韓旗艦大学「英語プログラム」の目的別モデル分布	182
図10	日韓「英語プログラム」における留学生の留学動機	206
表1	EMIプログラムの種類と発展	11
表2	キャンパス・アジア構想と採択プログラムの教授媒介言語および学習言語	23
表3	多言語主義と複言語主義の差異	30
表4	「英語化」がもたらす問題点	36
表5	日本における受け入れ外国人留学生数：年度別	44
表6	日本における受け入れ外国人留学生数：国籍別（2014）	45
表7	送り出し日本人留学生数：年度別	46
表8	送り出し日本人留学生数：主要国家別（2012）	46
表9	送り出し韓国人留学生数：年度別	47
表10	送り出し韓国人留学生数：主要国家別（2010）	47
表11	韓国における受け入れ外国人留学生数：年度別	48
表12	韓国における受け入れ外国人留学生数：国籍別（2010）	48
表13	高等教育の国際化政策・政府における有識者会議等と英語に関する議論（日本）	50
表14	高等教育の国際化政策・政府における有識者会議等と英語に関する議論（韓国）	55
表15	「英語プログラム」導入の理由（アクター別）	67
表16	世界大学ランキングにおける英語圏・非英語圏大学の割合	77
表17	非英語圏高等教育の国際化における「英語プログラム」のリスクとベネフィット	97
表18	日本・韓国の全4年制大学数（2012年）	114
表19	インターネット調査における指標	115
表20	日本の高等教育における「英語プログラム」分布	117
表21	日本の高等教育における「英語プログラム」分布（国私立別）	118
表22	韓国の高等教育における「英語プログラム」分布	138
表23	韓国の高等教育における「英語プログラム」分布（国私立別）	139
表24	調査対象大学	163
表25	インタビューリスト（日本）	168
表26	インタビューリスト（韓国）	169
表27	質問表① 東アジア地域からの留学生への質問	171
表28	質問表②「英語プログラム」教員への質問	172
表29	日韓旗艦大学「英語プログラム」の詳細	179

東アジアにおける留学生移動のパラダイム転換
―大学国際化と「英語プログラム」の日韓比較―

序　章

英語「で」まなぶ高等教育プログラムへの視点

第1節　問題の所在と背景

　近年、東アジア地域では、急速な経済成長や国境を越えた人的交流の促進にともない、高等教育機関はその変容を迫られている。グローバル化の深化する世界において、大学は歴史的にも外国の学術や文化、社会と密接な関係を持つ場所であり、開かれた人的交流と教育の場所としてその存在意義が高まっている。

　近代国家が誕生する以前に生まれたヨーロッパにおける大学はその構成員からも国際性が非常に高く、大学は国家を前提としない普遍的な知の共同体として存在していた（喜多村1984）。それが国民国家の形成とともに、より国家的な大学へと変容し、Kerr（1990）は前者を「コスモポリタン大学モデル」、後者を「国民国家大学モデル」と呼び、現在の大学は矛盾する二つのモデルを内包しようと模索していると指摘した。本書が研究対象とする日本と韓国における大学も、その基本的性格として、「国家性」と「国際性」という二つの異なった志向性を抱えている。つまり、多くの大学を構成する教員の圧倒的大多数はその国の国民であり、その教育の対象も多くは若い世代の国民である一方で、世界中から学生や研究者を受け入れ、海外大学との連携や教育プログラムにおける国際関連科目の開講、国際的競争力の育成など、国際的な側面を持つ。国民国家の成立から、大学はいかに自国民を形成していくかという国家的な志向性をもち、大学と国民形成とは切り離せない関係にある。また江淵（1997）は、近代国家が成熟してくるにつれて、留学生の受け入れなどを含む大学の国際性が国家の政治的・文化的繁栄のためにも有用で

あるという認識が生まれ、国家の社会的な目標達成のために国際化を強く意識した「コスモポリタン的国民国家大学」が追求されるようになったと指摘している。

　大学という知と学びの共同体が元来持っている、国境を越えた普遍的な知識や価値の追求といった「国際性」は、グローバル化の進行によってより色濃く表面化してきた。近年、特に東アジアの各国において留学生の誘致や英語による教育課程の創設といった国際化戦略を積極的に進めている大学は、世界各国から異なった文化・言語を持つ学生が集まり、文化や言語の複数性を内包する場所となっている。高等教育における教育プログラムは、知の国際化と通信技術の発展によって外国の思想や文化、社会との関係がますます密接になり、国境を超えたユニバーサルな知識を共有するための知的アリーナである。ここでは異なった文化・社会的背景を持つ学生が知的交換を行う媒介としての「言語」が存在する。

　それでは、そこで使われる共通言語としての「言語」とは、知識や思想を伝えるためのただの媒介・ツールなのであろうか？言語は、思考や意見を伝え理解し合うための手段である一方で、人間が生き、そして大学という場で様々な教育・研究活動を特定の方向に志向付ける要素にならないだろうか。たとえば、高等教育における媒介言語と学生間におけるその運用能力の違いは、まずは大学入学や留学という入り口の時点で今までとは異なった選考機能を働かせるだけでなく、学生の学びや学生間交流の様子、伝達される知識や授業方法といった教育にまつわる様々な側面、学生自身の学ぶ内容やアカデミックパフォーマンス、大学での経験にまで影響を及ぼすのではないのだろうか。近年、国際化のスローガンのもとに増えている英語を媒介言語とした教育プログラムの出現は、長年の間日本語や韓国語といった社会の共通語で教育・研究活動が行われてきた非英語圏である日韓の高等教育プログラムにおいて、文化的、学術的、教育的、構造的な側面において大きな変容を迫っているのではないだろうか。

第2節　研究目的および研究設問

　東アジア地域では、経済活動における相互依存的なネットワークが構築されてきたが、近年では国境を越えた多様な教育プログラムが活発化し、留学先としての「東アジア」の相対的プレゼンスも高まりつつあり、東アジア内での留学生交流や高等教育における地域的連携が深化している。

　東アジア地域の国々において、かつて「留学」が意味していたのは、西洋先進国の発展した教育を享受し、その知識を持ち帰ることであった。高等教育機関やカリキュラム、知の参照先はアメリカや欧州などの欧米諸国が中心であり、現在でも依然としてアメリカなど欧米の大学が世界各国からの留学生を集め、東アジア地域においても欧米諸国、特に英語圏への留学志向が強く存在する。さらに、世界大学ランキングといったグローバル基準の大学評価が浸透し、英語圏の大学を中心として高等教育機関の権威が可視化されている。東アジアにおける大学も、特に国を代表する有名大学を中心に、ランキングとその指標を意識した高等教育戦略が行われ、世界との競争のなかに置かれている（Altbach 2011; Ishikawa 2009; Lo 2011 など）。そのような背景のなかで、英語を教授媒介言語とした学位プログラムは、アジアやヨーロッパなどの非英語圏国の大学において増加しており、日本や韓国では海外からの留学生にとって今までにはなかった留学先の選択肢として新たに学生を獲得しつつある。

　本研究では、このような世界的・地域的な高等教育の現状と変化を背景に、以下の研究設問を設定した。

1. 東アジアにおける非英語圏の国である日本と韓国において、高等教育の「国際化」や「地域化」といった現象がどのような様相を持ち、そのなかで英語を教授媒介言語とした学位プログラム（以降、「英語プログラム」）はどのような位置づけにあるのか？
2. 日本と韓国における「英語プログラム」は、その設立目的やカリキュラム、学生の様相などにおいて、どのような特徴を持っているのか？
3. 日本および韓国で数多くの留学生を受け入れている旗艦大学の英語プロ

グラムの特徴や課題、そしてその差異や共通点は何か？また、そのような英語プログラムでは、どのような学生が、どのような目的で留学し、どのような学びと経験を得ているのか？
4. 英語プログラムの政策的・戦略的課題と展望、また日本・韓国における高等教育の国際化や留学生移動にもたらした変化の、世界の比較教育分野における概念的位置づけはどのようなものか。

以下では、それぞれの研究設問についての詳細を記したい。

　研究設問1に対しては日韓の高等教育政策分析（第2章）において、また設問2に関しては、英語プログラムの形態分析および類型化モデルの提示（第4章）を通して論じる。特に第4章では、全大学調査を通した全体的なマッピング、大学別の分布状況、各大学内における英語プログラムの位置付け、プログラムの目的、プログラムの在籍学生数とその国籍、留学生と国内学生の割合、教授媒介言語として英語で開講されている授業の比率、日本語・韓国語教育の有無、学生リクルートの有無などを調べ、日韓の社会的背景や教育政策なども踏まえ、日韓の大学における英語プログラム発展の全体像を包括的に捉え、それぞれの特徴を明らかにした。また、各大学内における英語プログラムの構造的位置付けによる形態別類型化と、在籍学生の割合や教授媒介言語に注目した目的別類型化をもとに、日韓の高等教育における英語プログラムの比較分析も行った。

　研究設問3に対しては、日韓において留学生を多く受け入れている旗艦大学の英語プログラムに焦点をあて、東アジア地域（ASEAN諸国および日中韓）からの正規留学生と教職員へのインタビューをもとに、英語プログラムの成果や課題などについて明らかにした（第5章）。英語プログラムの特色や様相、現在までの問題点や課題、今後英語プログラム発展のために必要とされていることなど、学生と教員双方からの聞き取りを通じて、日韓の英語プログラムにおける共通の特徴や差異、課題を具体的に探った。また、同じく正規留学生へのインタビューから、なぜ日本や韓国を留学先として選び、何故英語プログラムに留学しているのか、所属する英語プログラムでどのような経験

をしているのか、英語プログラムは日韓の高等教育での学びにどのような言語的、社会的、文化的、教育的な変容をもたらしたのか、などに関する分析と考察を行った。

研究設問4に関しては、第3章で留学生やプログラムの持つ「志向性」を4つに分類した概念枠組を提示するとともに、第4章、第5章の実証研究を通じて分析を行い、終章（おわりに）にて考察を行う。

第3節　研究の意義（今、なぜ英語プログラムについての議論が必要なのか）

本書では、日本と韓国の高等教育において現在進行形で増加し、変容する英語プログラムに関する分析と考察を行う。今なぜこのような教育プログラムに関する議論が必要なのか、本研究の意義と既存の研究との差異、独創性等に関して、以下の二点があげられる。

1. テーマの現代性と政策への示唆

東アジアの非英語圏における英語プログラムは新しい教育プログラムのひとつであり、後に一部を紹介するように、政治的・経済的な観点による国家や大学の国際化戦略分析や、特定のEMI（English-medium Instruction：英語を媒介言語とした）プログラム（短期留学プログラムや英語による授業など）の実践的な課題等に関する量的研究、一部の大学における英語プログラムのケーススタディ等の先行研究は数多い。しかし、東アジアの国々が歴史に根差す相互不信や経済的格差などを乗り越え、地域としての発展と平和を志す上で、英語プログラムの分析において共通のアイデンティティ形成や相互理解の促進といった文化・社会的な視点を持つことは重要であり、東アジア地域でこの視点に基づく研究は本研究を他に見ない。特に日本では、近年グローバル30事業からスーパーグローバル大学創成支援事業など国を挙げて大学の国際化とグローバル人材の育成に力を入れており、そのなかでも外国語（主に英語）を教授媒介言語とした教育の導入が積極的に行われているほか、国からの財政支援を受けないなかでも私立大学を中心に多くの英語プログラムが自発的に創設されている（第4章参照）。本書の日韓における英語プログラム

に関する実証研究では、理論的視座と実践における分析を行い、今後のプログラムの発展や改善、また国際化政策や大学の国際化戦略への示唆を提示することが可能である。

2. 多層的視座による3つのレベルでの日韓における比較分析

本研究では、東アジアの高等教育を分析するための視点として、国際関係理論を基盤に高等教育・言語に関する理論的背景や先行研究を踏まえ、多角的な視点から分析フレームワークを提示する。また、日本と韓国を研究対象とし、国家政策（第2章）、高等教育機関（第4章）、学生（第5章）の3つのレベル別に、日韓の比較教育分析を行っている。具体的には、現在まで明らかにされていなかった日韓全（4年制）大学の英語プログラムを調査し、形態分析と類型化を行ってその全貌を明らかにした上で、日韓の複数の旗艦大学において東アジア地域からの外国人留学生と英語プログラムの教職員を対象に、綿密な半構造化インタビュー調査を行っている。日本における比較教育研究の多くは、実際に多国間の比較分析や調査を行うものが少ない傾向にある。そのなかで本書では比較教育学のメソッドを用いた多国家間比較教育分析で、高等教育の国際化分野で日本にとって最も示唆を得やすい韓国との比較教育分析を中心とし、欧州の取り組みからの示唆なども含め、日本と韓国の英語プログラムについて多面的な考察を行っている。

第4節　なぜ日本と韓国なのか？

本研究では、日本と韓国を研究対象として選択した。この両国を研究対象国として選定した理由として、日本と韓国は東アジア諸国のなかでも相対的に類似点が多く、比較妥当性が高いことが挙げられる。日韓の相対的類似点は、(1)社会における言語環境、(2)高等教育の歴史的背景と現状、(3)留学生交流の様相および高等教育国際化政策などに及ぶ。この点については第2章(2.1 日韓高等教育の共通点と比較の妥当性)で詳しく述べる。

二点目には、本研究者が日韓比較を行う際に必要な韓国へのアクセシビリティ（韓国の高等教育におけるネットワークおよび研究調査に必要な韓国語運用能

力）があったことが挙げられる。筆者は、韓国のソウルにある留学院とよばれる私教育機関で2年間の就業経験を持ち、今回調査対象となった大学への交換留学も行っていたことから、韓国語を使ってのフィールドワークを行うことが可能であり、調査においても学生や教員との既存のネットワークを生かすことができた。質的調査としてインタビューを行う上で、英語プログラムの教授媒介言語・共通語である英語と、留学先言語である日本語と韓国語、という3つのインタビュー言語を選択肢として提示することが可能であり、日韓の比較研究を行う上で、インタビュー条件の平等性という面でも妥当性を与えていると考える。

　三点目に、日本・韓国の位置する東アジアにおいては、地域内、特に日中韓3か国での大学間連携と留学生の移動が増加しているほか、新たにキャンパス・アジア構想などの地域的高等教育政策と連携が進められており、現在進行する政策評価との関連でも本研究が貢献できるのではないかと考えられるためである。一方で、東アジアという地域を考えたとき、キャンパス・アジア構想や東アジア地域留学生交流など政策上でも母体となる学生数からも大きな存在感を持つ中国の存在を無視することはできない。しかし本研究においては、2012年度に現地調査などを行った結果、中国における英語プログラムを研究調査の対象から外している。中国における大学の国際化の特徴は、外国人留学生に対する履修科目において中国の文化や言語に関するものを多く提供していることであり、また教授言語も中国語で行われているケースが多い。また近年では、特に主要大学における大学院レベルを中心に英語による学位プログラムが開設されているが、これらの多くは海外の大学との連携によって開講されており、中国語で授業を受けることが難しい外国人学生を対象とし、学位取得目的の留学機会を増やすための受け皿として創設され、中国籍の国内学生は入学不可となっていることも指摘されている（黒田千晴2012）。このように中国では、本研究で定義するような英語プログラムの数が限られていることに加え、外国人留学生のために特別に用意されたものであるという点で英語プログラム自体の目的が自明であること、また前述したような日韓の相対的な類似性を鑑みて、日本と韓国の二国間でより深い

比較分析と考察を行うことができると考え、中国をのぞいた日韓の2か国に焦点をあてた。

第5節　主要概念の定義
1.「英語プログラム」

　本研究では「英語プログラム」を、英語を教授媒介言語とした学位授与プログラムと定義する（英語表記では、English-medium Degree Program: EMDPとする）。英文の先行研究では、英語を教授媒介言語とした教育は、EMI（English-medium Instruction）やEMT（English-medium Teaching）等と表記されており、EMIによる学位プログラムについては、EMIプログラムと称されるケースも見られる。一方で、現在の日韓においては、それぞれ英語で教育を行い、学位提供をしている学部や大学院の名称（たとえば「国際学部」「国際教養学部」「国際大学院」など）が英語による教育プログラムの通称になっていたり、また大学によってはそれらを「国際コース」「国際プログラム」等と呼んでいるが、一般的な概念としての「英語を教授媒介言語とした学位を提供する教育プログラム」を表す確定的な言葉は存在しない。日本においては日本学生支援機構（JASSO）による「英語による学位プログラム（University Degree Courses Offered in English）」（日本学生支援機構2015b）などにおいても、入学・卒業要件として一定の日本語能力が定められているケースなどもある（嶋内2012d）。さらに、「プログラム」という言葉も曖昧で、たとえば学位を提供しない、英語を使用した短期のサマープログラム等にも使用されている。

　そこで本研究では、「**英語を教授媒介言語・共通語とした教育・研究活動と科目履修のみによって、学士・修士・博士の学位が取得できる教育課程（学部および大学院）**」の総称を「**英語プログラム**」とした。以降本書では、上記のような条件で学位を提供する場合のみ「英語プログラム」と称し、その他英語を媒介言語として行う授業については「EMIによる授業」、英語による短期プログラムなど学位を提供しないプログラムについてはそれぞれ「EMIによる短期プログラム」「EMIによるサマースクール」などと表現した。対象となるのは学部と大学院だが、博士（後期）課程に関しては、プログラム

を通して教育を受ける機会よりも個人の研究活動が中心となるため、第5章で行ったインタビュー対象からは外している。

　英語による高等教育の種類は、大きく以下のようにまとめることができる。日韓においては、元来の日本語や韓国語という国の共通語（国語）で提供されてきた高等教育のなかで、その一部で英語を教授媒介言語とした授業を導入することから始まった。1990年代に入ってからは特に非アジア圏・非漢字語圏からの短期留学生受入を目的として、日本では国立大学などを中心に短期プログラムが作られてきた。

表1　EMIプログラムの種類と発展

EMIの種類	内容
EMIによる教育・授業 English-medium Instruction Class (EMI class)	授業単位で教授媒介言語を英語に変えたもの。EMT (English-medium Teaching) とも呼ばれる。
EMIによる様々な教育プログラム（学位授与なし） English-medium Instruction Program (EMI program)	International Summer Program など、場合によっては Certificate（修了証）などを発行する。大学独自のもの、他国間・他大学間との共同プログラムなどがある。
英語プログラム English-medium Degree Program (EMDP)	英語による授業のみの受講で、学士号などの学位取得が可能な教育プログラム。入学・卒業時点での留学先国の共通語（国語）要件があるものとないものが存在する。

（出典）筆者作成

　韓国では、アメリカを中心として英語圏への送り出し学生数が多いが、反対に受け入れ留学生は日本と同じくアジア圏の学生が大多数である。このような受け入れ・送り出しのアンバランスと教育貿易収支の赤字を目的として、ソウル国立大学、高麗大学といった国内の名門大学を中心に、サマースクール（International Summer School）等を開講し、国際的な学問分野の講義を英語で提供しながら、韓国語と韓国文化を学び、韓国社会体験ができる短期プログラムを提供している。さらに、2000年代に入ってからは、日韓の大学において、学部や大学院レベルで英語のみ（もしくは英語と日本語・韓国語の併用）で学位取得可能なプログラムが本格的に始動している。本研究で取りあげる、ソウル大学国際大学院、早稲田大学国際教養学部、延世大学アンダー

ウッドカレッジ等はその一部である。すべてが授業、短期プログラム、学位プログラムという直線的な発展経緯を辿っているわけではなく、英語プログラムのなかには戦後まもなくから学位を提供するプログラムとしてより長い歴史を持っているものも存在する。しかし、英語プログラムの創設と発展の大きな波は、2000年以降の近年10数年ほどの間に起きている。これらについての詳細は、第2章および第4章で論じる。

2.「東アジア」

　東アジアという言葉が指す地理的範囲は曖昧であり、それぞれの文脈によって東アジアが含む地理的範囲は変化する。国連による分類では、日本、中国、韓国、台湾、香港、マカオ、北朝鮮、モンゴルを含んだ地理的範囲を東アジアとしている。またマレーシアのマハティール元首相が1990年に「東アジア経済協議体」を提唱した際には、東アジアとは当時のASEAN（東南アジア諸国連合）10カ国に日中韓を含めた「ASEAN＋3」を指し、奇しくも通貨危機などを経てASEAN＋3諸国における政治経済的連携や相互依存関係が深まって行った。このような社会的背景から「東アジア」の地域概念は、一般的に北東アジアとも呼ばれる日中韓と東南アジアと呼ばれるASEAN諸国を合わせた地理的範囲としても定着しつつあるが、中国と隣接するモンゴルや、のちに東アジア首脳会議（East Asian Summit）に参加するインドやオーストラリア、ニュージーランド、さらにはロシア、アメリカといった太平洋地域周辺の大国までを含めるのかどうか、など様々な議論が存在する。本書では、上記のような政治経済的なつながりや、留学生交流、高等教育の地域的連携という文脈において、日本、韓国、中国と東南アジア（ASEAN）諸国間での地域的協力やフレームワークが存在し、「ASEAN＋3」の枠組のなかでの学生移動や高等教育機関における連携が深化している（第2章）ことを鑑みて、日中韓とASEAN諸国を含んだ地理的範囲を「東アジア」と定義して使用する。ただし、これは実用的定義としての「東アジア」で、本研究はその地理的範囲内の留学生移動について分析をするものであり、他の諸国を意図的に排除するものではない。

3.「旗艦大学」

　本書の第 5 章では、日韓の一部の大学におけるケーススタディを行っている。本書で取りあげる大学は、日本や韓国において国内外からの評価の高い大学の一部であり、一般的に「名門大学」や「エリート大学」、「一流大学」等と称されることも多い。本書では、それらの大学を旗艦大学（leading university）と称する。これらの旗艦大学に属する英語プログラムは、国内・国際的な知名度も高く、各国において留学生の受け入れで先導的な役割を果たしている。またケーススタディの対象とする大学は、すべて東京およびソウルという首都圏に位置し、地理的条件や入試条件等の条件においても比較的差異が小さいことから、日韓の旗艦大学として比較検討を行うことにも適していると考えられる。

第 6 節　分析方法の概要と構成

　本研究では、(1)国（日本・韓国）、(2)英語プログラム、(3)個人（英語プログラムに在籍する留学生および教職員）の 3 つの分析レベル別に、政策分析、大学ウェブサイトや政府統計などを使用した英語プログラムに関するデータの整理・分析と、日本と韓国の 5 つの旗艦大学における留学生および教職員へのインタビュー調査による分析・考察を行った（図 1）。

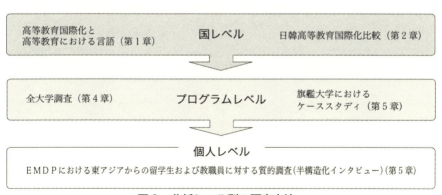

図 1　分析レベル別の研究方法

（出典）筆者作成

本研究の構成は以下の通りである。序章では、本研究の目的や問題設定、研究の重要性、研究方法などについて概要を提示する。高等教育の国際化と英語プログラムについて考察を行う第一部では、まず第1章において、東アジア地域における高等教育の国際化や地域化の現象について論じる。また、言語（特に英語）と高等教育、地域という3つのテーマのそれぞれの関連性について、欧州地域での政策や取り組みについて論じ、先行研究で指摘されている高等教育における「英語化」の過程で生まれた課題や議論点について整理する。第2章では、本研究の研究対象である日本と韓国に焦点を当て、日韓比較の妥当性について検討した上で、日韓の留学生交流の現状、各国の教育政策と高等教育国際化の様相、高等教育における教授媒介言語としての英語（English-medium Instruction: EMI）導入に関する社会的背景などを、比較の視点から分析する。第3章では、比較教育研究のあり方を考察するとともに、理論的枠組として、国際関係学、社会言語学、高等教育研究の分野の理論や先行研究を検討し、英語プログラムの分析フレームワークを提示する。

　続いて、英語プログラムがもたらした留学や高等教育国際化のパラダイムシフト（転換）に関して分析と考察を行う第二部では、第4章で日本および韓国の全4年制大学における英語プログラムの全貌を明らかにするとともに、各国別に構造的な形態と在籍学生の特徴や教育内容に注目した類型化を行う。第5章は、日韓の旗艦大学5校9学部・研究科を対象としたケーススタディで、計40名の東アジア地域出身の正規留学生および教職員に対して行った半構造化インタビューから、英語プログラムの具体的な課題や様相、留学生の学びの経験、留学動機などを分析する。最後に終章（おわりに）では、結論とその意義、政策への提言、そして将来的な課題と今後の研究の展望などについて述べる。

第一部

高等教育の国際化と「英語プログラム」

第1章

東アジア地域の高等教育と言語

第1節　高等教育の「国際化」とは何か

　近年の高等教育における議論では、国際化（Internationalization）とグローバル化（Globalization）という言葉がキーワードとなり、政府レベルでの会議や教育政策、高等教育機関レベルでの取り組みのなかでも盛んに使用されている。高等教育の国際化とグローバル化は、多くの研究者によって議論や定義がなされてきた。たとえばEnders & Fulton（2002）は、グローバル化が、国民国家の持つパワーへの挑戦であるのに対し、国際化においては国家がいまだ重要な役割を持つと前提されていることを指摘する。同様にScott（2000）も、国際化とは既存の国家的枠組を前提とし、国境を越えた高等教育上の活動が拡大することであり、より具体的には、学生や教職員の移動、大学連携や学術交流といった国際的な活動のことを指すという。一方でグローバル化とは、高等教育自体が変容し、国境を越えた高等教育の国際的な競争市場が形成されている状況である（Wende 2003）。また、現在の高等教育研究において最も頻繁に引用されているKnight（2008b）の定義によれば、グローバル化とは人やモノ、価値、知識などが国境を越えて移動し、世界的な相互依存の関係が生まれるという社会全体の変容のことを指し、国際化とは、その変容に対する国家や高等教育機関の対応であり、グローバル化と国際化はお互いがお互いに変化をもたらす作用因子（Agent）であるという。言い換えれば、グローバル化とは世界規模で巻き起こる上記のような現象であり、国際化とはそれに対応していくプロセスである。

　日本や韓国においても、グローバル化や国際化というキーワードは教

育政策や大学のあらゆる場面で使用されている。韓国では、「グローバル化」および「国際化」を包括するような概念として「世界化（セゲファ／Segyehwa）」という言葉も存在する（Shin 2012; Kim & Choi 2010）。日韓における「国際化」や「世界化」とは、各国民国家の役割が弱くなり、人やもの、金の国境を越えた移動が国際的規模になっていくという意味で、一般的にはグローバル化と同様の使われ方をする場合も少なくない。一方でKnight（2008b）のいうプロセスとしての「国際化」の日韓における使われ方は、高等教育機関が国際社会へ通用するような競争力を持つための政策的・戦略的推進力の強化という意味も含んでいる。つまり「国際化」という言葉が日本や韓国で使用されるとき、グローバル化する世界のなかで、国家的資源や人材を国際社会で通用するための能力や資本、スペックを持ったものに育成していく、という**自己変革**の意味を持っているのである。また同時に、「国際化」とは自国の文化や様々な社会資本などを如何に世界に拡大して行くか、という**ナショナルコンテンツの対外的拡大**の意味合いも持っている。

　このような日韓における言葉の使われ方を考慮し、本研究では、国際化（Internationalization）とグローバル化（Globalization）を以下のように定義して用いる。Knight（2008b）の定義にあるように、「グローバル化」とは世界的な社会の変容とその状態・現象を指し、「国際化」とは日本・韓国という国の枠組を明確にした上で、その属性を持った主体をグローバル社会に適応させ、競争力を持つ存在として認知されるような**自己変革の過程**、および文化などの自国コンテンツを国際的に認知させるための国家、高等教育機関、個人を主体とした**対外的拡大・展開のプロセス**、と定義する。

　高等教育における国際化の具体的な現象は多岐にわたり、すべてを網羅することは難しいが、Rumbley他（2012）はその全体像を理解する上で重要な8つの側面をあげている。

1. より多様な地域から行き来する、国際的に移動する学生や研究者の増加
2. 国境を越えた教育（Cross-border education）の急激な増加
3. 世界クラスの地位を達成するための推進力

4. 多様で相互に連結する世界を理解し、機能することが可能なグローバルな能力を持った人材育成に対する関心
5. 教育と研究における英語使用の拡大
6. 高等教育機関と国家的高等教育システム間の協力的ネットワークの強調
7. 各高等教育機関や国家高等教育システムによる国際的に競合するための試み
8. 利益追求企業への機会を拡大させるなど、高等教育の商業化の急激な進展

（Rumbley, Altbach & Reisberg 2012: 6、日本語訳および振り番号は筆者）

　上記でも5つ目にあげられた、教育・研究活動の双方における英語使用の拡大は、特に、日本や韓国などの非英語圏で、国際化に関して最も注目され議論の俎上に載りやすい問題の一つでもある。Rumbley他（2013）によれば、高等教育への英語の導入は、国際的な開放性（Openness）、魅力（Attractiveness）および競争力（Competitiveness）を高める戦略的行動であり、それは現在の世界で広範囲に広がっているといい、日韓も例外ではない。国際化＝英語という発想は、グローバル化社会において外国人との接触や海外旅行、インターネットを通じた情報のやり取りが増加していくなかで、個人レベルで英語をより身近に感じることも背景にあるだろう。本章第4節でも述べるように、グローバル化を背景とした高等教育国際化の文脈における英語による教育の提供は多くの非英語圏で増加している。特に非英語圏高等教育の国際化戦略上に策定された英語導入の問題は、国際化のなかでも大きな重要性と課題を持って捉えられていると言えるだろう。
　高等教育国際化における英語（そしてその過度の使用）に対する受け止められ方も、時代を経るにつれ変化している。国際大学協会（International Association of Universities: IAU）による国際化に関する世界的調査によれば、国際化に付随するリスクに関して、2005年には9％の高等教育機関が教授媒介言語としての英語の過度の使用（Overuse of English as a medium of instruction）をあげ、上位5番目までのリスクとして挙げられているのに対し、2009年度の調査では他の高等教育機関との競争や教育プログラムの商業化などがリスクの上位となっている（Knight 2010）。この調査が示すように、

英語による教育がより広がるにつれ、教育プログラムにおける英語使用に対するリスク感は相対的に減少している。高等教育における共通言語としての英語の使用は、ときが経るにつれ次第に拡大し、そのリスクについての危機感も比例して薄れていっているのである。

　グローバリゼーションという社会の変容にともない、東アジア地域における大学における国際化のあり方も変容している。Brandenburg & De Wit (2011) は、「国際化の終わり」と題する論文のなかで、信条的・理想的な国際化やグローバル化のコンセプトを抜け出し、道具や手段の先入観を再考して、むしろその理由や成果への疑問により多くの時間を割くべきだと述べている。世界が目まぐるしく変容しつつある今、国際化の新しい価値と理由、国際化した高等教育の果たす役割はなにかを再考する必要性が生まれてきている。本書で取り組んで行く課題もこのような問題意識に基づき、英語プログラムという高等教育国際化の文脈で発展・展開している現象が、そこで学ぶ学生や大学、社会、国、そしてより広い複数の国々を含んだ地域において、どのような意味を持っているのかを検証するものである。

第2節　東アジアにおける高等教育の「地域化」

1.「東アジアの東アジア化」──留学生移動の地域的増加

　東アジア地域では、経済活動や市場における相互依存的なネットワークが構築されており、市場や消費がリードする地域的連携が強化されている。同様に高等教育においても、東アジア地域内での留学生移動が急速に進行しており、地域内における留学生交流の活発化とその「地域化」＝「東アジアの東アジア化」とも言える現象を見ることができる。

　図2は、東アジア地域（ASEAN + 3）における留学生移動数を1999年（白線）と2007年（黒・灰色線）という二つの時間軸で比較することで、この10年弱の間の留学生移動の変化を表している[1]。まず、注目すべきなのは、すべての数値において、1999年時点の域内留学生移動に比べ、域内を移動する留学生数が大きく増加していることである。

　この図によれば、2007年の時点において、東アジア地域内では、中国か

ら日本への留学生移動（約 8 万人）が最も多く、次に韓国から中国への留学生数（約 6 万人）が続く。また、留学生移動の増加率は、中国から韓国（2,461%）、ASEAN 諸国から韓国（1,330%）への留学が最も高く、新しい留学先として韓国のプレゼンスが高まってきていることが分かる。さらに、北東アジア各国から ASEAN 諸国への留学生数も増加しており、*UNESCO Statistical Yearbook 1999-2007* によれば、なかでも特にタイ・フィリピン・マレーシアの 3 か国が、域内留学生の主要受け入れ先となっている。

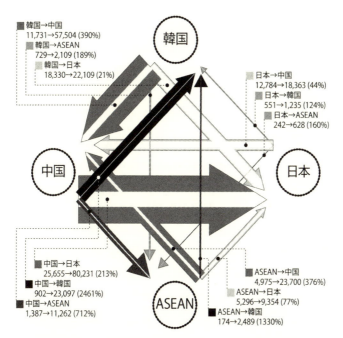

図 2　東アジアにおける留学生移動の地域化

（出典）UNESCO Statistical Yearbook および中国教育年鑑をもとに筆者作成。ASEAN はデータのある国のみを含む。数値は 1999 年、2007 年もしくは最も近い年次データに基づく。

このように東アジア地域内で留学生移動が増加した要因としては、東アジア各国の経済発展や経済・社会的な相互依存の高まりにともない国際移動・交流が大衆化・自由化したこと、ビザ・入国審査の緩和化、ITの発達による情報革命など、様々な背景や要因が考えられる。また各国において留学生獲得の経済的効果や国際的競争力強化、高等教育拠点としてのプレゼンス確保に対する認識が高まり、国レベルにおいても各高等教育機関においても、積極的な国際化戦略が行われているという背景がある。

このような東アジア地域内における留学生移動の増加は高等教育機関における様々な変容と新しいプログラムの開発を後押ししている。例として、本書の研究対象でもある英語プログラムの積極的な導入や大学間交換留学の活発化、共同学位プログラムなど超国家的な高等教育連携の増加、AUN（ASEAN University Network：アセアン大学ネットワーク）や日中韓によるキャンパス・アジア構想などの地域的取組や協力などがあげられ、東アジア地域では今後もさらに地域内の留学生交流の促進が期待される。

上記で見てきたように、東アジア地域内では現在このような若い大学生を中心とした次世代交流が活発化している。さらにグローバル30などの教育政策や各高等教育機関における国際化の取り組みから英語プログラムが急増し、新たに多くの留学生を惹き付けようとしている。概ね2000年代から増え始めたこのような新しい取り組みを通して、留学生数がどのくらい量的に増加したのかは、留学生がどのような言語を教授媒介言語として学んでいるかを指標とした統計データが存在しないため明らかではない。しかし、英語プログラムの出現は、日本語や韓国語といった従来の教授媒介言語による教育プログラムに加えて、英語という世界的に通用度の高い言語を使用したことで、より幅広い学生へ日本留学や韓国留学への門戸を開いたのは間違いないだろう。

2. 東アジア地域における高等教育交流と教授媒介言語

東アジアの高等教育では、多様なトランスナショナルな教育プログラムが導入されており、先に挙げたような大学間交換留学や共同学位などに加え、

近年では東アジアという地域単位での教育協力が行われるようになっている。たとえば、「アジア版エラスムス計画」とも言われるキャンパス・アジア構想（日本・韓国・中国における質の保証をともなう大学間交流と留学生・教職員交流の促進）は、東アジア地域全体を視野に入れた人材育成を実現し、東アジア共同体の実現に貢献することを目的に創設された。2012年度より本格的に始動したキャンパス・アジア構想では、すでに英語で授業をすることが可能な教員を備え、留学生の受け入れに実績があり、国際化に対して積極的な旗艦大学を中心とした英語による教育プログラムが、先導的役割を果たす拠点となっている（文部科学省2010）。

嶋内（2012a）によれば、採択されたプログラム内で使用される教授媒介言語および学習言語をみると、災害対策や人文学といった地域社会や各国の固有文化に関連する学問分野を除いては、ほとんどのプログラムにおいて、英語による教育が想定されている（表2）。日中韓の各国で最も広範囲に使われている日本語や韓国語、中国語に関しては、各言語を学習する機会は提供されている一方で、プログラム内共通言語・教授媒介言語としての英語と留学生活のために必要な言語としての日本語・韓国語・中国語は明確に区別されているケースが多い。

表2　キャンパス・アジア構想と採択プログラムの教授媒介言語および学習言語

構想名	大学名	使用言語
公共政策・国際関係分野におけるBESETOダブル・ディグリー・マスタープログラム	東京大学（日本）、北京大学（中国）、ソウル国立大学（韓国）	英語＋日中韓言語初級学習
日中韓先進科学技術大学教育環	東京工業大学（日本）、KAIST（韓国）、清華大学（中国）	英語＋各言語初級・サバイバルレベル学習
アジア・ビジネスリーダー・プログラム	一橋大学（日本）、北京大学（中国）、ソウル国立大学（韓国）	英語
北東アジア地域における政策研究コンソーシアム	政策研究大学院大学（日本）、韓国開発研究大学院（韓国）、清華大学公共管理学院（中国）	英語

東アジア「ユス・コムーネ」（共通法）形成にむけた法的・政治的認識共同体の人材育成	名古屋大学（日本）、中国人民大学（中国）、ソウル国立大学（韓国）ほか	英語＋日中韓言語初級学習
持続的社会に貢献する化学・材料分野のアジア先端協働教育拠点の形成	名古屋大学・東北大学（日本）、南京大学（中国）、浦項工科大学（韓国）ほか	英語
東アジアにおけるリスク・マネジメント専門家養成プログラム	神戸大学（日本）、復旦大学（中国）、高麗大学（韓国）	英語＋日中韓言語によるコース提供、日本語・韓国語・中国語学習支援
東アジアの共通善を実現する深い教養に裏打ちされた中核的人材育成プログラム	岡山大学（日本）、吉林大学（中国）、成均館大学（韓国）	（「外国語教育の強化」との明記のみ）
エネルギー環境理工学グローバル人材育成のための大学院協働教育プログラム	九州大学（日本）上海交通大学（中国）、釜山大学（韓国）	英語
東アジア次世代人文学リーダー養成のための日中韓共同運営トライアングルキャンパス	立命館大学（日本）、東西大学（韓国）、広東外語外貿大学（中国）	日中韓の言語
強靭な国づくりを担う国際人育成のための中核拠点の形成―災害復興の経験を踏まえて	京都大学（日本）、チュラロンコン大学（タイ）、バンドン工科大学（インドネシア）、ベトナム国家大学ハノイ校（ベトナム）ほか	英語＋日本語学習機会提供
「アジア平和＝人間の安全保障大学連合」を通じた次世代高品位政策リーダーの育成	大阪大学、広島大学（日本）、ナンヤン工科大学（シンガポール）、デ・ラ・サール大学（フィリピン）国連平和大学（コスタリカ）ほか	英語＋各国言語の事前語学研修
アジア地域統合のための東アジア大学院（EAUI）拠点形成構想	早稲田大学（日本）、北京大学(中国)、高麗大学（韓国）、タマサート大学（タイ）、ナンヤン工科大学（シンガポール）	英語

（出典）日本学術振興会「大学の世界展開力強化事業」審査結果および採択事業概要より筆者作成

　プログラム内での共通言語・教授媒介言語を英語にする理由の１つは、グローバル社会を生き、地域社会・国際社会で活躍する次世代人材の育成のためには、英語の習得が不可欠である、という観点である。また、国境を越えて行われる教育プログラムが短期間の留学期間のなかで学生にとってより効果的かつ効率的なものにするため、さらには、この３か国間における教育・

研究、学生支援、大学間交流などを行う際の教職員間・学生間において、「中立的な」コミュニケーション方法を確立するという主に3つの理由から、英語のポジティブな存在価値も示唆されている（太田2010）。

　他方で、東南アジア地域では、日中韓を含む北東アジア地域と比べても、共通言語としての英語に対する認識が高い。1968年には英語の国際言語・地域言語としての振興を目的に、RELC（Regional English Language Center：地域英語センター、現・地域言語センター）を設立し、現在でも東南アジアの公務員や教師のための英語研修を行っている。RELCでは、RELC Journalという学術誌を発行しており、地域言語・外国語としての英語の学習や、ASEAN各国の言語政策に関する研究も数多く発表されている（Gao 2006; Ito 2003; Nihalani 2008; Strevens 1981; Swales1985; Tanaka 2006; Woodrow 2006など）。また、2007年にASEANサミットで採択されたASEAN憲章の第34条では、「ASEANにおける業務言語（Working Language）は英語とする」と明記され、東南アジアの異なった国家間の人々の間で英語が「機能的なリンガフランカ（共通語）」として使われていることも指摘されている（Kirkpatrick 2012; Gill & Kirkpatrick 2013）。

　このような特徴は、東南アジアの地域的な高等教育交流での使用言語にも見ることができる。東南アジアでは、将来的なASEAN共同体形成へ向け、社会的・文化的な統合プロセスの上で教育分野が果たす役割が大きいという認識が共有されており、特に高等教育は、ASEANのアイデンティティ形成やASEAN共同体の多様性促進に重要な役割を果たすと考えられている（SEAMEO RIHED 2008）。その具体的な取組の一つとして、1995年よりAUN（アセアン大学ネットワーク）の活動が開始された。AUNとは、国際協働の業績などの基準をクリアしたASEAN諸国の旗艦大学（2015年現在30大学）のコンソーシアムであり、交換留学プログラムをはじめ、青年文化フォーラムやスピーチコンテスト、教員交流や共同研究が行われ、学術的なネットワーク構築を通じた相互理解の促進を目指している。具体的な交流プログラムとして、AIMS（ASEAN International Mobility of Students Programme）[2]と呼ばれる事業やASEANの加盟大学間以外とでもJICA・AUN/SEED-Net（ASEAN工学系高等教育ネットワーク、日本政府によるJICAを通した人材育成事業）

などがある。AUNの参加大学は、東南アジアの教育レベルの高い学生が在籍する各国の旗艦大学であり、学生のプログラム参加には、自国外の大学での教育を受けるために必要な高い英語力が条件として挙げられている。

さらに、東アジア全域では、例として「S³ Asia MBA」[3]や「3 Campus Comparative East Asian Studies」[4]など、東アジア各国の大学が飛び石的に参加した高等教育連携が各地で生まれている。ここでもプログラム内の基本的な教授媒介言語・共通言語は英語であり、日本語や中国語などは、あくまでも語学科目の一貫として学習されている。

3. 英語か、国家語か

一方で、教育・研究活動の共通語を英語ではなく、それぞれの言語で行う取り組みもある。たとえば北京大学、ソウル国立大学、東京大学、ベトナム国立大学ハノイ校の4大学で構成される、東アジア4大学フォーラム（BESETOHA＝参加大学の所在地（Beijing, Seoul, Tokyo, Hanoi）の頭文字を合わせた呼び方）という学術会議では、教養教育叢書のアジア各言語による出版を行い、リベラルアーツ教育の国際発信を行うことを目的としている。このプロジェクトでは、西洋起源のリベラルアーツをいかにアジアのものにしていくか、という視点から、使用される言語の異なる国に属する旗艦大学を中心とし、4大学の存在する各国で使われている各言語（中国語・韓国語・日本語・ベトナム語）で発信・運営されていることを大きな特徴としている（Nishinakamura 2011）。その言語にまつわる教育観は、「近代化の過程で、それぞれの地域で異なった歴史と文化を持っていることをお互いに認め合いながら、共通の文化の創造を目指す[5]」というフォーラムの精神に基づいている。

実際、フォーラムの開催にあたって、「英語オンリーの世界一元化（globalization）に対抗する」立場から、4言語の通訳を行ったところ、日韓中越の間の言語コミュニケーションを支える人材はかなり豊富であるということが示されている（村田 2002）。とはいえ、これらの4言語は「曲がりなりにも、安定した主権領域国家を背負った『大言語』だから」であり、「中国やベトナム国内の少数民族を視野に入れるなら、大学エリート中心の交流

の限界もまた見えてくる」(村田2002：5) という。非英語圏である東アジア諸国として、英語一元化の学術的交流に対抗する形が、国レベルの大言語を擁することで留まっていてもいいのか、という問いも、ここでの大きな課題になっていると言えるだろう。

　本節で見てきたように、高等教育の国際化活動が深化し、国境を越えた学生や研究者の移動、複数の国家を含んだ地域的高等教育政策や、高等教育機関間の連携が進むなかで、どのような言語を教育プログラム内の教授媒介言語とするかは、そのプログラムのビジョンや目的などによって異なってくる。そして教授媒介言語が英語の場合と、日本語や韓国語などの現地の言語の場合では、そのプログラムが惹き付ける学生もプログラムがもたらす経験や教育も異なるだろう。

　教育における言語の問題は、単なる教育・学習やコミュニケーションの道具として一面的に見ることはできない。次節で議論するように、その言語を使用している文化や社会、国家、そして世界の高等教育システムと密接に結びついており、人々の（ここでは学生の）認識や行動に深い影響を与えるものである。地域的な高等教育交流において、どのような言語を教授媒介言語とし、交流する学生たちの共通言語としていくのか。それは留学生移動に変容をもたらすだけではなく、東アジアという地域でどのような高等教育を提供し、どのような学生を育成していくかという、地域形成のビジョンにも関わる問題である。東アジア地域の地域統合プロセスとの連携のなかで、国際関係学的視点や言語社会学的視点を踏まえつつ、広く多面的に考察していく必要があるゆえんである。

第3節　欧州における高等教育と言語をめぐる議論と政策

　日韓の英語プログラムに焦点をあてる前に、ここでは他地域に先駆けて英語プログラムを発展・拡大させてきた欧州地域の取り組みとの比較から議論を試みる。欧州統合と高等教育の国際化・地域化の文脈のなかで、欧州の英語プログラムがどのようなビジョンや課題を持っているのか、地域と高等教育、言語政策の関連を中心に参照にしつつ、東アジアという異なった地域状

況で必要な視点や参照事項について検討する。

1. 留学生交流・言語・地域共同体形成の相関

　まずは欧州において、英語を含んだ言語がどのように議論されているかを見る。欧州と東アジアの言語状況を比較すると、東アジアに比べて欧州における言語数は相対的に少ない[6]。しかし、若い世代は学校やインターネットなど広域のコミュニケーション媒体において、英語などの支配的言語を使う傾向にあるため、地域の言語のほとんどは日常的には少数の高齢者が使っているに過ぎない、という状況も存在する。地域の言語と支配的言語の問題は、人々がより良い雇用や教育を求めて経済的に勢いのある国へ移動することで、固有の文化や言語との結びつきを失ってしまうこと、さらに情報伝達手段の拡大と加速化によって、共通言語としての英語の主流化が進み、さらにその対立関係を深めている。

　このような対立問題は、欧州だけではなく、東アジアを含めた地球上の多くの国が抱えている問題である。欧州はその統合の過程で、これらの問題に応えるための挑戦を行ってきた。そして、域内の言語多様性の維持、という挑戦の手段として、EU（欧州連合）は留学生政策の策定上に、言語の問題を織り込んだのである。

　欧州では1949年に欧州議会が設立されて以降、経済統合を主眼に置いた取り組みを経て、1967年にヨーロッパ共同体（EC）が発足した。このような共同体形成の文脈のなかで、欧州の国々が国家から共同体という「超国家」としての発展を目標とし、それにふさわしい人材育成が望まれるようになった。かつての「国民」創出から「共同体市民」創出という転換のなかで、次世代の「欧州市民」としての若者育成を目的とした留学生政策が、ECの教育分野における主要課題となっていった。

　1987年に誕生したエラスムス計画は、欧州の学生たちが、「他の加盟国について、また欧州の結束という重要性について、直接経験を通じて理解を深めることが狙い」であるとしている（坂本1991）。この計画は、他の加盟国の言語能力を有し、その経済的・社会的構造を理解した上で加盟国市民と交

流し、協力する能力を持つマルチ・リンガルの「欧州の構成員」を育成することを目的としている。参加学生は、他の加盟国の言語能力を有するということだけではなく、その経済的・社会的構造を理解した上で加盟国市民と交流し、協力する能力を育てることが期待されている。このエラスムス計画の理念と実施がもたらした貢献のひとつは、地域共同体形成構想の文脈上で、地域共同体意識を持った人材育成のための今までになかった留学のパターンを提示したことであろう。それまで留学のパターンとは、開発途上国の実施する「先進文明吸収型」や「学位取得型」、また先進諸国型とも言われる「地域研究型」と「異文化理解型」という大きな4つのタイプに分けて説明されてきた（平塚1980）。それに対して、エラスムスが作りだした留学のパターンとは、「共同体理解型」（権藤1991）や「遍路型」（白石2008）と呼ばれるような、相互理解の促進と欧州市民意識の醸成を目指した、「欧州連合（EU）」という地域共同体で活躍する人材を育成する新しい留学の形である。

　このような「共同体理解型」の地域内留学は、一方で学生たちの外国語能力を向上させた（Teichler & Maiworm 1997; Teichler 1999）。欧州において、言語の問題に長年積極的に取り組んできたのは欧州評議会である。その目的として、民主主義や人権などの保護とともに、欧州の文化的アイデンティティと多様性の促進を挙げており、1954年には「ヨーロッパ文化協定」を制定、加盟国に多言語教育が奨励され、言語教育を通じた相互理解が明文化された。EUの言語教育政策の理念は、欧州における言語多様性がEUの文化遺産であり、すべての言語が平等である、という観点から成り立っている。母語および欧州言語教育の推進は、政治的・経済的な成功をもたらし、多様な言語の人々との交流・異文化理解を促進し、偏見・レイシズムを根絶するのに役立つという理念もある。そしてお互いの文化を理解し、また単一市場における自由移動の利点を最大限に享受するには、複数の言語を習得することが第一としている。

　欧州評議会の政策は欧州連合と異なり政治的拘束力を持つものではないが、地域統合のなかで言語の問題は避けて通れない課題となっており、その問題に対して欧州は、多言語主義、さらには複言語主義という形で答えを出してきた。

表3　多言語主義と複言語主義の差異

複言語主義		多言語主義
少ない言語で完璧さを目指すのではなく、より多くの言語を受動的にでも理解できる能力を育てる	目標設定	最終的には母語話者と同程度の言語能力習得を目指す
人それぞれの言語体験（家庭・友人環境）により、生活全体のなかで言語を学び、生活のなかで生活に必要に応じて言語を利用する	言語学習	母語話者モデルを到達目標とし、主に正規の教育（学校）を通して学ぶ
移民の増大などを背景に、エリートだけではなく、一般市民の入門教育、市民教育を重視	言語学習者の主体	複数の言語を身につけるための経済的・時間的投資、能力などを兼ね揃えた者（エリート主義になる恐れ）

（出典）The Council of Europe (2001)、三浦編（1997）などを参考に筆者作成

複言語主義（plurilingualism）とは、多言語主義（multilingualism）とは異なる概念である（表3）。多言語・多文化主義の「多（multi）」が社会のあり方に焦点を当てているのに対し、複言語主義は、様々な言語や文化を背負う個人を指して言う「複（pluri）」という概念を導入している（三浦1997）。多言語主義は、単に特定の学校や教育制度のなかで学習可能な言語を多様化し、あるいは国際社会における英語のコミュニケーションの支配的位置を引き下げることで達成され得るものであった。一方、複言語主義という考え方は、決して共通語としての英語の価値や支配的地位を揺るがすものではない。複言語主義の理念は、民族・国境を越えた相互理解のためには言語教育が必要であるとし、言語を学ぶことはその言語を話す社会を学ぶことである、という前提に立っている。そして、様々な異なった言語と文化的背景を持つ欧州市民の間のコミュニケーションを質的に改善することによって、人口移動に拍車をかけ、直接接触の機会を多くし、このことが相互理解を改善し共同作業をやり易くする、という認識がある（The Council of Europe 2008）。このように欧州における言語教育は、旧来における国民統合や国民形成のための言語教育ではなく、地域としての欧州における「欧州市民」形成のための言語教育へと変わりつつあり、政治レベルにおいても次第に変容しつつある。同時に、前述したエラスムス計画では、域内留学を通した相互理解の促進と欧州

市民意識の醸成を目指し、欧州という地域共同体で活躍する人材を育成するという、高等教育交流の重要性と言語の役割を明確に打ち出したのである。

　上記のような欧州の取り組みは、東アジアにおける地域的な高等教育政策や言語政策の策定上でも参照できるものであると考えられる。欧州では、歴史的に争いを繰り返して来たイギリス、フランスという二つの大国があり、そこで使われている英語・フランス語という世界的な覇権的言語を持っていたことが、複言語主義という理念の創出にも一役買っていると思われる。しかし東アジアでは、欧州諸国におけるイギリスのように、地域内で英語を公用語・第一言語としている覇権的な国が存在せず、英語が国家の覇権性とつながるという危機感は、欧州と比べて相対的に薄いのではないかと思われる。そのことが、反対に域内における英語の覇権性を許容してしまう可能性もある。また多言語状況という点においても、東アジアの諸言語は、各言語間の言語的距離が欧州と異なっている。言語的に語族関係の近い欧州諸国と、言語の差異や多様性が欧州に比べても大きい東アジアでは、言語的な距離を度外視して議論することはできない。たとえば欧州の複言語主義的政策やその理念を、そのまま敷衍することにはさらなる議論と慎重さを要するであろう。

2. 英語問題とその対応および課題

　英語の使用や学習の支配的状況は、欧州においても見ることができる。欧州評議会では、「英語がほとんどすべての教育システムと国際的なコミュニケーションのなかで、第一外国語として嗜好され、使用されている」という状況について、「言語多様性のある欧州においては、国際的なコミュニケーションの場において、ひとつの伝達媒体の言語を持つことが万能薬ではない」ことを明確に宣言している（The Council of Europe 1997: 52）。

　欧州において、言語はその母語話者の多少に関わらず、誰もが母語で話す権利があるという「言語権」という考え方がある（渋谷 2004）。Breidbach（2002）は、欧州における英語の使用拡大について、すべての個人が保有するというその言語権の観点から、英語は特に少数言語話者にとって、公の言論における発言のための言語的手段となっている点を挙げ、英語の使用とその価値が

決して軽視されるべきものではないことを指摘した。一方で、欧州における民主的市民（Democratic Citizenship）の育成のためには、複数の言語能力を持つことと自分の言語を使う権利が守られることは補完的な要素であることから、外国語教育と民主的市民権のための教育は不可分の関係であるというだけでなく、むしろ同一の問題であると述べている。このような社会的状況のなか、「言語習得と言語の多様性の促進」（"Promoting language learning and linguistic diversity"）に関するアクション・プラン（An Action Plan 2004-2006）は、教育システムにおける英語への過度な集中を避けるために考案された。そのなかでは、「リンガフランカ（イタリア語で"共通語"を意味する）＝英語を学ぶだけでは十分ではない」、とし、言語の生涯学習を提唱し、初等教育における2つの外国語教育（母語＋2外国語学習）を提案している。

　このように、多言語の維持と共同体形成は、そのつながりと意義が明文化され、それに基づく政策が行われているが、多言語状態がもたらす共同体への負担も課題となっている。公用語の多いEUは、通訳や翻訳に莫大な経費をかけざるをえず、委員会や共同市場では英語使用が顕著であり、実際の業務ではEU書類の原文作成の約8割が英語、2割がフランス語であるという指摘もある（岡本2007）。またEU内において2001年、2005年、2012年と3回実施されたユーロバロメーターの分析によれば、「母語＋2言語」「言語の多様性」など多言語主義政策の理念への支持は拡大している一方で、実践レベルでは多言語主義が深化しているとは言い難いこと、また有用な言語としては依然として英語が圧倒的な立場にあることや中国語の台頭など、経済的有用性からみた言語学習が多いことが挙げられている（堀＆西山2013）。

　東アジアでは、欧州で行われているような地域的な枠組で言語の問題に取り組んで行こうという試みは今のところ見られていない。先に挙げたように、ASEANが業務言語として英語を規定したことは、経済的効率性から考えると妥当なものであろうが、英語が中立的なリンガフランカとして機能しているのかには疑問も残る。欧州に比べ、より言語的に多様な東アジア地域で、英語の覇権的な使用、および固有の文化や個の尊重にも直結する多様な言語を次の世代に引き継いで行くという双方の面について批判的・建設的に検討

し、地域としての今後のビジョンについて考察することも必要なのではないだろうか。

第4節 "English and more English"
1. 何が英語化を加速させているのか？

　最後に、英語という言語と高等教育との関連について欧州の事例から概観していきたい。欧州の高等教育でのEMI（English-medium Instruction）による教育は、そのうちの8割が大学院レベルで行われている。これらのプログラムの詳細を見てみると、その4割ほどが2004年以降に創設されている。積極的に取り入れている国は、オランダ、デンマーク、フィンランド、スウェーデンなど北欧の国々が中心となっており、一方スペイン、フランス、イタリアなどでは比較的少ない傾向にある（Wächter 2008）。

　このようなEMIによる教育プログラムの増加は、イギリスやアイルランドといった英語圏の学生にとっては海外留学の魅力を半減させる面も持つ一方で、英語圏出身の学生に言語的に有利にもなる。つまり、自分の得意とするネイティブの言語（母語）を使って、他の学生よりも言語の面で比較優位性を持った立場で教育を受けられるからである。このため、交換留学プログラムでは、これら英語圏からの学生には、たとえEMIプログラムに在籍していても外国語学習を義務付けるなどの取り組みもなされている（Coleman 2006）。

　De Wit（2010）も指摘するように、各国において留学生受け入れの重要性が増し、その国際化戦略の一貫として高等教育機関における教授媒介言語としての英語の導入を行うことが世界的な潮流となっている。このように英語の使用を加速させる背景として、高等教育における英語の優位性が挙げられる。現在、英語は、高等教育における学術上のリンガフランカ（'*The academic lingua franca*'）（van Leeuwen 2003: 20; Mauranen 2010; Rostan 2011）となっている。例として、最新の学術書は英語によってより手に入れやすく、殆どのものが英語で読むことができることなどがあげられるだろう（Graddol 1997: 45）。発信に関しても、世界的に英語論文の価値は高く、英語以外の言語で書かれ

たものに比べて読者数が広いことから、そのインパクトが大きいとされている（Altbach 2007）。東アジアの各国でも、現在 12,000 ほどのジャーナルを含んだ学術ジャーナルの世界的指標である ISI（Thomson Reuters Institute for Scientific Information）ジャーナルに掲載されるかどうかが研究の質を図る指標でもあり、特に若い世代の研究者は英語での研究成果の発信というプレッシャーのもとにおかれていることが指摘されている（Kratoska 2010）。

　このように、英語と高等教育というテーマを東アジア地域で考えていく際、欧州とはまた異なった社会的・歴史的背景があることをふまえる必要がある。東アジア地域では伝統的にアメリカやイギリスなどの欧米英語圏諸国への留学志向が強く、東アジアから欧米英語圏へという一方的な送り出しを続けていた。しかし序章で指摘したように、東アジア諸国の高等教育がより多様化したことで、東アジア地域内における地域的な学生移動が増加している。たとえばマレーシアのようにかつて留学生の送り出しを主に行っていた国が、英語による教育を導入することによって、教育サービスの輸出国となっているケースもある（杉村 2008）。東アジアでは、国家戦略としての留学生政策のほかに、私費留学者の増加による留学の大衆化、トランスナショナルなプログラムの普及と留学形態の多様化などが存在する（杉村 2011）。また、WHO が高等教育をサービスとみなしたことを背景に、留学生の獲得はそれぞれの国や大学にとって人的資源の獲得とともに、経済的な効果をもたらすものとしても見られるようになった。さらに、世界大学ランキング等、高等教育がグローバルな指標のもとに比較され、国際的な市場評価を下されるなかで、より世界に通用するワールドクラスの大学を形成するための政治的な戦略としても国際化が謳われており、そのなかでは英語を媒介言語とした教育が主に非英語圏における戦略のひとつとなっているのである。

　英語の重要性は、学生が留学先を選択するときにも考慮されている。IIE（Institute of International Education）によるベトナム、インド、タイ、ブラジル、ドイツなどを対象に行った調査（回答数 9,330 人）では、75% の学生がアメリカを第一希望の留学先として選んだ、という（Chow 2011）。世界大学ランキングなどを指標にしたアメリカの高等教育機関の圧倒的な優位性

などを考慮しても、「理想的な留学先としての英語圏の国」は未だ健在であり、留学の大きな原動力のひとつが新しい言語を身につけること（Bhandari & Belyavina 2012）であることを考えると、英語が原動力となり、アメリカやイギリス、オーストラリアやカナダなどが多くの留学生を惹きつけるのも決して偶然ではない。

　このように英語化の加速は、学術における中心的な言語を英語とする研究体制や英語による学術誌が支配的な状況にあることに加え、情報社会の進展による世界大学ランキングの可視化と拡大、高等教育の市場化にともなう留学生獲得競争、英語によるトランスナショナルな教育プログラムの増加など、グローバル化にともなう様々な要因が出現してきたこと、また英語圏への留学や英語での教育・研究を志向する学生たちの増加が相乗効果となってもたらされたものであると考えられる。

2. 英語化がもたらした課題

　高等教育における英語の重要性の上昇や、英語による教育は、様々な課題やインパクトをもたらしている。言語社会学的な理論面からの分析は第3章で、実際日韓の英語プログラムにおいて表象された問題点に関する実証的な問題提起と議論は第5章に譲るとして、先行研究にあげられた実践面での問題点を参考に、仮説的に以下に整理していきたい。

　たとえばDe Wit（2011）は、国際化に関する9つの誤解の筆頭に「英語による教育」をあげており、英語化自体が国際化と同様にみなされており、結果として他の言語への注目が薄れていること、英語を母語としない教員や学生による質の低い英語への注目が不足していること、また英語力の不足が質の低い教育を導いていることを指摘した。学習の「目的」としての英語（＝英語学習）と、学習の「手段」としての英語（＝教授媒介言語としての英語）では、求められる英語力のレベルに大きな違いがあり、教員や学生、あるいは双方の英語力が教育・研究の遂行に不十分な場合、その質にも問題が生まれてくることが様々なケーススタディや政策分析を通して報告されている（Bradford 2013; Doiz, Lasagabaster & Sierra 2011, 2013; Phillipson 2009）。英語が第一言語で

はない学生が英語で専門科目を学べるようになるには、一定レベルの英語力が必要とされていることから、英語による教育のチャンスを得るためには高い教育的資本を持つ学生や高等教育進学以前に英語圏などへの留学経験のある学生にとって有利であるなど、東アジア地域のなかでもエリート主義的な状況を生み出しうることも容易に想像ができる。実際に、次章以降で見て行くように、英語による教育と前述したような地域的連携のもとに成り立つ教育プロジェクトは、国内エリートの集う各国の旗艦大学を中心に行われているという現実がある。日韓の各政府による教育政策と財政分配もまた、旧帝国大学や有名国私立大学など国内の旗艦大学に集中し、そのような重点支援は一方で国際化における大学間の格差の一因となっている（嶋内2014c）。また欧州では、若く、移動可能な、高い教育を受けたエリートが社会変容の主体であり、そのエリートの高等教育における地域内移動は、同時に英語への言語シフトの主要な推進力になっていることも指摘されている（Coleman 2006）。

　一方で、英語による教育プログラムのポジティブな側面もある。英語を学生個人の社会的上昇や国際的競争力をつけるための武器と考えた場合、英語による高等教育での学びの場を東アジア内に創出することで、英語圏の留学

表4　「英語化」がもたらす問題点

実践的・直接的な問題点	◇ 教員・学生双方における質の低い英語の使用による教育・研究の質の低下 ◇ 英語で授業を行うことのできる教員の不足による、教員の国内自給問題 ◇ アカデミックな英語力習得のための時間が増えることによる不十分な専門教育
観念的・結果的な問題点	◇ 英語教育への過度の集中と、英語以外の言語への注目の低下 ◇ 階層間による教育機会の不平等がもたらす階層の固定 ◇ 国際化における国内大学間格差の拡大 ◇ 海外（英語圏）大学学位の権威化 ◇ 英語圏大学への頭脳流出

（出典）筆者作成

と頭脳流出に歯止めをかけ、同時に英語圏で教育を受けた学生の受け皿（頭脳還流＝Brain Reverse）の形成にもなりうる。留学のなかでも英語圏への留学とそこでの学位取得が一定の社会的・学術的評価を受ける日本や韓国を始めとする東アジア諸国において、東アジア地域内に英語で教育を受けることができるプログラムが創出されることで、英語圏への海外留学の代わりに国内の英語プログラムに進学をし、優秀な頭脳の流出（Brain Drain）を未然に防ぐことができる。また、海外で教育経験のある帰国子女や留学経験者を受け入れる多文化的な環境としても活用が考えられるだろう。非英語圏における英語による教育の提供は、海外からの留学生獲得という、より実利的な面も持つ。

先に挙げたDe Wit（2011）による国際化の9つの誤解（Nine Misconception）では、「国際化」自体が特定の目標になってしまうと、国際化が本来の目的を見失ったその場しのぎのものになってしまう危険性を説いた。事実、現在の高等教育における英語の拡大は、国家や高等教育機関による政治経済的な国際化戦略や競争力強化、地域連携での効率的なプログラム運営や留学生の量的拡大という「国際化」のビジョンのなかで、ともすれば高等教育戦略の一部として具体的な数値目標とともに設定されがちである。しかし、前述したように、非英語圏（日本・韓国）において英語を使用した高等教育を提供する意義や、欧米中心のグローバルな学術システムに対し、東アジアの高等教育としてどのように向きあっていくのかという課題にも直面している。英語による高等教育プログラムのあり方を考察していく上で、現在そこで学ぶ学生の声を聞き取ることの重要性もここにある。

注

1 　統計的にみて東アジア地域内における留学生移動は1990年代の終わりから10年間程で飛躍的に伸びている。ここではユネスコ、中国教育統計の双方のデータを用い、取得可能なデータのなかから1999年と2007年に最も近い年次データを使用した。

2 　2010年に開始されたMIT（Malaysia-Indonesia-Thailand）と呼ばれる三国間政

府による学生交流支援事業が原型で、2012年にベトナム、2013年以降フィリピン、ブルネイ、日本も参加し、観光学、農学、経済学など7分野における学部生の単位互換および認定をともなう交流を促進する事業。言語は原則英語となっている。

3　高麗大学経営大学院（韓国）、シンガポール国立大学経営大学院（シンガポール）、復旦大学経営大学院（中国）の3大学によるダブルディグリープログラムで、2つのMBA（経営学修士）学位が同時に取得可能。

4　延世大学・慶応大学・香港大学と3大学共同で運営しており、学部レベルの学生が各大学で1学期ずつ東アジア研究を学べるプログラムである。

5　東京大学ウェブサイト　東アジア4大学ファーラム（BESETOHA）・東京会議記者発表　http://www.u-tokyo.ac.jp/public/public01_191109_j.html　参照

6　ブレーヌ（1997）によれば、欧州全体では約65の言語が話されているのに対し、全世界の言語状況に関するデータを持つEthnologueのウェブサイトに掲載されたデータによると本研究の定義に基づく「東アジア地域」の範囲では1,529語が存在する。

第2章

日韓における「英語プログラム」の発展と様相

　本章では、第1節で日韓比較を行う妥当性について、研究テーマに直結する言語・高等教育・留学生交流の3点を軸に考察する。第2節では、両国における留学生受け入れ・送り出しの様相と大学の国際化、英語プログラムに関連する日韓両国の様相を明らかにする。第3節では、日韓それぞれの高等教育国際化と英語に関する政策や社会的背景の分析を行い、英語プログラム発展の背景と過程について論じる。

第1節　日韓高等教育の共通点と比較の妥当性

　本書では、日本と韓国を調査研究の対象として選択した。比較教育研究のもたらすひとつの重要な側面は、比較を行うことによって、自国もしくは特定の国々の教育政策や教育の様相・課題等を相対化することが可能になり、また比較軸ができることで、より現状の様相を構造的に見ることができる、という点である。日本で行われている比較教育研究を概観すると、先進国（特にアメリカを中心とする欧米諸国）から学ぶといった外国教育研究の性質が強く、一方で発展途上国に関する研究には開発という視点を多分に含むものであった（馬越1993、2007；山内2011）。近年では、グローバル化の波を受け、日本の大学が様々な現実的課題に直面する中で、今までの政策借用的な欧米偏重から、多角化した比較高等教育研究へと変容を遂げているとの指摘もある（米澤2013）。

　比較研究の前提として、まず選択した分析単位が、比較に値するかどうかを検討する必要がある。比較教育研究をする上で重要なのは、その比較妥当

性である。比較教育における比較の対象と分析方法についてブレイ・トマス キューブと呼ばれる分析枠組みを提示した Bray（2004）は、一般的に有益な分析は、比較の単位が「差異の分析が有意義であるべく十分に共通項目がある」ときにおいて成り立つ、と主張する（Bray 2004: 248）。その点で、日本と韓国の比較を行う際に、その妥当性を担保するのが、本研究で規定する「東アジア」という地域のなかでの「相対的な類似性」である。

以降では、日本と韓国の比較検討を可能にする相対的な類似性について、言語、高等教育、留学生交流の3つの視点から論じる。

1. 言語─国家公用語と英語の位置

日韓においては、言語の社会的状況に共通する特徴がある。世界の言語のうち4割近い言語が存在する多言語な東アジア地域のなかで、日本や韓国では、国内の言語多様性が相対的に小さく、日本語・韓国語という事実上の公用語の通用性が非常に高いという共通点がある[1]。義務教育においても、近年の英語による教育などの潮流を除いては、基本的に日本語・韓国語による国語教育が徹底して行われている。

また、留学生にとって日本や韓国の大学に留学を考える際に、高等教育を受けうるだけの日本語・韓国語能力の習得が留学への障害となることがある。日本語と韓国語という言語自体は、言語体系（膠着語）や文法が相似しており、ともに漢字語圏の言語であることから、特に日本語・中国語・韓国語話者の間では、語学としての学習・習得が比較的容易であり、習得の過程においても相乗効果が見られる。一方で、日・中・韓国語話者以外の学生にとっては、母語とは異なった言語グループに属していることや、アルファベット文字とは異なった固有文字を持つことなどから、最も学ぶことが難しい言語のひとつでもある。

韓国では、90年代の韓国における「世界化」政策によって、世界中で急増する中国の孔子学院と同様に、「世宗学堂」と呼ばれる韓国語・韓国文化を広げる教育的拠点を世界中に設置するという政策が行われている。一方で日本の場合、第二次世界大戦時の皇民化教育と強制的な日本語教育、植民地

支配下における言語収奪という負の遺産が存在する（川村2004；多仁2000）ことから、政府を主体とした日本語普及キャンペーンは、ある意味タブー視されているかのように、大々的に行われることはなかった。実際、日本政府主導による海外での日本語教育の現状は、国際交流基金や民間団体などを中心に、日本語はあくまでも異文化間の友好や交流、国際協力の一環として位置づけられており、韓国の言語政策とはそのスタンスに違いが見られる。

　しかし、そのような日本語・韓国語の世界的普及に対する政策上のスタンスは異なっていても、日本語・韓国語という言語が、それぞれの国家のナショナル・アイデンティティと密接につながっていることは否定しがたいだろう。近年、英語の重要性に対する社会的認識や英語学習熱が上がっていることに関して、国内の新聞やインターネットなどのメディアで「英語よりも国語（日本語・韓国語）教育を」、といった議論が持ちあがってくるのも両国に共通している。比較的同質性の高い日韓社会において、日本語や韓国語は、その社会や文化、伝統、民族等と密接に結びついている。日韓において言語に関する議論は、常にナショナリズムと表裏一体の関係にある。

2. 高等教育—歴史的背景と現状

　高等教育に関連する日韓の共通点としてまず挙げられるのは、日本および韓国が、学歴重視の社会であることである。アジアの高等教育をマクロ的な視点から解明したドーア（1978）は、特にアジアの後発国の特色として、学歴インフレーションとによる高等教育の拡大を指摘した。OECDのデータによれば、日本と韓国の大学進学率はそれぞれ約61％、約98％（小数点以下省略）となっており、世界的に見ても非常に高い大学進学率を誇っている（OECD 2014）。ただし、韓国の場合には、「大学」の定義が日本と異なり、日本では専門学校に相当する2・3年制の大学も含まれ、また日本の場合も短大や高専の後期課程進学者を含んでおり、これらのなかから4年制大学への進学者のみを取り出してみて見ると、日本は約51％、韓国は約68％とそれほど大きな進学率の差はない（OECD 2014）。それでも、日韓では少子化の波を受け、特に地方の私立大学を中心に定員割れする大学が増え、進学の

意思と経済力さえあればほとんどの場合大学に入学することのできる、一般的に「大学全入時代」と呼ばれる状況にある。

「エリート―マス―ユニバーサル」というトロウ（1976）の高等教育の段階的発展モデルに照らし合わせても、日本と韓国の高等教育は、すでに「ユニバーサル・アクセス型[2]」に達しており、大学進学自体はすでに一部のエリートの特権的なものではなくなった。特に私学の発展は著しく、私立大学数は全体の8割近くを占め、在学者数も7割以上が私学に在籍している。馬越（2007）の私立セクター類型によれば、日本と韓国は両者とも「私立優位型」の高等教育システムをもっており、量的にみる限り私立支配型の高等教育システムを形成している。私立大学はその目的も規模も多岐にわたるが、これらの私立大学は、国立大学の補完的役割ではなく、特に東京やソウルといった大都市圏を中心に、エリート層の集まる旗艦大学を形成している。

国内における大学の明確な「序列化」も、日韓の大きな特徴である。日本では、代々木ゼミナールや駿台予備校といった大手の大学進学予備校が発表する入試難易度ランキングにおいて、入学の難易度を「偏差値」という数値によって明示することで、全国の大学が学部別に序列化され、多くの受験生の大学選びの指標となっている。韓国では、大学入学選抜において、年に一度11月に実施される修学能力試験（日本で言うところの大学入試センター試験にあたり、韓国語で「修能（スヌン）」と呼ばれる）の入学選考における比重が非常に大きく、大学進学は、まずその修能の結果をもとに選択肢が決まる。各大学によって規定された入学基準（たとえば修能の成績が全国上位5％であることなど）を満たした学生が個別の大学入試を受験することができ、それに学生生活記録簿（出身高校が作成するもの、日本で言う「内申書」）や面接、エッセイ（小論文）などを加えて合否が判定される。また、例年大手メディアの一つである中央日報の教育開発研究所が国内大学ランキングを発表し、研究や教育、国際化など指標別の評価と大学別の詳細な評価レポートを発行しており、社会的にも大きなインパクトを持っている。

このように日本や韓国社会では、偏差値や国内大学ランキングといった明確な指標によって国内大学の序列が可視化されており、国公私立の旗艦大学

が、社会的に認知され共有されている。さらに、国家的な高等教育政策においても、重点的競争資金などは国立大学や、ソウルや東京など首都圏・大都市圏を中心とした旗艦大学に集中し、地方の私立大学は少子化による定員割れに直面している（Yonezawa & Kim 2008）。このような旗艦大学集中型の資金配分と少子化という社会的背景も、日本と韓国の共通点である。

　さらに、アルトバック（1993）の高等教育における「支配―従属モデル」理論をもとに日韓高等教育の設立の歴史を参照すると、それぞれ発達の段階や影響の大小は異なるが、アメリカやヨーロッパと言った西洋の大学モデルの影響を多分に受けながら発達している（馬越編1989；馬越1995）。韓国における高等教育改革は、日本統治下からの解放後、植民地的遺産である京城帝国大学などの大学機関や教育システムをアメリカモデルに転換することであり、日本でも、敗戦後のアメリカ統治下において、アメリカ式高等教育モデルが移植されていった（馬越2007：219-220）。この点で、両国の大戦後の高等教育改革にも共通項を見出すことができる。日韓の高等教育は、人々の高い教育熱と高等教育の大衆化に後押しされ発展し、日韓社会に土着化してきた。一方、日韓でそれぞれ程度は違うにしろ、国際的な学会や英語による国際ジャーナルは学術界において権威を持つものと見なされており、特に国際化を戦略的にすすめる旗艦大学にとって、国際的な研究の発信は必要不可欠な要素となっている。また第4章以降で明らかにするが、特に国際化に対応したプログラムにおける外国人（特に英語圏出身の）教員や海外学位取得者の採用など、西洋英語圏の教育・研究の輸入は今でも続いている。その点で、日韓の高等教育が学術における中心に対する周辺という性質が存在することは否定できないであろう。

3. 留学生交流―送り出しと受け入れの視点から

　最後に、留学生交流における共通項を日韓比較の視点から見てみたい。日韓における留学生移動を詳細に見て行くと、両国に共通する留学生移動のダイナミズムと差異点がある。結論を先取りして述べると、共通点の1つ目は、圧倒的大多数の東アジア圏出身留学生の受け入れ（**留学生受け入れの「地**

域化」)、2つ目は、各国内学生の西洋圏（特にアメリカを中心とした英語圏）に対する送り出し（**送り出しの英語圏志向**）である。また、日韓の明白な差異としてあげられるのは、英語圏のなかでも特にアメリカへの留学熱と、送り出し留学生数の違いである。

(1) 日本

　日本では、2011年の東日本大震災やその後の原発問題などの影響も背景に、2012年の外国人留学生数は前年と比べて約3,700人減少したが、現在は日本語教育機関に在籍する留学生を含めると約18万人（そのうち約14万人が高等教育機関に在籍）の外国人留学生が日本で学んでいる（**表5**）。日本における留学生は長年中国・韓国からの留学生が全体の70％以上を占めていたが、ここ数年の間にベトナム、ネパールからの留学生がそれぞれ2-3倍に急増している（**表6**）（日本学生支援機構2015a）。上位10カ国は9位のアメリカをのぞき、東アジア地域からの留学生であり、東アジア地域からの留学生だけで全体の9割を占める。長年、日本の高等教育は、中国、韓国、そして台湾という大戦時の植民地や侵略先からの留学生受け入れを基本にしていた（Clammer 1997）。高度経済成長以降の日本は世界におけるODAのドナー大国であり、高等教育の分野においても、特に発展途上国からの留学生に対して、手厚い奨学金を用意した受け入れが中心的であり（Hayhoe 1996）、それはいわば先進国の一員としての国際貢献の意味合いも含めた、「**ODA式受け入れ**」とも呼べるような性質を持っていた。現在では、日本への留学生の圧倒的多数を占めているのが中国語圏と韓国を中心とした東アジア諸国出身であり、彼らのほとんどが私費留学生である。

表5　日本における受け入れ外国人留学生数：年度別

年度	2009	2010	2011	2012	2013	2014
留学生数	132,720 △	141,774 △	138,075 ▼	137,756 ▼	135,519 ▼	139,185 △

（出典）日本学生支援機構（2015a）平成26年度外国人留学生在籍状況調査結果（平成27年2月）より筆者作成（＊▼は前年度比減、△は前年度比増）

表6　日本における受け入れ外国人留学生数：国籍別（2014）

国　家	中　国	ベトナム	韓　国	ネパール	台　湾	合　計
留学生数	94,399 ▼	26,439 △	15,777 ▼	10,448 △	6,231 △	184,155 △
比　率	51.3%	14.4%	8.6%	5.7%	3.4%	100%

（出典）日本学生支援機構（2015a）平成26年度外国人留学生在籍状況調査結果（平成27年2月）より筆者作成（＊▼は前年度比減、△は前年度比増）

　日本の高等教育機関で学ぶ外国人留学生が、どのような言語による教育プログラムで学んでいるのか（日本語なのか、英語なのか、またはその他の言語なのか？）、その統計値は明らかになってはいないが、私学高等教育におけるほとんどの留学生は、私費留学生として日本語による教育プログラムのなかで学んでいる、と考えるのが自然である（Yonezawa 2011）。言い換えれば、現在でも日本留学の主流は、留学生が大多数の日本人学生の間で学び、日本語「で」高等教育をうけるいわば「**入り込み式受け入れ**」（第4章で提示する「**同化型**」）であり、英語プログラムは、日本における新しい留学の形である、といえよう。

　一方で、送り出しの学生数に関しては、学生の越境をともなう移動が世界的に増加しているなかで、海外留学をする日本人学生数の減少が注目を浴びている。2011年から2012年にかけて少し回復はしているものの、年度別に見ても多いときで1万人近く学生数が減少している（**表7**）。長年留学先としてはアメリカが1位の座を守り続けていたが、2012年についに中国が最も多くの日本人留学生が向かう留学先となった（**表8**）。IIE（Institute of International Education）（2013）によれば、2012年から2013年におけるアメリカへの留学生は、19,568名となって減少し続けており、今から20年以上前の水準にまで後退している。

　このような海外留学減少の理由として考えられるのは、(1)経済の停滞と家計の悪化、(2)就職活動の時期との重複、(3)若年層の総人口減少と相対的な国内大学定員数の増加といった、日本が持つ、経済的・社会的な問題点である（小林2011；Shimmi 2011など）。これらの要因に加え、学生レベルでの課題点として、他国からの学生と比例した、相対的な語学力（特に英語力）の低さ

が一因として考えられる。日本人の TOEFL 平均スコアが、近隣アジア諸国と比べて低いことは広く知られているが、多くの留学生を受け入れている海外の大学において、日本人学生の英語力がほかの近隣アジア諸国の学生に比べて相対的に落ちることから、奨学金などを得ることのできるチャンスも低く、入学時点のスクリーニングでふるい落とされていること、留学をしても授業についていくのが難しいことから学生自身が留学を踏み止まっているのではないか、ということも要因として考えられるだろう。また、日本人学生の海外留学の減少は、「内向き志向」に原因を求める世論もある。横田・小林編（2013）では「日本人学生の内向き志向再考」として、敬遠されるアメリカ留学や海外留学先の多様化・分散化、少子化と国内高等教育機会の拡大、就職活動の長期化と早期化、単位互換制度の未整備や学事歴の違い、日本の家計の悪化、奨学金の不足などとともに、大学卒業後の雇用システムが留学経験を評価しないことや、学生の安全志向などを挙げた上で、現在の学生は海外志向が強い層と弱い層に分化していると結論づけている。また、特にアメリカをはじめとする英語圏への留学生が減少した理由として、非英語圏における英語プログラムの増加や、非伝統的な留学先での多様なプログラム増加も理由に挙げられる、と指摘されている（Shimmi 2011）。

表7　送り出し日本人留学生数：年度別

年　度	2008	2009	2010	2011	2012
学生数	66,833 ▼	59,923 ▼	58,060 ▼	57,501 ▼	60,138 △

（出典）文部科学省（2015）「日本人の海外留学状況」（平成27年2月集計）を参照し筆者作成（＊▼は前年度比減、△は前年度比増）

表8　送り出し日本人留学生数：主要国家別（2012）

国　名	中　国	アメリカ	イギリス	台　湾	ドイツ	その他	合　計
留学生数	21,236 △	19,568 ▼	3,633 ▼	3,097 △	1,955 △	10,759	60,138 ▼
比　率	35.3%	32.5%	6.0%	5.1%	3.3%	17.9%	100%

（出典）文部科学省（2015）「日本人の海外留学状況」（平成27年2月集計）を参照し筆者作成（＊▼は前年度比減、△は前年度比増）

(2) 韓国

　次に、韓国における留学生交流の実態を見てみると、韓国人学生の送り出し留学生総数はここ十数年間順調に伸び続け、2011年には30万人近い韓国人学生が海外で学んでいる。表9の統計に加え、最も早期留学が活発であった時期（2005年度から2006年度）には、およそ35,000人の小・中学生が海外留学を行っていた。早期留学は2006年をピークにその数が減少していくなかで、大学生以上の送り出し留学生数は依然として増加しており、2003年には約16万人だった数は、2010年には25万人に、2011年では29万人近くの韓国人学生が海外留学を行っている（表9）。

　韓国人留学生に人気の留学先は、2位の中国、3位の日本という近隣北東アジア諸国を除いては、アメリカ、イギリス、オーストラリア、ニュージーランド、カナダ、フィリピンなど英語圏の国であり、これら英語圏の大学に向かう韓国人留学生が過半数を占めている。留学先としての英語圏、特にアメリカへの高い留学熱が見られる（表10）。また、アメリカ側からみても、在米外国人留学生のうちの約8％を韓国人留学生が占めている（Institute of International Education 2014）。

　韓国教育科学技術部のデータから地域別の留学生数を学位課程別にみると、

表9　送り出し韓国人留学生数[3]：年度別

年　度	2006	2007	2008	2009	2010	2011
学生数	190,364	217,959 △	216,867 ▼	240,954 △	251,887 △	289,288 △

（出典）韓国教育科学技術部「2010年度国外韓国人留学生統計」より筆者作成
（＊▼は前年度比減、△は前年比増）

表10　送り出し韓国人留学生数：主要国家別（2010）

国　名	アメリカ	中　国	日　本	オーストラリア	イギリス	その他	合　計
留学生数	75,065 △	64,232 ▼	27,965 △	17,829 ▼	17,257 △	49,539 △	251,887 △
比　率	29.8%	25.5%	11.1%	7.1%	6.9%	19.6%	100%

（出典）韓国教育科学技術部「2010年度国外韓国人留学生統計」より筆者作成
（＊▼は前年度比減、△は前年度比増）

カナダを含めた北米地域に行く学生の約85％が、大学や大学院などでの学位取得を目的に留学している。Ghazarian（2014）によれば、韓国人学生にとって、留学先としての中国の人気が上昇しているが、第二の送り出し先である中国語圏を含んだアジア地域へは、その過半数が中国語などの語学習得を目的に留学しているなど、韓国ではその留学先別に異なった留学パターンを持っていることも特徴的である。留学先としては、アメリカが継続的に最も希望者の多い留学先として順調に数を伸ばしているほか、日本への留学生数は2009年から2010年の間で1万人近く増えている（ただしこの数は2011年の大震災と原発事故の影響により、2012年度には若干減少している）。

一方で、受け入れ留学生に関しては、Study Korea Project（2004）で2010年までに留学生5万人を受け入れるという政策目標を2008年に達成し、それ以降、毎年1万人の単位で留学生は増え続け（表11）、韓国は東アジアのなかでの留学先としてのプレゼンスを高めているといえるだろう（韓国における留学生受け入れの急激な増加については序章の図2を参照）。受け入れ外国人留学生を国籍別に見てみると、中国、日本、モンゴル、アメリカの順で、中国人留学生が圧倒的に多く、全体の約70％にもなる。近年では、モンゴルやベトナムといった、他のアジア諸国からの留学生も増えている（表12）。また、留学生のうち約85％は私費留学生であり、日本と同じく近隣諸国（特

表11　韓国における受け入れ外国人留学生数：年度別

年　度	2005	2006	2007	2008	2009	2010
留学生数	22,526 △	32,557 △	49,270 △	63,952 △	75,850 △	83,842 △

（出典）韓国教育科学技術部「2010年度国内外国人留学生統計」より筆者作成
（＊▼は前年度比減、△は前年比増）

表12　韓国における受け入れ外国人留学生数：国籍別（2010）

国　家	中　国	日　本	モンゴル	アメリカ	ベトナム	その他	合　計
留学生数	57,783	3,876	3,333	2,193	1,914	14,743	83,842
比　率	68.9%	4.6%	4.0%	2.6%	2.3%	17.6%	100%

（出典）韓国教育科学技術部「2010年度国内外国人留学生統計」より筆者作成

に中国と日本）からの私費留学生を中心とした受け入れを行っていることも特徴的である。主要な送り出し先国家と、受け入れ外国人学生の出身国が共通しているのは日本、中国、アメリカのみで、中国は受け入れ過多、日本とアメリカに関しては送り出し過多の状態が続いている。

　韓国では、留学熱が非常に高く、全人口に対する留学者数が非常に高い一方で、受け入れ留学生が高等教育機関在学者に占める割合は0.7%と依然として低いことから、教育貿易収支の赤字が問題視されている。このような背景から、英語による国際的な教育プログラムの提供などを通した国内大学の国際化は、優秀な韓国人学生の国内育成と外国人留学生の誘致を両立させ、教育収支のバランスを取り戻すための戦略の一貫でもある（MEST 2007）。

　上記で見てきたように、近年の日韓の高等教育における留学生交流の共通点として、以下の二点が挙げられる。一点目に、受け入れに関しては中国からの圧倒的大多数を中心に、東アジア地域内からの留学生が中心となっていること、そして二点目に、送り出し先としての英語圏人気は特に韓国で顕著であるが、日本でも全留学生数の約4割がアメリカへ留学しており、留学先としてのアメリカ人気が共通して高いことである。特に二つ目の共通項に関しては、英語圏における高等教育の相対的優位性と英語という言語の学術・社会における重要性という二つの要素が、日韓のコンテクストでも有効であることを示していると考えられる。

　このような環境において、より多様で質の高い優秀な外国人留学生を獲得するため、日本と韓国は高等教育に関連する様々な国家政策を行っている。次節では、高等教育の国際化と英語に関して重要な転換点となった国家政策を概観し、日韓における英語プログラムの持つ目的やビジョンを分析する。

第2節　日韓高等教育政策比較分析
1. 日本の高等教育政策と英語に関する議論
　優秀で質の高い留学生の獲得は、長年、日本の高等教育における国家的な目標として掲げられてきた。留学生政策のベンチマークは、1983年に中曽根政権下の「21世紀への留学生政策懇談会」における提言をふまえて始まっ

た「留学生 10 万人計画」である（表 13）。中曽根は国際化へと大きく舵を取りながらも、国家主義的な政治家として知られている（Hood 2001）。ここでは「留学生の学習に配慮したコース等の拡充」が提案されたが、具体的にどの言語でどのようなコースを拡充するのかについては論議されず、受け入れ留学生の量的拡大は達成した一方で、外国人留学生の就業目的の日本留学など、日本留学の質的な問題が明るみに出た。

また、1995 年には、アジア圏以外からの留学生増加を求める日米文化教育交流会議からの提案をもとに、国立大学を中心に英語を教授媒介言語とした「短期留学プログラム」が設置され、世界各国からの学生、特に日本語を習得して長期で留学に来ることが難しいと考えられているアメリカ、ヨーロッパなど西洋諸国からの学生の短期受け入れを主眼としたプログラムが始まった。このような英語による「短期留学プログラム」は、日本語で高等教育を受けることが難しい学生へも日本留学の間口を広げ、日本語や日本文化学習などを提供することを目的としており、主に長期滞在が難しい西洋圏からの留学生受け入れを射程に設置されたものであった。

しかしながら、このような施策は大学教育全体のなかで見ると部分的なものであり、東アジアを中心とする留学生の大多数は、日本語による教育プログラムのなかで、日本人学生とともに学ぶという「入り込み式受け入れ」態

表 13　高等教育国際化政策・政府における有識者会議等と英語に関する議論（日本）

年	政策名、会議名等	高等教育国際化戦略・英語に関連する内容
1983	留学生 10 万人計画	中曽根政権「21 世紀への留学生政策の展開について」をもとに策定。
1995	短期留学推進制度	大学の国際化と授業の国際的な通用性を高めるため、<u>英語による短期プログラムを開設</u>、主に英語圏からの留学生受け入れを促進。
2000	『21 世紀日本の構想』報告書	長期的に<u>英語を日本の第二公用語とする</u>ことへの国民的議論、国際共通語・グローバルリテラシーとしての実用英語習得の必要性。
2002	21 世紀 COE (Center of Excellence) プログラム	日本の大学に世界最高水準の研究教育拠点を形成し、研究水準の向上と世界をリードする創造的な人材育成を図る。

年	政策名	内容
2003	「英語が使える日本人」の育成のための計画行動	国際的共通語としての英語のコミュニケーション能力の習得は、日本の国際的プレゼンス上昇と発展のための重要な課題とし、2008年を目標に英語が使える日本人を育成するための具体的行動計画の提示。
2007	グローバルCOE (Global Center of Excellence) プログラム	世界最高水準の研究教育拠点を形成し、研究水準の向上と世界をリードする創造的な人材育成を図るため、重点的な支援を通じた国際競争力のある大学づくりの促進。
2008	留学生30万人計画	日本留学への誘い、入試・入学・入国の改善、大学等のグローバル化の推進、受け入れ環境づくり、卒業・修了後の社会における受け入れ推進の5方策。なかでも、留学生を引きつける魅力ある大学づくりとして、英語のみによって学位取得が可能となる等の受入れ体制の整備に支援重点化、国際的教育研究拠点づくりを推進。
2009	大学の国際化のためのネットワーク形成推進事業（グローバル30）	留学生を惹きつける魅力ある大学づくりとして、採択大学は英語による授業のみで学位取得できるコース（英語コース）を、学部・大学院の両方に1コース以上ずつ新設。
2009-2010	グローバル人材育成会議	大学のグローバル化、日本人学生の海外留学の後押し、優れた外国人学生の獲得のための「外国語コースの設定や外国語による授業の促進」。
2011	英語教育必修化	小学5、6年生向け年間35時間の「英語活動」を必修化。
2011	大学の世界展開力強化事業	アジアおよびアメリカ等との高等教育ネットワークの構築を図ることにより、大学の世界的展開力の強化、グローバルに活躍できる人材を育成するための国際的な枠組みでの高等教育の質保証、外国人学生の受け入れ、日中韓（「キャンパス・アジア構想」）・アメリカ等の外国人学生と協働教育による交流を行う事業に対する重点的に財政支援。
2012	グローバル人材育成推進事業、経済社会の発展を牽引するグローバル人材育成支援（2014～）	若い世代（日本人学生）の「内向き志向」を克服し、国際的な産業競争力の向上や国と国の絆の強化を目指し、全学推進型では11大学、特色型では31の大学が選定。
2014	スーパーグローバル大学創成支援事業	若い世代の「内向き志向」を克服し、国際的な産業競争力の向上や国と国の絆の強化の基盤として、グローバルな舞台に積極的に挑戦し活躍できる人材の育成を図るため、大学教育のグローバル化のための体制整備を推進。

注記：下線は英語による高等教育に関する政策、点線は英語教育活動に関する政策
（出典）日本学術振興会、文部科学省、首相官邸ウェブサイトなどをもとに筆者作成

勢は変わることがなかった。そして 2008 年には、大学の魅力づくりや受け入れ環境整備など通して、2020 年を目標とした 30 万人留学生受け入れ政策が打ち出された。

　英語に関する議論としては、1999 年の小渕内閣下で開催された「21 世紀懇親会」において、世界にアクセスし、対話できる能力として「グローバルリテラシー（Global Literacy）」の必要性が唱えられ、「国際共通語としての英語」を社会人になるまでに日本人全員が使いこなせるようになることや、英語を第二公用語化することへの長期的な議論の必要性が提言され波紋を呼んだ。2002 年の学習指導要領の改訂では、国際理解のための外国語学習が事実上、英語学習と同一視されたこと、2003 年の「英語が使える日本人」の育成のための計画行動の提唱など、日本における英語とそれに関する教育政策は様々な議論を呼び起こした。2011 年からは小学校で外国語（英語）学習が必修化され、グローバル時代における国際共通語としての英語の優位性と、英語によるコミュニケーション能力の重要性が国内教育政策のなかでも再認識される結果となった。さらに、グローバル化の深化を受け、世界で活躍する日本国民の育成を目標にしたグローバル人材育成推進会議では、グローバル人材を育成するためには、大学自体が世界に開かれることが不可欠とし、その上で日本人学生の海外留学や外国人学生の受け入れのための体制整備、特に「外国語コースの設定や外国語による授業の促進」の必要性が議論されている（文部科学省 2011a）。

　高等教育の国際化政策では、21 世紀 COE（Center of Excellence）プログラムや、続く Global COE プログラム、大学の世界展開力強化事業など、日本の大学が国際的競争力を持つ研究教育拠点となるため、旧帝国大学や有名私大などの旗艦大学を中心に重点的な支援を行っている。特に、英語による学位授与プログラムについて具体的な提言をしているのは、大学の国際化のためのネットワーク形成推進事業（グローバル 30）である。グローバル 30 では、国際的な質の高い人材拠点形成のため、それぞれ学部・研究科で 1 コース以上の英語による学位コースの新設を条件に、国際的競争力のある 13 の大学が採択され、英語で学位取得が可能なコースを学部レベルで 33 コース、大

学院レベルで124コースを順次開設した。しかし、2010年の行政刷新会議（事業仕分け）では、これらの新設された英語によるプログラムに留学生が少ないことから、費用対効果が疑問視されていた（日本学術振興会 2010）。一般的にも、膨大な費用をかけて英語プログラムを設立し、留学生の受け入れ態勢を整えても、実際に入学してくる留学生の数が少なかったり、また国民の血税による国家財政を使って非常に少数の留学生のみが恩恵を受けるようなプログラムを運営することの是非などに疑問を呈する視線もある。また、新設した英語コースで留学生受け入れの目標値を達成していない採択大学があり、外国人教員の増員や英語コースへの日本人学生参加、海外拠点の創出やウェブ出願整備など、英語による教育プログラムには未だ多くの課題が残されていることが明らかになっている。さらに、2014年度に募集開始されたスーパーグローバル大学創成支援事業においても、グローバル人材育成推進事業に引き続き、日本の高等教育の国際競争力の向上を目的に、海外の卓越した大学との連携や大学改革により徹底した国際化を進める、世界レベルの教育研究を行うトップ大学や国際化を牽引するグローバル大学に対し重点支援を行う予定で、2014年度の秋には採択大学が決定され、多額の政府資金が投与された。それぞれの政策には、具体的な送り出し留学生数や目標が設定されており、今までの留学生政策が主に受け入れに注力していたことを考えれば、これは政策として大きな第一歩であろう。

　ここまで見て来たように、高等教育国際化、英語に関する議論や教育に関する政策は、グローバル化にともない英語の重要性がより深く認識されるなかで、日本の高等教育における英語プログラムの意義を検討し、導入を促進してきた。一方で、文科省による最新調査によると、学部段階において英語による授業を実施している大学は全体の約27%（197校）、大学院レベルでは約28%（196校）となっており、その数は2012年までの3年間で横ばいか、もしくは減少しているような調査結果も明らかになっている（文部科学省 2012a）。

　日本の高等教育国際化政策と英語に関する議論を概観してみると、英語による学位プログラムは、留学生受け入れのための手段である一方で、国内の日本人学生を国際社会で競争力をもった人材＝グローバル人材に育成するた

め21世紀の新しい高等教育戦略としても位置づけられていることがわかる。少子化や日本経済の停滞、若者の就職難、若者の「内向き志向」への懸念といった日本の社会的背景ともリンクして、特に産業界から、大学卒業時までの英語能力獲得に期待や需要が寄せられているという現状もある。ユニバーサル・アクセス時代の日本人学生たちにとって、大学での在籍期間が事実上就職準備期間となっており、グローバル化する社会での実践力を養うことのできる国際的な教育プログラムへの期待も高いと考えられる。

2. 韓国の高等教育政策と英語に関する議論

韓国では1970年代半ばまで、海外旅行抑制政策を施行して、韓国人学生の送り出しには消極的であり、戦後の政治経済的な社会状況とも相まって、一般的な家庭にとって海外留学には多くの困難があった。80年代に入ると、私費留学における留学資格試験制度の免除とともに、海外への留学生数は70年代の10倍に増えたが、その後の自費留学試験の制定と廃止など、留学生政策は自由化と規制強化を繰り返していた。1994年には高卒以上の私費留学が、2000年には早期留学を含めた外国留学が全面的に自由化され、それ以降は、韓国における経済的な発展などを背景に、17歳以下の早期留学者数も含めた送り出し韓国人留学生数が飛躍的に増加している。

韓国では、大統領制のもと政策に関しても強いリーダーシップが発揮されることが多く、政権が交代するごとに、「世界化」や「英語化」など積極的な教育政策が行われている。韓国の「世界化」は、日本語でいう「国際化」と意味合いは似ており、国際化と同じく自己変容と自国文化の対外的発展という両方の意味合いを持つ。つまり「世界化」とは、国際社会における経済や貿易における韓国のプレゼンスの上昇や、教育制度の変革を通して、韓国の人材を世界標準にまで発展させるという意味での、自己変容としての「世界化」であると同時に、韓国独自のものを世界に広げていくという意味での「韓国の世界化」へとつながっていった。

2004年に立ち上げられたStudy Korea Projectでは、2010年までに留学生を5万人受け入れることを目標とし、韓国留学広報の強化や韓国語海外普

及、英語による専門科目・韓国語研修プログラムに年4億ウォンの財政支援などを行い、2007年には留学生受け入れ数値目標をほぼ達成した（表14）。

表14　高等教育国際化政策・政府における有識者会議等と英語に関する議論（韓国）

年	政策名、会議名等	高等教育国際化戦略・英語に関連する内容
1994	金泳三大統領（1993-1998）による「世界化」政策	社会のあらゆる分野を「世界一流」のレベルにまで引き上げることを目指し、小学校での英語授業導入（1997）などを決定。その後の金大中大統領（1998-2003）による「人材の世界化」政策に引き継がれる。
1997	小学校英語教育必修化	小学校3年生からの「英語」を必修科目とする。
1999-2005	Brain Korea 21（第一段階）	「知識基盤社会」の構築のもとに21世紀には先進国の仲間入りをするという金大中大統領（1998-2003）の発表した「100大課題」の一つに位置づけられ、大学の質的向上、韓国人材の高度化による世界化と、世界水準の研究中心大学育成を目的に制定された。
2000	外国留学全面自由化	早期留学（満17歳以下の留学急増）
2001	英語科目における英語単一使用政策（教育省）	英語科目の教授媒介言語として英語の単一使用を決定
2004	Study Korea Project	送り出し留学生数超過による教育収支赤字の緩和のため、2010年までに留学生5万人の受け入れを目標とし、英語による専門科目講義など、大学の就学環境の改善などを通じて、「東北アジア中心国家」への跳躍を目指す。
2006-2012	Brain Korea 21（第二段階）	大学の評価基準として、「英語授業」を採択。
2008	Study Korea Project発展方案	Study Korea Project（2004）の留学生受け入れ数値目標をほぼ達成したことから、2012年までに留学生10万人を受け入れる、大学における英語による専門科目講義増設のための支援拡充。
2008	「英語公教育ロードマップ」、済州島英語都市の建設	李明博大統領（2008-2013）の全教育課程における「英語化」推進政策を受け、2008年から2014年までの7年間に高校卒業者でも英語での生活を可能にすることを目標に、小学校での英語授業時間を週3時間に増やすなど、教員・カリキュラム・教育環境の改善と資金援助を行う。高校教育では、英語以外の教科でも英語を教授媒介言語とする「英語化」が検討されている。

注記：下線は英語による高等教育に関する政策、点線は英語教育活動に関する政策
（出典）韓国教育科学技術部、国際教育院およびJASSOウェブサイトを参考に筆者作成

その成功を受けて、2008年にはStudy Korea Projectの発展方案が提言され、2012年までに留学生10万人を受け入れる、大学における英語による専門科目講義増設のための支援拡充などを行った。

　また、2008年から取り組まれている済州島英語都市の建設は、英語圏のインターナショナルスクールなどを誘致し、国内に「英語で教育を受ける学校が集合する地区」を作るというもので、早期留学などによる家庭の財政負担の軽減と東北アジアの教育拠点の形成を目的としている。これらは生きた英語の習得や疑似留学の体験を目的に全国20カ所以上に設置されている「英語村」の建設と同様、韓国国内の「英語熱」を受け、英語圏に留学を希望する学生に、国内で安価に英語を学ぶことのできる「国内留学」先を創出することで、海外留学急増へ歯止めをかけようとの意図で作られた。韓国人学生の海外留学需要を止めるのではなく、英語による教育経験を韓国国内に創出することで海外への人材流出を防ぎ、また韓国国内への経済効果をもたらすものであると期待されている。しかし鳴り物入りで始まった英語村の取り組みは、設立時の初期費用や人件費に比べて受講費を安く設定したことが多くの英語村に財政赤字をもたらし、英語のみの使用という当初の目的に反し、敷地内の一部で韓国語が使われているなど、経営・運営の両面で様々な問題があることも指摘されている（樋口・木村2010）。

　2008年に就任した李明博大統領は、英語の公教育強化を教育政策の核心とし、英語の授業をすべて英語で行う「英語イマージョン教育案」、英語教員の確保や教育課程の改編などに4兆ウォンを投資することを決定した。同時期に発足したTaLkプログラムは、英語の公教育強化の一環として進められているもので、海外居住の英語第一言語話者やネイティブに近いレベルの韓国人を地方の小中学校に派遣しており、日本のJETプログラム（The Japan Exchange and Teaching Programme：語学指導等を行う外国青年招致事業）に該当する。このプログラムの目的は、英語の地域間格差を減少させるとともに、海外に住む在外同胞や韓国系アメリカ人などを韓国にとっての「海外高度人材」とみなすことで、彼らを積極的に韓国国内に誘致し、韓国人としてのアイデンティティの構築を促進することである。

上記で見て来たように、大統領制によるトップダウン型の政策決定は教育政策にも影響を与えており、特に英語教育に関しては、歴代大統領が一貫して英語教育改革に積極的であった。一方で、過熱化する英語学習熱の影響で、早期留学の増加とそれにともなう家族の別離、私教育費の負担上昇などが社会問題となっている。また、2000年代前半から始まった教授媒介言語としての英語の単一使用の奨励や大学の世界化への動きなどを背景に、旗艦大学を中心に多くの大学で英語による授業や学位プログラムが創設されてきたが、少子化や海外留学熱を背景とした上記のような国際化政策において経済的理由が過剰に重視されていることは、量的需要に基づいた政策を生み出し、結果的に国際化の質的側面を見過ごしている、との指摘もなされている（Byun et al. 2011）。

　さらに、日韓それぞれの国レベルにおける高等教育政策に加えて、日韓を含めた地域的高等教育政策も行われつつある。第1章で触れたように、2009年に行われた日中韓サミットでは、当時の鳩山首相（日本）から日中韓3か国による高等教育交流プロジェクトとして「キャンパス・アジア構想」が提唱された。この提言が日本から発せられた背景には、前節でも述べたような日本における若者（学生）のいわゆる「内向き志向」や海外留学の減少といった固有の背景に加え、世界における学生移動の活性化と質保証の潮流、さらには周辺のアジア諸国の大学が世界大学ランキングの上位に入るようになり、東アジアにおける日本の大学のプレゼンスが危うくなって来ていることに対する危機感などが挙げられるだろう。結果として日中韓の合意のもとに、質の保証をともなった高等教育における学生交流として提示されたキャンパス・アジアでは、前章の表2で示したように、3か国の旗艦大学を中心とした採択大学間連携をもとに学生間の留学を促進し、地域的なリーダーを育成するための地域的高等教育事業としての試みが進められている。

第3節　現代日韓社会における英語と英語による（EMI）教育の様相
1. 英語の社会的・文化的位置に関する考察
　英語は、現在では世界的な共通語とみなされているが、その英語のあり方

は、東アジア地域と欧州を比べてみると、その歴史的・社会的意味が異なっている。現在の多文化的な東アジアの状況は、20世紀までの植民地経験を経た末のものであり、その意味で先に地域統合を達成し、高等教育においても多くの大学が英語を教授媒介言語として導入している欧州地域とは異なる社会・文化的状況を持っている。東アジアのなかでも、国や地域によって、英語の受容や国におけるあり方に違いがあることも容易に想像できるであろう。ここでは、日本と韓国という本研究における2つの調査対象国に焦点を当て、日韓で英語プログラムが導入された背景として、2つの国のなかでの「英語」の位置とその社会的・文化的意味を考察したい。

　日本では明治以降、外国語教育や外国の文化の急激な流入が起こるたびに、国民に対する国語教育や国語力の再検討が問題視されてきた。たとえば、明治時代の文部大臣・森有礼は、日本文化の発展は複雑な言語である日本語によって妨げられた、との観点から、日本語を完全に放棄し、英語を日本の第一言語とすることを提案した。同じく第二次大戦後には、作家の志賀直哉が、非近代的であった過去から飛躍し文化の境界を取り除くことを目指すため、日本にとって新世界の言語であるフランス語を日本の国語として導入することを主張した。西洋文化の流入が起こった明治維新以降から一転した敵国語としての英語や英米文化認識と、その後の敗戦を経て、アメリカ占領下ではじまったラジオ英会話や、日本の経済発展を背景に企業等が積極的な海外進出を進めていたバブル期における大きな英語学習熱など、歴史的に定期的とも見える英語学習の波が起こっている。その一方で、日本語を母語とする多くの人々の心情として、「唯一の正しい英語」への幻想は強く、些細な文法ミスを気にして発話できないといった苦手意識があり、「通じればOK」という発想の転換が必要であるというメディアでの特集（ニューズウィーク2011）や、楽天やユニクロと言ったグローバル企業で英語を公用語化にするなど取り組みもみられ、大学の国際化やビジネス界からの需要を背景に、英語への一般的な関心も高まっていることが考えられる。一方で、次章で詳細に見て行くように、英語＝国際主義の名を借りた西洋中心主義、それに対抗する形としての日本語、といった二項対立の議論や、津田（2003、2005）と

大石（1990、1997、2005）のように、英語帝国主義に警鐘を鳴らすような主張も多く見られている。

　次に、韓国については、昨今日本でも注目されている韓国社会における強い「英語熱（English Frenzy）」現象が特徴的である。高い「英語熱」の背景の一つに、韓国経済における貿易依存度の高さが挙げられるであろう。経済や貿易における重要な海外のパートナーとの連携や企業の海外進出を進めるなかで、海外の文化や社会を理解し、国際的視野を持って活躍できる人材は、韓国のグローバル企業にとって必須であった。韓国で成功しているグローバル企業に就職するためには、企業が求める英語力をクリアすることが就職とその後の成功の第一歩と考えられているだけでなく、就職してからも出勤前に英語塾に通うなど、ビジネスパーソンにとって英語は必須のスキルとなっている。

　近年、韓国で特に若者の間で使用されている「スペック」という言葉は、元々パソコンなど電子機器の仕様を表す言葉であったが、転じて人材としての能力や学歴、仕事、階層などを表す表現として一般的に広まっている。そのなかでも英語力は、人材としての市場価値や社会人としての基礎力を表すのに必須の「スペック」となっている。韓国では至る所に様々な世代・職業の人が通うTOEIC専門塾や英会話学校が立ち並び、書店のベストセラーがTOEIC攻略本であるなど、その英語熱は加熱する一方である。今回インタビューした韓国人学生からも、「韓国では英語ができないと人間じゃないって言われるんですよ」という発言も聞かれた。過激な表現ではあるが、韓国において英語は、「便利なツール」と言った道具観というよりは、頭の良さや人材としての価値と直結して考えられる傾向にある。それほど英語力が、現代の若者にとって必須のスペック＝資質であると言うことであろう。事実、日本の大学の、日本語を教授媒介言語としたプログラムへ留学をしている韓国人留学生のなかでも、大学間の交換留学制度を利用し、一つ目の留学先国である日本から、アメリカやイギリスなどの英語圏に再留学する学生もいる[4]。日本に留学し、日本語の流暢な学生であっても、やはり英語圏への留学も経験して英語やその他のスキルを身につけようと考える学生が決して少なくないのは、英語圏留学の価値や必須スペックとしての英語力が韓国社会で強く

認識されていることが背景にあると考えられる。

　Park（2007）は、韓国における英語熱の分析として、韓国社会における英語の大きな影響力が、アメリカの覇権と在韓米軍のプレゼンス、英語を話せるエリート特権、人種や民族のイメージと結びつけられた英語のネイティブ性などによって形成されていると述べ、韓国国民の英語熱が強い不安のようなものに突き動かされていると指摘する。韓国と韓国的なるものと、英語と英語圏的なるものが明白な境界で区切られ、これらの境界が個人レベルにも適応されており、韓国の人びとは常にこのような懸念や不安に直面しているという。

　上記の点からみると、英語の重要度やその社会における英語力の認識において、日韓では少し異なった様相を見ることができる。日本では、日本語や日本語学習と二項対立的な位置に置かれることもあり、「**人間力＋αとしての英語力**」（文部科学省 2011a）という言葉が象徴するように、あくまでもグローバル社会に対応するための道具としての個人的資質として扱われているのに対し、韓国では「**基本・必須スペックとしての英語力**」という産業界からの期待を背景に、学生にとっても社会的にもより強く英語力とその重要性が認識されている。このような社会的環境の違いは、大学における英語による教育プログラム導入への取り組みや発展・拡大の速度にも反映されていると考えられる。

2.「英語プログラム」に関する先行研究とその課題

　上記で見てきたように、日本では 1983 年の「21 世紀への留学生政策に関する提言」、1995 年の短期留学推進制度の設置などによって、有名国立大学を中心として次々と英語を媒介言語とした短期留学プログラムが設置されていった。これらの政策を通し、日本の大学の国際的な通用性や国際競争力が問われるなかで、大学教育全体の質改善、英語による授業の充実、日本人学生の英語力向上が急務であることが明白になった（野水 2006）。

　短期留学推進制度が導入された時期に設立された EMI（English-medium Instruction）による高等教育プログラム（学位取得が可能な英語プログラムとは限らない）の例として、東京大学を中心に行われた恒吉他（2007）の研究では、国立大学の EMI プログラムに共通して見られることとして、アメリカ

型のシラバスの導入や、カリキュラムや教授法においてもアメリカ・オセアニア型の教育スタイルを採用する、という「欧米スタンダード」への収斂化傾向が挙げられている。形式として「欧米スタンダード」を取り入れていても、実際日本人教員が日本の大学環境で行う講義はその教え方のスタイルなどが「日本スタンダード」になることも多く、留学生から厳しい評価が生まれていたという。このような短期のEMIプログラムの運営は、EMIプログラムの教育の質や英語で授業をする教員に対するサポートシステムの欠如、英語で対応できる留学生事務不足の問題など、様々な問題点や課題が明らかになった（恒吉他 2007）。これまで、海外からの留学生が日本語を理解することを前提として受け入れてきた大学にとって、英語という外国語による授業や研究指導、留学生の大学生活に関連するサポートまでを行うことは大きな負担であり、その教育スタイルにおいても「日本スタンダード」との葛藤をはじめとする多くの課題点を内包しているものであった。

　また、この東京大学における英語による短期プログラムのケーススタディでは、短期プログラムに参加する学生のほとんどが、日本語授業の受講を希望しているということも明らかになった。同様に、広島大学の短期交換留学プログラムにおいても、英語で授業を受講している留学生のうち、日本語の授業、および日本人学生向けの日本語で行われている授業を受講し、日本の大学の授業を通じて日本人学生との交流を深める学生が存在することが指摘されている（恒松 2007）。EMIプログラムは、日本への関心を持っているが日本語で教育を受けることが難しい学生、特に英語圏やアジア圏以外の出身学生にとって、より気軽な日本への留学を可能にした。同時に、英語で授業を学びつつ、日本文化や日本語の学習、日本人学生との交流を行うことができる機会を提供してきた。このような点から、EMIプログラムは日本語能力を条件としないことによって留学生受け入れの裾野を広げることに成功すると同時に、外国人学生にとって日本の言語や社会に対する学習の機会拡大という一面を持っている。

　一方韓国では、日本と比べても全大学においてより積極的にEMIによる授業や英語プログラムの導入が行われている。英語に対する学習意欲が高く、

かつなるべく質の高い教育を求める強い教育熱を背景に、アメリカなどの英語圏に留学することなく国内で英語力を伸ばすこと、英語による質の高い教育を受けることを目的として、英語を教授媒介言語とした教育を促進するような政策が行われてきた（Kang 2012）。EMI や英語プログラムの増加は、韓国人や韓国社会における教育熱と上昇志向の反映であると捉えることができるが、その具体例のひとつが私教育に対する支出の大きさである。韓国では、家庭における教育費支出が全体の 7.5％ という高い水準であり、「学院」と呼ばれる塾・予備校などを中心とした私教育への支出がそのうちの半分近くを占めている（OECD 2013）。韓国における学歴至上主義は、統一新羅時代に始まった科挙制度から始まり、学問を重要視する韓国の伝統文化を背景にしていると考えられているが、近年では統計による裏付けも提示されている。韓国開発研究院（KDI）が実施した学歴とその効果に関する研究によれば、SKY（ソウル国立大学、高麗大学、延世大学）と呼ばれるソウル市内の入試難易度の高い大学出身者とそれ以外の大学出身者の生涯所得に大きな差があるという（韓国教育開発研究院 2007）。学歴は、その人の能力の反映であり、就職や昇進の際にも重要な評価要素として考慮されている。その学歴を勝ち取るための手段として、英語力の果たす重要性は非常に大きい。

　韓国では、特にソウル市内の名門大学を中心に、全学での英語による授業の導入が盛んである。たとえば高麗大学では、大学全体の目標として、2015 年までにすべての講義の 50％ を英語で行うという目標を掲げている。高麗大学でのインタビューによれば、このような積極的な英語導入に関して、当初は特に文系学部・研究科の教員からの反対もあったという。英語での授業を行うことにあたっては、教員に対するインセンティブ（1 講義ごとの講義手当て）を与えるなどしており、新任の教員は英語で講義することが義務付けられている（キム 2009）。高麗大学だけでなく、特に旗艦大学全般に言える傾向として、アメリカを中心とした英語圏で博士号を取得した大学教員が非常に多いということが、EMI の導入を加速化させている。韓国国内の有名国私立大学では、教授陣にもアメリカのなかでもアイビーリーグなど世界大学ランキングの上位校で博士課程を取った教員の割合が多い。一方で日本の

英語プログラムでは、旗艦大学においても、また英語で授業を行うプログラムにおいても、決しておしなべて外国人教員や英語圏での博士号取得者が多いわけではない[5]。

　韓国において、EMIによる授業の積極的な導入の後押しとなっているのは、それが国際化指標の重要な一項目として国内の大学ランキングにも反映されていることである。英語を必要とする社会を背景に、韓国人学生は国際的な素養や能力の習得を大学に求めており、大学側も積極的な国際化を進めることで学生を集め、国内大学ランキングを上昇させることが可能となった。金（2008）による調査によれば、韓国の大学国際化において最も活発に行われているのは英語による授業の開講であり、調査時においても全対象大学の半数が外国語専用科目を開設している[6]。たとえば韓国への留学生受け入れ拡大政策の一環である「Study Korea Project」においては、特に韓国への短期留学の場合、韓国語だけの授業では多くの学生にとって韓国語能力の不足が留学の障壁となり、韓国留学の敷居を高くしているとの考えから、留学生の誘致のために英語での授業を取り入れる必要があると明記している（Study in Korea 2014）。

　韓国におけるEMIの増加については、EMIの意義や期待される効果に関するジャーナリズム的もしくは政策的な分析が主であり、韓国の高等教育におけるEMIの質や効果に関して論じられた研究はほとんど見られず（Kang 2012: 32）、現存する先行研究は一高等教育機関の一部のプログラムにおけるアンケート調査等を通したケーススタディ（Kang & Park 2004 など）に限られている。そのなかでも、EMIの教育効果については、多くの課題が残されているという報告がある。たとえば高麗大学でのインタビューでは、英語による授業に関し、「専攻科目は韓国語の方が効果的」、「英語での講義の前に準備科目などが必要」、「哲学や経済学など、科目によって教授媒介言語を選べる方がよい」など学生からの声が寄せられている（東京大学 2008）。また、同じく高麗大学におけるフォーカスグループによるインタビューを行ったByun & Kim（2010）の調査研究では、科目によっては英語での講義によって、より効果の上がるものもあればそうでない科目もあること、英語で指導ので

きる教員の不足やサポートシステム整備の必要性などが指摘され、学生や教員の英語力を考慮せずに英語による授業の導入だけを強制的に行っても、その「副作用」が現れることを示唆している。

　その他の特徴として、特にソウル市内の旗艦大学を中心に見られるのは、外国人短期留学生を対象とした「サマースクール」等の実施である。日本の短期プログラムと似ているのは、1年間の交換留学は難しいと感じる留学生を対象に、短期間を通じた韓国への「体験留学プログラム」として位置付けている点である。このようなサマースクールの実施は、韓国人学生の強い留学熱を背景にした大学単位での送り出し超過の現状を是正し、送り出しと受け入れのバランスを取り戻すための手段ともなっている。それでも交換留学制度を使った留学だけでは、留学を希望する韓国人学生の需要を満たせないため、交換留学以外の様々な留学プログラムの提供や私費で留学をする韓国人学生への奨学金授与といった体制をとっている。反対に、受け入れに関しては、多くの韓国人学生が留学を希望するアメリカなどの英語圏出身学生を中心に、短期間でより多くの学生を受け入れ、EMIでの授業や、韓国語・韓国文化研修などを行っている。将来的にはこのような体験留学を通じて、韓国の大学や韓国社会・韓国文化などに興味を持ち、長期の留学生となって戻ってくることも期待されている（嶋内2009）。このように、韓国における英語による授業の導入は、各大学の国際化戦略と連携し、国内大学ランキングや世界大学ランキングの上昇という目標とも合致しており、強い英語熱や産業界からの需要に呼応するような形で、積極的に取り組まれている。

　現在までのEMIの導入やその内容を概観してみると、日韓英語プログラムの様相は、その英語プログラムが位置する社会や大学によって、プログラムの内容や目的、問題点などを含めた性質が多様であることは想像するに難くない。たとえば、政府からの資金投資が旗艦大学に集中していることから、国内のエリート養成と大学の国際的競争力をつけるという意味合いの強い英語プログラムや、国内大学ランキングの上昇を図る目的でEMIを導入する大学、定員割れに直面した大学が学生を惹きつけるためのアトラクションとしてEMIや英語プログラムを導入しているケース、または短期留学制度や

グローバル30といった国家政策の支援を受けて作られた日韓体験留学プログラムなど、それぞれ異なった特徴と対象を持っていることが予想される。英語プログラム研究は、このように各大学で多様な様相を見せており、多くのケーススタディではそれぞれのコンテクストに沿った教育実践的・制度的課題の提示と提言がなされている（黄2013；勅使河原・上田2008など）。しかし特に東アジアに先行して英語プログラムを開設させてきた欧州の大学における研究（Doiz et al. 2011, 2013; Wilkinson 2013; Wächter & Maiworm 2008など）に比べ、日韓の大学での分析はその文化的位相やアイデンティティ、交流や理解といった質的な変容の面での議論が未だ手薄であると言わざるを得ない。本書の後半では、多様な英語プログラムのなかで、ある特徴を持った旗艦大学の英語プログラムというケースに注目をし、その特徴と全体のなかでの位相を明らかにしながら、学生の声からその特徴と課題を描き出して行く。

第4節　日韓高等教育における「英語プログラム」の導入とその目的

　本章で見てきたように、日韓における英語プログラムの導入は、高等教育の国際化政策や国際的拠点形成、人材育成政策といった事業と関連して論じられ、施行されており、英語プログラム単体での政策が施行されているわけではない。英語プログラムに関連する政策や議論を見ていくなかで、英語プログラムが持つ目的や役割を整理すると以下の3つに整理することができるだろう。

英語プログラムの3つの目的
① 　大学における国際的教育研究拠点の形成と国内・国際的認知度の上昇
② 　外国人留学生の受け入れ拡大とその質の向上
③ 　国内学生の国際的競争力強化（「グローバル人材育成」・「自国コンテンツの世界化」）

　まず一つ目に、英語プログラムの高等教育機関が主体となる目的として、高等教育機関（大学）における国際的教育研究拠点の形成とそれにともなう

国内外のランキングや知名度の上昇、国際教育・グローバル教育の実践が挙げられる。日本や韓国では、特に旗艦大学を中心に、グローバル 30 のような国際化政策を通し国家資金による重点支援を行っており、国際的拠点の形成やそのための変革、教育実践を支援している。英語プログラムは、国内的にも国際的にも、大学の評判や地位を上げ、国内外からの学生を誘致するという効果もあることから、積極的な英語プログラムの導入による「国際化」や「世界化」戦略は、日本や韓国の大学を世界水準に上げ、国際的な認知と競争力を持つことを目標としている。先行文献の政策分析においても、日本の高等教育国際化はここ十数年間の間に活発かつエリート主義になってきており、グローバルな競争力強化のための大学のステータスビルディング（世界的位置づけの獲得）のための政策へと変容してきている、という（Ninomiya, Knight & Watanabe 2009; Marginson & Van der Wende 2007）。韓国においても、大学の国際化は、特に世界大学ランキングや国内大学ランキングを意識する旗艦大学にとって大きな課題であり（馬越 2010）、積極的な EMI の導入や留学生の受け入れは本章で述べた通りである。

　二つ目の目的は、海外からの留学生の柔軟かつ積極的な受け入れとその質量双方の向上と増加である。高等教育の市場化の流れのなかで、日韓を含めた先進諸国の間で外国人留学生の獲得競争が始まっている。質の高い留学生の受け入れの増加は、大学教育の質の高さやその国や社会の魅力・ソフトパワーの反映でもあり、外国人留学生を受け入れることで高等教育拠点としてのプレゼンスも高まる。また、留学生が一定期間を日本や韓国で過ごし留学生活を送ることによって、日本や韓国という国の社会や文化を理解する知日・知韓派を育成し、少子化の進行する日本や韓国において将来的な労働力を増やすという効果も期待されている。

　三つ目には、日本人や韓国人の国内学生を、現在の世界に通用する競争力を持った「グローバル人材」に育成するという目的が挙げられる。国内学生の「国際化」・「世界化」は、「英語が使える日本人」や韓国における「人材の世界化」といった政策目標とも一致するものであり、自国民の国際競争力を高めていこうという国家主義的な意図が背景にある。特に世界共通語とし

ての英語をはじめとして、異なった言語や文化、価値などを乗り越え、他者と関係を構築するためのコミュニケーション能力や、グローバルな視野に立って培われる教養や専門性の育成は、外国人学生や外国の教員を有し、英語という他国の言語を用いた教育プログラムである英語プログラムの目的とも一致する。

これらの目的を、Knight（2008b）の分析枠組みを参照に、国家、高等教育機関、そして学生という高等教育国際化における3つのステークホルダー（利害関係者）別に整理し、政策分析や先行研究から英語プログラム導入の論理的根拠（理由）として考えられるものをまとめたものが以下の表である。各番号は、上記の3つの目的に対応する。

これらの表に整理した英語プログラムの導入の根拠・理由は、その各国や各高等教育機関のコンテクストによって、異なった様相が見られるだろう。たとえばある大学にとっては、旗艦大学としてグローバル社会で活躍する学生の育成が至上命題であることに加え、大学の国内・国際的認知と競争力を上げるため、国の政府による財政的後押しによって英語プログラムが導入されている。またたとえば地方のある私立大学では、定員割れに直面するなかで国際的なプログラムが少しでも多くの学生を惹き付けるための看板学部として導入されているケースなどが考えられる。

第1章で論じた国際化（Internationalization）とグローバル化（Globalization）

表15 「英語プログラム」導入の理由（アクター別）

ステークホルダー	論理的根拠（rationales）
国 Nation	• 優秀な留学生の誘致（質的戦略）- ② • 海外からの受け入れ留学生数の増加（量的戦略）- ② • 国際的競争力の高い大学を有する国としての威信 - ①
高等教育機関 Institution	• 国際的認知・競争力の強化（世界大学ランキング等）- ① • 国内における認知・競争力の強化（国内大学ランキング等）- ① • 入学定員割れの補充（少子化対策）- ②および③
学生 Individual	• 非英語圏留学のより広い窓口（言語的障害の克服）- ② • グローバルな世界で活躍するための国際的競争力の育成 - ③ • 世界市民としての多文化適応能力の育成 - ②および③

（出典）Knight（2008b）を参考に筆者作成

の定義に基づけば、大学の国際化や国内学生のグローバル人材育成という目的は、両方ともグローバル社会への適応と競争力の強化といったグローバル化を射程にいれた目的である一方で、実際はそれぞれの国という枠組みを前提としている点で、「国際化」の志向性を持っている。所属する大学や国を背景とし、その主な学生である自国の若者を「国際化」したり、大学を「世界的な拠点」にしたり、また大学の国際化とも深く関連する外国人留学生を日韓社会に受け入れるための英語プログラムは、その理念として、「国際化」（日本）・「世界化」（韓国）という自己変革と自国コンテンツ拡大の双方の意味を最も端的に体現した教育プログラムであるともいえるだろう。

注

1　Ethnologue によれば、日本には、沖縄や鹿児島の島嶼を中心とした地方言語（国内では方言とみなされているものも含む）やアイヌ語、朝鮮語などを含めた 15 言語が（http://www.ethnologue.com/show_country.asp?name=JP）、韓国では韓国語、チェジュ語、韓国手話の 3 言語（http://www.ethnologue.com/show_country.asp?name=KR）が使用されているとの報告がある。これらは国内の少数民族によって話されている言語を含め数百から数千の多言語が存在する中国や東南アジア諸国と比べ、東アジアにおいては相対的に少ないと言える。

2　トロウ（1976）のモデルによれば、ユニバーサル・アクセス型の高等教育とは、該当年齢人口に占める大学在学率が 50％以上の段階をさす。そのような段階に至った社会では、個人は選択意志で大学進学を決定し、大学は一部のエリートの特権ではなく、高度産業社会に生きる全国民・市民の育成を目的とした「義務」的な要素として認識されていく。そして、多様性を持った大学は、新しく広い経験の提供を行う場所とされている。

3　ここでの留学生数は、学士・修士・博士課程に留学する学生に加え、語学研修目的で留学する韓国人留学生も含まれる。

4　全体的な統計人数は明らかではないが、筆者がかつて専任講師をしていた韓国の大学受験予備校出身者のなかで、把握しているだけでも 7 人が、一橋大学や東京大学、早稲田大学といった日本の大学（日本語で授業を行っている学部）から、アメリカもしくはイギリスの大学に交換留学を行っている。

5　外国人教員の割合や教員の取得学位などは、一般的に日本と韓国の旗艦大学間でも差異が大きいが、その英語プログラムや大学によっても大きく異なってくる。詳細は第 5 章。

6　「外国語専用科目」とは、主に英語（一部の中文・日文学科等においては中国語

や日本語などによる科目もある）による授業科目の呼称である。外国語専攻や教養課程の外国語科目などはここに含まれない。

第3章

「英語プログラム」分析のための批判的視座
―東アジアにおける高等教育国際化を捉え直す―

　本章では、日韓における英語プログラムの比較分析を行うための理論的・概念的枠組について議論する。第1節では、グローバル化時代の比較研究のあり方について、第2節では、高等教育における英語プログラムを国際関係学および社会言語学的な視点から見るための枠組みとして、高等教育における従属論と英語帝国主義論を検討する。第3節では、日韓高等教育の国際化における「地域性」のあり方に注目し、東アジア地域統合の視点から英語プログラムの位置づけを分析する。まとめでは、上記に提示した視点とそれぞれの理論的枠組を複合的に考察しながら、日韓英語プログラム比較研究のための分析枠組を提示する。

第1節　日韓高等教育における「国際化」の再検討

　比較教育研究とは、教育分野における複数の事象を並べて比べることによって行う研究である。比較の対象と分析枠組みに関して、ブレイ他（2011）が提示したブレイ・トマスキューブモデルの一側面には、地理的レベルの分析枠組みが示されており、そこではそれぞれレベル1の世界の諸地域から、国、州・地方、地域、学校、教室、個人まで、大小様々な分析の範囲が定められている。本論では、日本と韓国という2か国を分析単位とし、高等教育に関連するそれぞれの国家政策や社会的背景、また大学の地理的状況などを国単位で比較分析しつつ、英語プログラムという分析対象に焦点をあて、比較研究を行う。第4章以降で詳しく見て行くように、英語プログラムの形態は多様で、大学全体で英語による教育が行われている場合もあれば、学部や

研究科などの単位、もしくはそのなかに設置されたコース単位で行われている場合もある。第5章以降では、留学生という個人の留学への動機や、大学・留学先国での経験、教室内での体験などを含めた質的調査を行っている。

馬越（2007）は、グローバル化の深化する現在では、近代を構成していた「ナショナル」＝国民国家の概念や、その延長線上に成立していた「リージョナル」＝地域の概念とは異質な事象が起こっており、比較教育研究においても方法としての「越境（crossing the border）」が意味をなさなくなっていると指摘した。「21世紀の比較教育にとって最大の課題は、グローバリゼーションに対しどのように向き合うか」（馬越 2007：20）という言葉が表すように、比較教育研究の扱うテーマは、地理的な境界線もその分析のための理論的枠組も、多様な視点や理論的アプローチを必要としている。

理論的枠組に関しても、日韓高等教育において現在起こっている事象を理解し分析することのできる普遍的な理論や方法論は存在しない。レ・タン・コイ（1991）は、比較教育学とは「教育を理解し説明することに役立つ、すべての学問領域を含む研究領域である」と述べており、ブレイ他（2011）も、比較教育学研究の他の学術分野との相互活性化を提唱している。また先述の馬越（2007）によれば、比較教育学の理論的枠組についてはいまだ支配パラダイムが存在しないが、「構造機能主義、葛藤理論、従属論、世界システム論は今なおアプローチとしての有効性を保ちつつ、新しいパラダイムを模索している」（馬越 2007：29）という。比較教育研究においては、そのテーマや焦点に応じた様々な学問的アプローチの模索が不可欠である。

高等教育はその歴史的成り立ちや教育機関の性質からも、国外との関係が深く、初等教育や中等教育など他の教育段階と比較して「国際化」や「地域化」という事象が表出しやすい分野でもある。馬越（1993）は、「日本の大学そのものに絶対的な自信がもてずにどこか『借り物』意識があること」から、「日本の大学をなんとか変えていかなければならないという前向きの改革意識がある」と述べた。これに対し、山内（2011）は、それは日本特有の現象ではなく、日本の高等教育研究は特に東アジア諸国で意識されている上に、高等教育領域では常にグローバル化や互換可能性への関心に基づいた比較という

視点があることを指摘している。一方で、近年の比較教育研究に関しては、「単なる外国研究に終わり」（山内2011）、最初から比較の視点が明確でないものが少なくないように見受けられるとし、従来のトロウ・モデルのような高等教育に関するマクロな研究から、特定の大学の教育システムなどを巡るミドルな議論、教室内実践などのミクロな議論の領域に高等教育研究が展開してくるにつれて、「比較」という意識がより薄れがちであることも問題として指摘されている。

　第1章および第2章で見てきたように、本書で取り扱う英語プログラムは、国家による国際化政策や各高等教育機関の国際化戦略、社会的背景などに大きな影響を受けながらも、英語という国際的な言語を教授媒介言語としたことや大学間連携・地域的交流プログラムの発展によって、地域規模・世界規模で移動する留学生たちの受け入れ先となっている。同時に、日本や韓国における「国際化」や「世界化」という言葉が表すように、自国の高等教育や学生を「国際化」「世界化」する、という自国人材の育成を射程にいれた、国の枠組みをより強固にしていく国家的な志向性を持つ。さらには、英語という西洋起源の言語であり高等教育と学術におけるヘゲモニーの言語を使用することによって、英語圏における西洋的な志向性の影響を免れることはできない。英語プログラムが、それぞれの高等教育機関の属する国において国際化政策・戦略により発展するなかで、どのような地理的空間とそこへの志向性を含んでいるのか、そしてそれがどのような問題を含んでいるのかを批判的に検証し、この高等教育における現代的な課題について、分析のための枠組を提示することがこの章の大きな目的である。

　さらに、比較高等教育研究においては、アメリカなどの先進国に学ぶ政策課題解決のための海外政策研究や、地域研究を基盤としたアジアの方向を向いた研究、開発の視点からの発展途上国研究といった比較教育研究の歴史的特徴があるなかで、本書では、日本と韓国を併置しつつ、高等教育国際化の社会的文脈や構造をふまえ、隣接領域からの理論や概念枠組を参照しつつ分析を行う。以降では、比較教育研究として英語プログラムを分析するにあたり、国際関係学、社会言語学における理論と高等教育・地域統合分野におけ

る先行文献を概観しつつ、それらの理論や知見、分析枠組を相補的に扱うことで、日韓の英語プログラム分析のために、どのような理論的・概念的視座が必要なのかを検討する。

第2節　従属論と英語帝国主義からの視座
1. 高等教育における「従属論」の再考

　アルトバック（1994）が指摘するように、第二次大戦後に独立し高等教育機関を設立した多くのアジア諸国は、旧宗主国にそのモデルを求めた。同時に、アメリカは、現在でもその国家的な経済力と学術研究の優位性をもって、全世界の高等教育に絶大な影響力を発揮している。アメリカはまた、アジアをはじめとする世界各国から留学生を受け入れ、研究面では英語による学術システム（学会やジャーナル、財政援助団体など）の中心で活動を展開している。東アジアのなかでも香港やシンガポールは、西洋的な大学をアジアに形成したことで成功をおさめた、とも指摘されている（Altbach 2010）。

　アジアの大学のなかでも日本と韓国は、それぞれ発展の時期は異なるが、戦後からの経済成長のなかで大卒人材の吸収力を高めており、大学はトロウの指摘するユニバーサル・アクセス型の大学へと変容し（トロウ 2000）、多くの学生を受け入れるようになった。専門大学校（韓国）や短期大学（日本）などをはじめとする短期高等教育機関や、その4年制大学への昇格、放送通信大学の創設などを通じて高等教育の拡大が進み、特に「私立優位型」（馬越 2007）よばれるほど私立高等教育機関の認可が進んだことで、その拡大は一層加速しつつある。ドーア（1978）は、大卒者を受け入れる労働市場が形成されていないなかで、アジアの後発国では「学歴」が近代部門参入の条件として機能し、大卒資格の獲得競争が熾烈になっているという状況を「学歴病」（diploma disease）であると指摘した。ドーアが指摘した学歴病を日韓両国のコンテクストで考えた場合、大学進学者の過剰供給と大卒者の就職難という共通の社会問題が挙げられる。日韓は現在「大学全入時代」であり、全国単位で見た場合、大学進学希望者が大学募集定員を下回り、選ばなければ全員が大学に入学できるという状態が続いている。

日韓においてドーアの指摘した「学歴病」がいまだ有効であるのは、初・中等教育が大学入学の準備期間として機能しているという点、大学進学が熾烈であり、大学が卒業後の就職など将来にも影響を及ぼすと考えられており、大学自体が就職予備校のように機能しているという点である。そして日韓の大学における英語プログラムや英語に関する世論は、その後の大学卒業後の就職を見据えたキャリア形成とともに語られているという特徴がある。大学進学や大学という学歴がより一般的になり、学歴社会を前提としてそれ以上のスキルを求める社会であるからこそ、英語によるコミュニケーション能力といった国際的なスキルが、大学時代に得ることのできる資質としてより注目されるようになったと言える。

　一方で馬越（2007）は、アルトバックのいう高等教育における従属論に対して、「従属」から「自立」へ向かうアジアを表現した。アジアの経済が「域内循環型」の自立経済になったこと、企業間の関係や域内ネットワークの構築においても「双方向交流型」へと変わっていったことなどを理由に、アジアの経済が「従属」から「自立」への道を確かにしたと主張する。そして、教育の分野においても、アジア各国における留学生受け入れの大部分が、域内留学生で成り立っていること、かつて問題視された頭脳流出（Brain Drain）ではなく、留学終了後には母国に帰って国家発展の一翼を担うようなUターン（頭脳還流：Brain Reverse）が起こっていること、さらには大学院教育においてもかつての外国依存を脱して、国産博士を量産する体制に入っていることなどを指摘している。同様に黒田（2012）は、アジアにおける高等教育が歴史的にはともかく、現在も西洋という「中心」に従属した「周縁」であるという見方は妥当ではないだろう、と指摘している。確かに、第1章、第2章で見てきたように、東アジア地域における経済的協力の深化や文化交流の進展などを背景に、地域的な高等教育連携や留学生移動が盛んになっているという状況を見れば、アジアが未だ西洋の高等教育システムに対し、従属的な位置に留まっているとは考えがたい。

　しかし、「英語プログラム」という英語を教授媒介言語とした学位プログラムに限定して考えた場合、一見時代遅れのように見えるこの「従属論」と

いう視座を、再検討する必要があると考える。英語という西洋起源のヘゲモニー言語を教授媒介言語にすることは、西洋の英語圏を中心とした高等教育に対する新たな「支配」—「従属」の関係の再生産につながる可能性がある。英語による教育の増加が生む文化的同質化への危険性については Knight (2012) による国際化のリスクの一つとしても示されているが、この危険性を結果として見るだけではなく、そのようなリスクを生む構造自体を批判的に捉える必要があるのではないだろうか。

　このような問題意識に基づき、英語プログラムが持つ従属性とその可能性については、以下の4つの視点が重要であると考える。まず一点目に、非英語圏であるアジア地域における英語の位置である。先に挙げたアルトバックは「多くのアジア諸国では、学術の発展における植民地支配言語の影響が高等教育にとって中心的な問題となってきた（そして、今後も問題となりつづけるであろう）」と述べ、アジアにおける高等教育の欧米式植民地モデルの共通した要素のひとつとして、教授媒介言語としての西洋言語を挙げている (Altbach 2006)。アジアの多文化状況は、列強による植民地化という歴史を経た多文化社会であり、そのなかでの言語とその受容のあり方は、欧米におけるそれとは異なっていることが予想される。事実、近年東アジア高等教育の地域的教育交流において積極的に導入されつつある英語も、シンガポールやマレーシア、ブルネイ、フィリピンといった東南アジア諸国にとっては植民地時代の支配言語である。

　二点目に、世界大学ランキングなど大学評価のグローバルスタンダード化とその広がりである。世界の学術システムの「中心」は、少なくともランキング上はアメリカをはじめとする欧米諸国にあることが明確化されており、英語圏の高等教育は、科学や研究におけるリーダーシップ＝「中心」としての権威を保持している。The Times による世界大学ランキングによれば、上位 500 位までの世界の大学を見ると、上位 200 位まではその 6 割近くを英語圏の大学が占めており、また上位 200 校までのうち 77 校がアメリカの大学、31 校がイギリスの大学である。大学ランキングが世界に知らしめたのはアメリカおよびイギリスという高等教育の二大巨頭の存在であり、東アジ

表16　世界大学ランキングにおける英語圏・非英語圏大学の割合

Language/ranking	Ranking 200 University (%) in 2008	Ranking 200 University (%) in 2013-2014
English speaking	119 (59.5%)	130 (65%)
Non-English speaking	81 (40.5%)	70 (35%)
Total	200	200

（出典）The Times Higher Education, World University Rankings　http://www.timeshighereducation.co.uk/world-university-rankings/2013-14/world-ranking/range/201-225
注記：アメリカ、イギリス、カナダ、オーストラリア、ニュージーランド、アイルランド、香港、シンガポールの8カ国（地域）が英語で高等教育を提供する英語圏とカテゴライズされている。

ア各国の旗艦大学はそのランキングの存在を否応無しに意識しながら、国際的競争力の上昇のための戦略を迫られることになっている（Altbach 2011; Ishikawa 2009; Lo 2011）（表16）。

　三点目は、一点目に挙げた英語という言語がアジアで持つ意味合いに加え、世界的なジャーナルなど学術誌における英語の覇権的なパワーであり（Curry & Lillis 2007; Kirkpatrick 2009）、この「アカデミック・リンガフランカ」としての英語の重要性が、「中心―周縁」の構造と「周縁」の「中心」に対する従属性を強固なものにしていることである。実際、世界の多くのインパクトファクター（文献引用影響率）の高い学術ジャーナルは英語で書かれており、東アジア地域の英語が母語話者でない研究者にとっても、研究成果を発表する際に英語を使用して発信することがより強く求められるようになった。世界的な競争力をつけようとする高等教育機関や研究者レベルでの実践が、「中心―周縁」の構造を強化し、英語圏への学術的従属を強めていると見ることができる。Phillipson（2010）によれば、20年前に多くの学者にとって必要だったドイツ語・フランス語による学術出版は、現在に至っては周縁化しており、英語で出版されているジャーナルのなかにはスペイン語の参考文献を認めていないものもある。また、研究者にとって少なくとも2つの言語を身につけることが通例になっており、そのうちの一つは英語であることが多い、ということも指摘されている。

　最後に四点目には、東アジアの高等教育機関で研究・教育活動に従事す

る教員・研究者の英語圏博士号取得者の増加である。たとえば今回の調査対象国である韓国の高等教育における教員を見てみると、特に国内的に一流大学と評される旗艦大学の教員は、アメリカをはじめとする英語圏の博士号所持者であることが指摘されている（李2006）[1]。日本ではスーパーグローバル大学に選ばれたグローバル化を牽引する大学の間でも、「外国人教員等」の増加が目標となっているが、実際は海外で研究歴のある日本人教員が最も多い割合を占め、外国での学位取得教員や外国籍教員の増加には課題があることが指摘されている（日本経済新聞2015）。外国、特に英語圏で学位を取得した教員の活用は、日韓で浸透度に差異があるものの、両国の旗艦大学における共通の課題になっていることは間違いない。英語によって教育・研究活動を行う英語プログラムでは、高度なアカデミックな英語を使用して教育や研究指導を行う能力が教員にとって必須となっているため、まずは英語で授業が行えること、英語で論文を発表できることなどが教員採用の条件となっており、必然的に英語力をもたらす教育的バックグラウンドとしての英語圏での留学経験や学位の取得、英語圏で培い身につけたアカデミックカルチャーなど、言語だけにとどまらない様々な属性を引き連れてくることになる。

　長年の間、日韓を含む非英語圏のアジア諸国は、「中心」である西洋から知識を輸入し、模倣し、ときに追従することで高等教育の発展を遂げてきた。人の移動という視点からも、教育レベルが高く優秀な東アジアのエリート学生がアメリカの有名大学に進学し、そこで得た学位を母国に持ち帰り、その知を祖国で教え還元していることで、いまだに学術的な従属性から抜け出せていないということ、特に社会科学や自然科学、工学では、西洋の言葉を通して、西洋側の発展に対して継続的に依存し続けているという点も指摘されている（李2006）。

　このように、大学システムから大学教員に至るまで、英語や英語を使った学術の優位性や覇権性は、東アジアの英語プログラムにおいても従属論的な見方を有効にしていると考えられる。

2. 英語帝国主義批判からの視座

　アジア圏において、英語人口は3億5千万人と言われているが（本名 2006）、英語が独占的地位を占める一方で世界の少数民族語は減少し、現存する 7,000 ほどの言語は、今世紀中には半分以上が消滅するであろうとの指摘もある（Skutnab-Kangas 1999）。少数言語の消滅と英語の世界的独占の因果関係を実証するのは難しいが、個人レベルで母語よりも英語を選択させる、という不可視のヘゲモニー性を指摘するのが英語帝国主義批判の主張である。

　EUでは多言語主義や複言語主義が標榜され、加盟国すべての公用語がEUの公用語とされているが、EUにおける会議などでも、少数言語話者の発言に関してはまずは英語やフランス語、ドイツ語と言った主要言語に翻訳し、それを次の言語に翻訳するといったリレー方式が行われている（Crystal 1997: 81）。また英語は、効率性と合理的選択によって使用されているケースもある。欧州中央銀行の公用語は英語であり、経済的効率性などを考慮した合理的選択（クルマス 1993）によって英語が使用されている。理念上の多言語主義を掲げるヨーロッパにおいても、実際における交流言語、もしくは共通言語としての英語が、実務上の理由で使用されているケースは多い。

　ほかにも、英語が植民地主義時代の言語ではない国々においては、アメリカやイギリスなどの「スタンダードな英語」を、西洋のパワーを手に入れて発展し、自らをグローバル市場に参入するために導入しようとする場合もあるとして、その例としてソ連崩壊後の東ヨーロッパ諸国などが挙げられている（Pavlenko & Norton 2007）。たとえばアジアのなかでもかつてイギリスに支配された国々においては、英語は植民地主義の言語であり、多民族の存在する国のなかで国家統合における手段、共通語として英語が使用されているケースもある。シンガポールやインドでも、英語はそれぞれの社会のなかで土着化してゆき、現在ではシングリッシュ（Singlish）やインド英語（Hinglish）と言った名称で呼ばれるようにもなっている。このように、英語が様々な形態で理念的にも実践的にも取り入れられていることに関して、"World Englishes"（1985-）などの学術ジャーナルを中心に、新しい英語の捉え方と実践が論じられるような流れも出て来た。

一方で、本書の研究対象である日本や韓国は、上記に挙げられた国々とは歴史的背景を異にしている。日本の敗戦後、韓国の独立後には、両国とも米軍が一時的に政治的・社会的統治を行っていた経験はあるが、英語圏に植民地化されていた経験はない。韓国では、日本帝国主義による強制的な日本語教育や創氏改名などの歴史を背景に、民族の言葉としての韓国語を取り戻すためのハングル復権運動や純化運動などが存在していることが日本と大きく異なるが、日本語や韓国語はそれぞれの社会で圧倒的大多数の人びとが用いる言語として使用されている。日韓では、国家政策としての英語の導入や個人レベルにおけるその学習に対する熱意には温度差があるものの、英語に対するパブリックイメージはポジティブなもので、各市民がキャリアを向上させるためのアドバンテージとして英語に投資するという、より個人実利的な面での英語の需要がある（第2章参照）。

　加えて、東アジア地域では、英語という世界的な大言語がもたらした国家主義的な志向性にも注意を払う必要がある。国の言語（たとえば日本語や韓国語）が民族やアイデンティティ、文化、価値観などを核としたナショナリズムと結びついているという視点は容易に理解されやすいが、英語も同様に、大学や国といったアクターによって国際的な競争社会のなかでの国力増進や大学としての地位上昇などに結びつけるための道具として、国家主義的な志向性がある。たとえば船橋（2000）は、国際的対話力（グローバルリテラシー）を向上させ、世界の大国としての地位を維持していくためには、日本でも英語公用語化が必要であると主張している。韓国では個人レベルにおいては就職の際の必須の「スペック」として、また高等教育機関レベルでは英語による授業が大学の競争力強化や国内・世界大学ランキングの上昇のための戦略に結びついている。

　英語という言語が日韓の社会にもたらすものは、グローバル化への対応や国際的コミュニケーションツールの獲得といった側面だけでなく、英語という国際的通用度の高い言語を通して、三浦（2000）の言う「民族の国際的認知への欲求」（三浦・糟谷編 2000：9）を目指した、グローバル化時代の新しい言語ナショナリズム、「英語ナショナリズム」であるともみることができ

るだろう。第1章で述べたように、「国際化」という言葉が国という存在を前提としたその自己変革と自国文化の対外的拡大を含意するように、英語を使った教育プログラムもまた、国という枠組の内側を変容させると同時に、国家的なコンテクストを国の外に送り出すという役割を持っている。

　英語の拡大は、様々な要因を受けて様々なコンテクストで見られる現象であり、この現象がなぜ起こっているのか、誰の（何の）利益にかなっているのか、ほかの言語に対してどんな示唆を与えているのか、という問いを構造的に分析するのが英語帝国主義批判である。デンマークの言語帝国主義批判の急先鋒であるPhillipson（2010）は、近年の高等教育における教授媒介言語としての英語の急増は、経済的な成功をもたらす「万能薬（Panacea）」なのか、企業や軍隊のグローバル化、環境悪化、エネルギー・食糧危機、持つものと持たざる者の格差を広げる「世界的流行病（Pandemic）」なのか？という問いを投げかけている（Phillipson 2010: 195-236）。フィリプソンなどに代表される英語帝国主義批判論者の視点は、人々が（一見）"自由な"選択を通して、グローバル言語としての英語を受容するという現象に対し、果たしてその選択は本当に自由なのか？という構造的な問題を指摘する点にある。彼らによれば、資金源の豊かなアメリカの大学は資本主義の恩恵にあずかっており、世界各国からの優秀な学者を集め、素晴らしい就業環境を整えている。そのインパクトはほかの言語にも及んでおり、この2世紀ほどの間、英語はほかのどの言語よりも大きな言語的な資本としての地位を確固たるものにしている。Crystal（1994）のように、英語の圧倒的な浸透性は自然な潮流であると捉え、世界共通のコミュニケーション言語が浸透することに前向きな考え方に対して、英語帝国主義の視点からは、多くの国の高等教育機関で英語が媒介言語になっているという現状は、経済的・政治的圧力によって意図的に作られた生き残り戦略であり、英語の拡大の背景には重要な要因と特定の利益がある、と考えられている。そのなかでも特にポスト植民地主義下の国々は、グローバル経済のなかでの生き残りといった実利的な目的のために、グローバルな伝達手段としての英語を必要としている。

　また、Phillipson（2010）によれば、英語媒介学習を行う高等教育機関は、

その学生の数が増えていること、そしてそれらの大学は倍増して、かつビジネスとして経営され、アメリカ、イギリス、オーストラリア、ニュージーランドなどの英語圏の大学が経済的利益を得ていることが問題視されている。そして、英語媒介教育がおこなわれている国・地域として、(1)旧植民地（南アメリカ、フィリピンなど）、(2)ポスト植民地主義の国々（ブルネイ王国、香港、シンガポール、南太平洋諸島など）、(3)エリート教育を行う国々（エジプト、トルコなど）、(4)近年のアラブ世界（サウジアラビア、アラブ首長国連邦）、(5)近年のヨーロッパ大陸部の5地域に整理している。しかし、中国・日本・韓国や、旧ソ連諸国、ラテンアメリカなど、英語を媒介言語としない国は多く存在し、英語媒介教育が世界単位で行われているものだとはいえない、としている。

　しかしながら、本書で詳しく見ているように、フィリプソンの指摘には含まれてなかった日本と韓国においても、英語を教授媒介言語とした教育は現在増加しつつある。そして今後、東アジア地域内の留学生移動が加速化し、「東アジア版エラスムス計画」のような東アジア地域単位での高等教育政策が進行するにつれ、(5)のヨーロッパ大陸部における国々のように、アジアの非英語圏なかでもより多くの英語プログラムが開講されていくことが考えられる。実際、欧州の高等教育における英語拡大の現在を見てみると、第1章でも指摘したように、ヨーロッパにおける英語媒介教育の潮流は、ヨーロッパの地域統合を強める方向で教育政策や言語政策と一体化するなかで進められており（Coleman 2006）、今後の地域的協力や交流の深化がさらに英語プログラムの増加を推進していくことが考えられる。

　さらに、英語帝国主義に批判的な指摘の中でも、高等教育における英語プログラムの議論のなかで考慮すべきものに、英語格差（English Divide）がある。たとえば、パキスタンにおける高等教育における唯一の教授言語としての英語の使用は、エリート層とそれ以外の人々との乖離をさらに大きくした、という実証的な報告もある（Rassol 2007）。英語を教育における媒介言語とする場合、英語の能力がひとつの「分別弁」のような役目を果たし、その能力を身につけるための教育的資本や家庭・学校環境などに大きく影響され、人びとはより階層化していく。その結果、英語の上級者であるエリートと、ほ

かの言語を操る普通の人々との格差が広がるという状況をもたらすこともある。ブルデューは資本の概念を通して、学校や学問、地域や民族に関しても、支配―被支配の関係に、言語が重要な役割を果たしていることを指摘した（Bourdieu 1991, 1993）。このような視点は、英語を「持つもの」と「持たないもの」の差異を明らかにし、英語を使った教育を行う大学においても、より学生間の格差を広げるものとなりうることを教えている。そして英語は結果として、英語格差によるコミュニケーションの不全や学生間の階層化を引き起こし、相互理解や共同体意識の育成にはつながらないという可能性も考えうるのである。Canagarajah（1999: 176）の主張する「英語を無批判に使用することは順応や支配につながり、英語を回避することは周縁化やゲットー化につながる」というリスクは、高等教育における教授媒介言語としての英語使用にも適応できるのであり、また「クリティカルな交渉は学習者のエンパワーメントにもつながる」（同上）というように、英語プログラムにおける英語のあり方を批判的に捉えることは、英語プログラムで学ぶ学生たちのエンパワーメントという点からしても重要である。

第3節 「英語プログラム」の地域性に関する考察

1. 留学生の地域内移動と「地域の創造」

東アジアにおいて、「地域」とはいかにして創造されうるものなのだろうか。ヨーロッパにおける「地域」は、国民国家という枠組み同士での相克を乗り越える手段として、またグローバルな秩序のなかで、アメリカや旧ソ連といった大国と対抗するアイデンティティの概念として用いられてきた（西川・平野 2007）。この節では、東アジアにおいて地域という概念がどのように創造しうるのかについて、高等教育の国際化との関連のなかで「地域の創造」について考察していきたい。

そもそも「東アジア」という地域の考え方は、1990年代の初頭に、東南アジア諸国連合（ASEAN）と北東アジアの3か国、日中韓を結びつけようとする目的から、特に経済分野での協力をもとに始まっている。そして、このような「東アジア」＝ASEAN＋3という協力枠組みは、「『西洋集合』

の重みに対してバランスをとる『アジア集合』の必要性」（西川・平野 2007 : 5）から生まれたものであるという。欧州にしても、東アジアにしても、その「地域」が創造される際には、グローバル化や大国支配と言ったものに対する、なんらかの対抗意識が働いている。天児（2010）は、現在までのアジアのナショナリズムや地域主義（リージョナリズム）と言われる思想が、抗日、抗米、抗仏といった戦前のナショナリズムを引きずりながら、反欧米主義、反帝国主義、反植民地主義、反大国主義といった、極論すれば何かに対する「反対」「抵抗」というものであり、内発的、自発的に生まれるものではなかったとし、そのためその「反対」や「抵抗」という目的を実現した後には、しばしば分裂・拡散の傾向に陥ったことを指摘している（天児 2010 : 79）。

さらに、四方田（2003）は、「Asia is one」という岡倉天心の歴史的発言を引きながら、「アジアを語ろうとする知識人の誰もが、母国語ではなく外国語である英語を通してしか、その場で発言することができないでいるということ」（四方田 2003 : 216）を指摘し、その点においても、「アジアは千の多様性を抱きつつも、ひとしく欧米の側を向くことによって」（同 : 218）ひとつであり続けた、と主張する。ここで表現されるアジアという地域においては、グローバル化や欧米というものへの対抗や憧憬というなんらかの軸が存在することで、アジアが一つのまとまりとしてのアイデンティティを模索するようになる。

現在、東アジア諸国が、何に対抗して地域を創造していくのかを考えるとき、欧州にとってのその対抗する相手が米ソ（露）であったように、東アジアにとっては軍事的にも政治的にも、そして経済的にも大きな影響力を持つアメリカや、先に地域統合を達成した欧州連合（EU）＝「西洋」という比較対象が存在する。高等教育や留学生交流においても、欧州のエラスムス計画などをはじめとする地域連携の高まりや学術発信の中心的存在であるアメリカという2大巨頭に対し、「東アジア」という「地域」を相対的に構築しているというのが、現在までの「東アジア地域」のあり方である。

一方で、東アジア地域における「地域の創造」において、それを思想的に先導するような地域的な理念といったものが存在するかというとそうではな

い。近年、東アジア地域統合といった文脈のなかで様々な地域的協力や政策が議論されているが、東アジアにおいては、たとえば戦前の帝国主義下の日本における「アジア主義」や「大東亜共栄圏」のような地域化を志向するイデオロギーや価値観は存在せず、同様に、欧州のような地域統合を促進するための超国家型組織や政策といった既存のシステムや制度が存在している訳でもない。東アジア地域では、「下からの地域統合」（Pempel 2005: 22）と呼ばれるような、より自然発生的で、現在すでに起きている民間企業の協働や人々の移動に突き動かされる形で、地域の形成へと進んでいる。つまり、思想としての「地域主義」や「東アジア主義」といったものがそこに実在するのではなく、まずは現象としての「地域化」が現れている、という特徴がある。そこには、相互依存の深化する国境を越えた経済活動があり、映画や音楽、ファッションなど多様な分野における文化的・社会的な交流があり（白石 2008）、東アジアにおける「地域の創造」は様々な形で進行している。高等教育における学生移動と交流は、その現象のひとつとして考えられるだろう。

　国際関係学においては、コンストラクティビズムの立場から、Deutsch (1957) は、貿易や移民や観光、文化交流や教育交流などを通じた人々のコミュニケーションが共同体意識を生み出し、「認識の共同体」が形成されていく様相を指摘した。Deutschの視点は、今まで国レベルではかられていたコミュニティ形成プロセスは、地域や国際社会という単位でも可能であることを示した。地域的・国際的な移動と、それにともなう人々の間のコミュニケーションの増加は、"we-feeling" ＝われわれ意識と呼ばれるものを醸成し、信頼や相互理解、集合的なアイデンティティを生み出すという。ここでの地域的・国際的な移動とは、経済活動などを含めた様々な様相で現れるが、本書で扱う英語プログラムも、地域内の学生移動を促すという点で、われわれ意識と呼ばれる共通のアイデンティティ（地域アイデンティティ）、相互理解や信頼の醸成などをもたらす可能性のひとつである。つまり「地域の創造」においては、それを構成する重要な要素として国境越える「移動」という行動があり、そこから生まれる人々の間の経験のなかで相互理解や信頼が醸成される。

さらには、経験を通して共通のアイデンティティや、アジア人意識、われわれ意識と呼ばれるものが、その結果として生まれてくると考えられる。

2.「英語プログラム」と東アジア地域における言語共同体

前項では、地域内移動による相互理解やアイデンティティ形成が、「地域の創造」の構成要素として考えられることを述べたが、もう一つ重要な視点がある。それは、本書で注目しているのが英語プログラムという高等教育プログラムであり、日韓をはじめとする多くの東アジア諸国にとって母語ではない言語（かつ西洋の、あるいは旧支配国の言語）をともなった学生移動や交流が行われているということである。ここでは、言語という要素を「地域の創造」のなかでどのように捉え位置づけていくのか、その理論的枠組を考察したい。

グラッドル（1999）によれば、言語には二種類あるという。一つは人びとが生まれついた共同体の言語であり、もうひとつは、教育や職業、移住といった社会的移動を通して、人びとが獲得した言語のことである。一つ目が、母語やコミュニティ言語、国家の公用語などを指しているのであれば、東アジアにおける「教育や職業、移住といった社会的移動を通して、人びとが獲得した言語」のひとつとして英語が台頭している。東アジア地域においては、英語を公用語のひとつとして採用していたり、多くの教育課程における媒介言語として導入したりしているシンガポールやマレーシア、フィリピンといった国々もあるが、それらは多民族による多言語国家であり、英語は多様な民族のなかの共通語の一つとして導入されている。また、ヨーロッパにおける英語国であるイギリスのように、地域における大国の言語ではないことが、アジアにおける英語の比較的「中立的な」共通語としての可能性をより強めている。

また、東アジアにおいて、現在英語がより広く使われているのは知的専門職の人であり、高等教育へのアクセスの高い都市部の中産階級が中心であると考えられる。Schwartz et al.（2000）によれば、2018年までに20億人以上のアジア人が中産階級に移行するという。各地の「都市中間層」を中心に、

地域共通の社会層が出現して来た事実の上に文化交流による相互理解が促進され、それが「共同体」を現実化するための基盤になるという青木（2005）の「都市中間層連携論[2]」も、やはり移動する人々、特に国境を越えた地域内への留学をする若い学生たちが、自発的に東アジア地域内を移動して「相互理解」を促進し、「共同体」としての基盤を築き上げていくという姿を示唆している。このように、誰の言語でもない人々が獲得する誰の言語でもない中立的な言語としての英語は、今後もその拡大を続けていくことが予想される。

　言語と共同体形成に関しては、ナショナリズムの観点から多くの研究者がその関係性を議論してきた。Anderson（2006）は、ポスト植民地主義のコンテクストにおいて、特に東南アジアを事例としながら、国家が言語、特に出版物を通して流通する言語によって形成された「想像の共同体（imagined community）」の産物であることも指摘している。国家を移動する人々によって運ばれる言語やその文化は、「想像の共同体を生み出し、かくして特定の連帯を構築する」（アンダーソン 2007：210-211）、という。アジア地域だけではなく、ポスト植民地主義における国家において、大多数の人々が英語という共通言語を取り入れることによって、国家という共同体の創造や国民意識の統合を図るケースは、アフリカやインド、カリビアンなどあらゆる地域で起きている、とも言われている（Kachru 1987）。

　共同体形成と言語の関係について、言語を一つの共同体の根幹に据えるときに、政治や国家との切り離しをすることが難しく、一つの言語を使った共同体は、閉じた形に向かいつつあることも指摘されている（梁他 2002）。たとえば日本では、外部の不純なものを受け入れない、濃密なコミュニケーションを分かち合っている人たちの持つ日本語という言語共同体＝共感共同体は、まさに言語ナショナリズムと言われるような、「正統な」日本語とそれを話す集団による異質なものの排除という方向に向かう可能性を持っている。日本語にしても、韓国語にしても、言語として国家や民族との強いつながりを持っていることから、より内に内にというようにオーセンティックなもの（「正統性」があると信じられているもの）を追求するような方向に向かいやすい、

というのは想像に難くない。この考え方を英語のケースに当てはめてみると、まず英語は、西洋の英語圏に属するものであり、日本や韓国にはその正統性を担保するものがない。そのため、英語による言語共同体が閉じた形で正統性を求めた場合、その共同体のアイデンティティは東アジアのものであるとは言い難い。このような点から考えるとき、英語プログラムの発展を通して東アジア内を国から国へと移動して来た学生が作り出す、日韓における共同体的な学びの場では、英語という共通言語をどのように扱うのかという問題が、その共同体の性格に大きな意味をもたらすだろう。

　同様に、社会的なネットワークや提携の新しい形式が生まれると、言語共同体の誕生と存続のプロセスも変化し、その中で若者は、変化をもたらす上での重要な先導者となる（グラッドル1999）。そして、かつてのようなアジアから欧米英語圏への一方的な留学生の送り出しに代わり、アジア地域内で留学生の移動が盛んに展開されていることなど、域内全体での異なる背景を持つ留学生同士の国際移動・交流は、新たな文化共同体を創出し得る（杉村2007）。また、東アジアにおける高等教育協力や国際的に開かれたプログラムによって人びとが流動的であればあるほど、言語や言語共同体も変化しやすいという状況も生まれるだろう。東アジアで進行する地域的な留学は、若者を英語という共通言語を通して東アジア内に移動・居住させ、そこで彼らが創造する共同体は、東アジアにおける「地域」の形に新たな意味付けを与えるものである。

3. 地域内留学と地域共同体形成

　東アジアという地域においては、特に北東アジア地域の日本、韓国、中国の3か国間をめぐり、政治的・歴史的な問題に端を発する問題によって国家間・国民間の関係は良好であるとは言い難い状況にある。谷口（2004）は、東アジアでは歴史認識や靖国問題などの問題を巡って政治的・感情的な溝があり、それが共同体意識の欠如の芽生えを阻んでいるのが現状であるとし、東アジア共同体の構築のための共同体としての意識、アジア人としてのアイデンティティの重要性を主張している。「アジア人意識」に関する国別デー

タを集めたアジア・バロメーター（2004、2005、2006）の分析によれば、東南アジア諸国では概してアジア人意識が高く、一方、北東アジアではアジア人意識が低いということも示されている（園田 2007d）。また、仮説として提示されていた「反ナショナリズム仮説」（自国民としての意識が高いと、「アジア人意識」は低くなる）は否定され、自国民としての意識が高いほど、「アジア人意識」も高くなる傾向にあるとしたが、この傾向もすべての国に当てはまる訳ではないということも明らかにされている。

　ほかにも東アジア地域統合へのアプローチの一つとして、天児（2010）は重層的なネットワーク構築までのアプローチを課題解決協力型、共同利益創出型、生活文化アイデンティティ創出型の3つに分けて説明した。この中で、高等教育における国際化・地域化と英語プログラムが一番密接に関連していくのは、生活文化アイデンティティ創出型であろう。学生は海外への留学や、国内の国際化した高等教育空間で学ぶことを通して、多様な文化・社会的背景を持った人の思考や価値観を知り、生活する社会自体への理解を深め、地域的な相互理解と連帯を強めていく。東アジアという地域で共通して保有する「アジア的価値観」（青木・佐伯 1998）や「アジア人意識」（園田 2007a、2007b、2007c、2008d）、「われわれ意識」（山本 2007）、もしくは「同舟意識」（天児 2010）と呼ばれるようなそれは、いまだその実態が明らかなものになってはいない。「本来、アイデンティティというのは目覚めていくもの」である一方で、多くの人が、「ナショナルなアイデンティティは"運命的な"ものであると決めつけている」という指摘もある[3]。しかし、それは、近年の国際移動によって、「共通の文化と共通の意識の重層的な存在はある程度認められる」（平野 2006：18）とあるように、留学生などの個人レベルにおいても、漠然とした形で何かしらの共通のものとして認識されている可能性もある。

　Adler & Barnett（1998）による地域共同体論では、人的な相互交流や知的エリートたちの国際移動による地域内コミュニケーションの活発化は、「われわれ意識」（地域アイデンティティ）を形成し、「認識の共同体」の創造につながるとした。先に挙げたように、欧州においてもその共同体形成の過程で、国境を越えた経済活動が活性化し、ビザなどの物理的な障壁が消滅したこ

とが、域内の EU 市民としてのアイデンティティ形成に少なからず影響を及ぼしており、EU 構築の試みは、「欧州市民」と言う地域アイデンティティの創造をともなっていた。

　では、東アジア地域では、現在まで「地域アイデンティティ」に関してどのような取組がなされているのだろうか。ASEAN では、まず教育分野における地域的連携を通して、ASEAN としての地域アイデンティティ形成を目指した。1992 年に ASEAN 首脳会議で採択されたシンガポール宣言では、加盟国間の連携と地域アイデンティティの形成を加速させることを目的に、既存の大学ネットワークを生かし、最終的には ASEAN 大学を設立することを宣言した。1995 年には AUN（ASEAN 大学ネットワーク）が設立され、同年の ASEAN 首脳会議では、ASEAN 地域のアイデンティティとして「アセアン・アイデンティティ（ASEAN identity）」という言葉が初めて表現された。さらに、2004 年の ASEAN 首脳会議で採択された「ビエンチャン行動プログラム」のなかでは、ASEAN 社会・文化共同体のなかで、共通の帰属意識である「アセアン・アイデンティティ」の育成と促進を必須の課題として提示し、このような地域的なアイデンティティが ASEAN の域内言語の習得を通じて実現することを掲げている[4]。ここでは、ASEAN 諸国における政治的・経済的基盤の共有と ASEAN 共同体形成実現にとって、ASEAN 市民としての意識の育成と「アセアン・アイデンティティ」の創造が不可欠であり、その地域的な帰属意識の発揚には ASEAN 域内の言語の学びが課題となっていることが示されている。

　このように ASEAN では、ASEAN が目指すアセアン・アイデンティティ育成のために ASEAN 諸国の言語を学ぶという理念を掲げてはいるが、言語学習のための具体的な政策方針は依然として示されておらず、アセアン・アイデンティティと ASEAN 言語とのつながりに関しても政府レベルでの議論はなされていない。その一方で、ASEAN 憲章において「ASEAN における業務言語（Working Language）は英語とする」とされており、「機能的なリンガフランカ」（Kirkpatrick 2008）としての英語が拡大し、地域共同体の議論上での使用言語としての地位が確立されている。

次に、北東アジア諸国にも視点を広げてみると、日中韓の 3 か国を加えた ASEAN ＋ 3 において、地域アイデンティティに関する具体的な議論や取り組みは行われていない。特に北東アジア地域では、経済における地域的協力の深化や教育や文化交流など人の移動が活発化する一方、歴史問題や領土問題などの障壁が未だ根強く残っている。そのため、東アジアにおける地域統合は、欧州のような上からの統合＝制度や政策主導の統合ではなく、経済や教育、文化・社会など、地域コミュニティや「地域大」の市民社会を基礎にすることを志向して、「下からの」地域統合が進められてきた（毛里 2007；西川・平野 2007）。アイデンティティ形成についても、AUN や日中韓で行われるキャンパス・アジアプログラムなど、教育という領域から、相互理解の促進や将来的な地域のリーダーの育成を目的とした政策が行われている。

現在の ASEAN ＋ 3（本書でいうところの東アジア地域）における地域アイデンティティ形成の様相に関しては、いくつかの社会調査で回答が集められ、分析が行われている。そのなかでも、アジア諸国を対象にした「アジア・バロメーター[5]」、「アジア学生調査[6]」、「Asia-Vision サーベイ[7]」と言った社会調査に基づいた分析では、国・地域によって強度は異なるが、アジア地域には強固なナショナル・アイデンティティが存在すること、それに対し、「アジア人意識」などの言葉に代表される地域アイデンティティは限定的であり、さらに国ごとに大きな差が見られることが示されている（猪口・ブロンデル 2010）。また、調査を日本に限定した分析からは、「アジア人意識」という国民国家の枠組みを越えた地域アイデンティティは、ナショナル・アイデンティティを規定する枠組みよりも、より大きな影響をグローバル化から受けている可能性が示唆されている（栗田 2012）。さらに、ナショナル・アイデンティティは、国境を越える情報によって強化されるという田辺（2010）の指摘は、情報だけにとどまらず、高等教育などの学びの場においても、自分たちとは異質のものに出逢うことによって自分自身のアイデンティティを再確認し、より自覚を強めるという作用が生まれることを示している。

本書の研究対象である英語プログラムや、キャンパス・アジアプログラム、AUN といった英語による教育プログラムを基盤とした地域的な高等教

育交流を通じ、学生を中心とした人々の交流や接触が増えることは、欧州での実践のように地域内での相互理解の促進や価値観の共有、そして最終的には地域アイデンティティの醸成をもたらすことにつながると考えられる。そして、上記のようなプログラムのなかで、教授媒介言語や共通語としての英語は、その重要性をますます高めていくだろう。東アジア地域内の高等教育において学生交流が活発化していくなかで、政治・文化的多様性や歴史に根差す相互不信などを乗り越え、地域としての平和と発展を志す上で、媒介言語・共通語として用いられる「英語」という言語が、「地域アイデンティティ」とどのような相関をもっているのかを検証することには大きな意義がある。

4. 英語と地域アイデンティティ

　第1章でも論じたように、東アジア地域では、高等教育の大衆化や近年の急速な経済成長と国境を越えた人的交流の促進など、留学生や教職員・研究者の多様な交流、海外高等教育機関との連携・協力などが活発化していくなかで、様々な国際的な高等教育プログラムが出現している。本書で英語プログラムと呼ぶ教授媒介言語を英語にした学位プログラムは、従来の日本語・韓国語による教育プログラムでは留学することのできなかった、多様な言語的・文化的背景を持った外国人学生に日本留学・韓国留学への門戸を広げた。ここでの英語は、東アジア出身学生にとっても地域内留学の選択肢に柔軟性をもたらし、交流と意思疎通を活発にする「リンガフランカ」でもある。それでは、英語という人々をつなぐ共通語を強化することは、地域アイデンティティや「われわれ意識」、「アジア人意識」の醸成とどのような相関があるのだろうか。

　東アジアにおける英語と「アジア人意識」の関連について、園田（2007a）は、英語能力の向上はアジア人意識を生むという「英語力仮説」を「アジア・バロメーター」の計量的な分析によって証明した。その結果、英語力は、統計的に有意なレベルで、アジア人意識に影響を与えていることを明らかにしている。また、園田（2007b）では、青木（2005）の主張する「都市中間層連携論」に基づき、「アジア・バロメーター」の2004年データのうち分析対

象を「新中間層」(管理職や技術職などのホワイトカラーで、生産手段と資産を持つ人々)に絞り、その「新中間層」の英語力とアジア人意識の関係を検討している。その結果、旧英米植民地の国々の新中間層は、相対的に英語能力が高くアジア人意識を抱きやすい傾向にあるが、一方で旧英米植民地以外のグループでは、英語能力とアジア人意識は全く結びついていないと結論づけている。また、先に挙げた栗田（2012）の研究では、英語能力とアジア人意識の相関は男子学生のみに有効であり、女子学生では有意ではないなど、日本のコンテクストで見るとジェンダーによる差異が明らかになった。

さらに、嶋内・寺沢（2012）の研究では、園田の「英語力仮説」という枠組みに基づきつつ、「アジア・バロメーター」のデータ分析を通して国別の分析を行うと同時に、東アジア各国の旗艦大学の学生を対象に行われた「アジア学生調査」を用い、「アジア人意識」と英語力の関係を分析している。東アジアの高等教育の急速な国際化と地域化を踏まえると、旗艦大学の学生には、「都市中間層」や「新中間層」より一層凝縮されたかたちで、英語と「アジア人意識」の連関が経験されている可能性があるからである。

たとえば、帰属意識に関して、アジアにおいては様々な文化、言語、宗教、民族などが共存・混在しており、人々が共通して有する地域アイデンティティや「アジア人意識」といったものがすでに存在しているとは言い難い。しかし、経済分野の地域的相互依存の進展や国境を越えた交流がより大衆化していくなかで、複数の異なるアイデンティティが重層性を持った形で形成されていくとの指摘がある（天児 2010）。つまり、アジア地域におけるアイデンティティは、国家や民族や地域などのうち、どこかひとつに強い帰属意識を抱くという性質のものではなく、たとえば「タイ人であり、アジア人であり、かつ世界市民である」といったような複数にまたがる帰属意識、複層的なアイデンティティを持ち得るということである。これらのことから、英語力とアジア人意識に相関が見られる場合、それはその二つが直線的に相関しているというより、他の様々な帰属意識との間の複合的な相互効果の結果である可能性がある。

実際、嶋内・寺沢（2012）の研究結果を見ると、各国の国民全体を母集団

とした「アジア・バロメーター」では、明確な「英語力効果」が現れ、なおかつ統計的に有意な関係性を示したのは、フィリピンとマレーシアのみであった。また、各国の旗艦大学に在籍する学生を対象にして行われた「アジア学生調査」においては、韓国とタイにわずかな「英語力効果」がみられたが、決して明確なものではなく、また「英語力―アジア人意識」という単独の相関というよりは、「世界市民意識」といったほかの帰属意識とも関連するものであるということがわかった。園田（2007b）においては、「新中間層」に限ると、旧英米植民地では英語力が高いほどアジア人意識を持つ傾向があるという結論だったが、嶋内・寺沢（2012）の分析はこれと反する結果となっている。これは、旧英米植民地の旗艦大学に在籍する学生の場合、英語力を持たない人が極端に少なく、「英語力あり／なし」という要因がそれほど重要な働きを示さなかったからだと考えられる。

　他にも、「アジア学生調査」のデータをもとにした分析で、「アジア人意識」関連諸変数として、就職を希望する企業の国籍、留学先・留学目的との相関に関する研究結果からも、「地域の創造」と英語の役割に示唆を見出すことができる（嶋内・寺沢 2012：93-101）。就職を希望する企業の国籍や留学先・留学目的を検討する意義は、英語力がある学生が、その能力を持ってどのような企業・国・地域で働き、あるいは学ぶことで、自己実現を望んでいるかを把握できることである。もちろん、ここで取りあつかう就職や留学をめぐる意識は、アイデンティティそのものではない。しかしながら、就職・留学をめぐる意識は、「私は××人である」という自己認識とは異なり、その後の具体的な行動が予想されるものである。

　たとえば東アジアにおいては、政治や歴史問題、安全保障などの分野においてまだ乗り越えるべき課題を抱えている一方で、経済の分野ではアジア内での人々・モノ・資金の移動が活発になり、経済レベルにおける地域協力・相互依存関係が急速に進展し、経済の「地域化」が先行的に進んでいる（浦田・深川 2007）。国境を越えた経済の結びつきが強くなっているなかで、アジアの企業やビジネスパーソンは国際的・地域的な経済活動を行っており、こうした企業・ビジネスパーソンは、国際移動にともなう「アジア人意識」形成

の重要かつ主要なアクターである。したがって、アジア系の企業への志向性は、「アジア人意識」の一指標になる可能性がある。そこで、嶋内・寺沢（2012）では英語力と就職を希望する企業の国籍の関係性を検討し、アジア人意識の特徴を探った結果、少なくとも、英語力のレベルがあがってもアジア系の企業（日本企業・他国のアジア企業）を志望する回答者のパーセンテージが増加するという訳ではないことが示された。むしろ、一般的に想像されるように、アメリカ企業や欧州の企業志望者の比率が高まっている。

さらに、留学目的に関しても同様である。東アジアにおいては、すでに活発な域内の留学生交流が進んでおり（森川2006；黒田2012）、このような留学生移動による国境を越えた人の動きは、それぞれ異なった文化や社会を背景に持つ留学生の交流を促し、留学生交流を通じてお互いの差異を知り、相互理解を求めようとする土壌を生み出し得る。留学先選択における志向性という観点から、「アジア人意識」の特徴を探ると、英語力が高くなればなるほど、留学への興味を示す学生が増えるという傾向（有意の相関）がはっきりと見られた。しかし、どのような留学先を選ぶかという設問では、英語力があると英語で勉強できることを重視する傾向にあり、英語以外の言語で学ぶことに関してはほとんど相関が見られなかった。この結果から示されることは、英語力があることによって高まった留学への関心とその留学志望先は、英語で高等教育を受けることができるアメリカやイギリスといった、特定の英語圏国への求心力を強めている、という可能性である。ここでも、英語力があることが、アジア地域で学ぶことへの関心や興味につながらないことがわかる。

結果として、これまでの先行研究より明らかになるのは、いずれの場合も、多くの国に共通した普遍性の高い「英語力効果」は見られず、英語を身につけていればアジア人意識も高いという単純なモデルには還元できない、複雑な「英語力効果」があるということである。つまり「英語力効果」は、各国の固有の文脈や個人の階層や経験など、出身国も含めた多様な要素に依存していることが推測される。また東アジアの旗艦大学の学生において英語力を持つということは、「アジア人意識」や地域アイデンティティ、アジア的な

ものへの関心といった地域的な志向性を持つというよりは、むしろ自分の英語力を活用できる西洋の英語圏や国際社会など、西洋やグローバルな志向性を持つ傾向にある、ということが明らかになっている。

現在、東アジア地域で活発化している留学生の移動は、英語プログラムの増加でさらに加速化し、今後も大学生やビジネスパーソンなどを中心に、英語による地域内コミュニケーションが活性化していくことが予想される。英語は、東アジアの留学生間の共通言語としても、地域的なプロジェクトにおける教育媒介言語としてもその存在感を強め、学生にとっても英語力向上への社会的な期待やプレッシャーは高まっていくだろう。ここで、上記のような研究結果から明らかになったように、英語力を持つこと自体が、単純に「アジア人意識」＝地域アイデンティティの形成と結びつかないことは、今後地域共同体形成へ向けた高等教育における教授媒介言語の問題を考察する上でも、重要な示唆になるはずである。

同時に、アイデンティティとは、教育政策などによって簡単に創造されるものではなく、生まれ育った背景や、移動と交流といった直接的な接触や経験によって育まれるものである。現在、日韓における英語プログラムは、アメリカやイギリスなどの伝統的な留学先に代わり、英語で学べる環境を非英語圏の東アジア地域内に創出している。英語力が高く、英語で学びたいと考える学生が、従来は東アジア地域外に向かう傾向にあったことを考えると、新しい英語圏の留学先として「東アジア」という選択肢を提供することは、より多くの域内移動を促し、地域アイデンティティ・「アジア人意識」を醸成する場所としての可能性を秘めている、ともいえるだろう。東アジア地域内で英語プログラムのなかで移動する学生たちのアイデンティティについては、引き続き第5章においても議論を行う。

第4節　「英語プログラム」への批判的視座と分析枠組

1. 国際化における「英語プログラム」のリスクとベネフィット

高等教育国際化のリスク（短所）およびベネフィット（長所）に関しては、先行文献でも多くの考察がなされている。英語プログラムがもたらす効果や

表17　非英語圏高等教育の国際化における「英語プログラム」のリスクとベネフィット

ベネフィット	リスク
文化の多様化（Cultural Diversification） グローバル化対応能力 　（Global Competence） 頭脳還流（Brain Circulation/Reverse） 多方面的な留学生交流 　（Multidirectional Student Mobility） 多様な学生の受け入れ 　（Diversifying International Students） 地域的・国際的連携の促進 　（Regional and International Cooperation）	授業の質の低下 　（Deterioration in Educational Quality） 単一化（Homogenization） 英国化・西洋化 　（Anglicization/Westernization） 英語帝国主義（English Imperialism） 学術的帝国主義（Academic Imperialism） 英語格差（English Divide） エリート主義（Elitism）

（出典）Knight 2012などを参照に筆者作成

影響には、ポジティブなものとネガティブなものが両方存在し、表裏一体でもある。以下は、「英語プログラム」という国際化の一つの（そして重要な）側面に限定し、本節までで論じた従属論や英語帝国主義の視点を含めつつまとめたものである。

　現在、世界では、国境を越えた学生の移動や、トランスナショナルな教育が拡大している。世界を移動する学生を、頭脳という側面から一つの人的資源と捉え、その動向に注目した考え方にも変化が生まれている。かねてより主流である発展途上国から先進国へといった垂直的な留学の形、「文明吸収型」の留学においては、これらの頭脳の流れはBrain Drain（頭脳流出）やBrain Train（Knight 2009）と称されていた。時代を経て、学生はより多様で多数の国々における教育的経験を求めるようになり、現在ではBrain Exchange（頭脳交換）やBrian Reverse（頭脳還流）（Altbach & Ma 2011）という流れも出現した。そのなかでは、今まで伝統的な留学生受け入れ国ではなかった国や、新しく台頭して来た国が、国際的な頭脳＝留学生という知的資源を巡って競争を繰り広げるようになり、グローバルな留学生移動はより「多方面的(multidirectional)」になっている（Bhandari & Belyavina 2012）。そのなかで、英語プログラムは非英語圏の国々が広げた新しい受け入れの窓口で、国内留学生の英語圏への流出（頭脳流出（Brain Drain））を食い止め、また今までよりもより広く海外からの留学生を受け入れることを可能にしている。

　英語プログラムにおける英語という言語に付随して、英語帝国主義や英語

格差、エリート主義というリスクがあることは本章で述べたが、学術や教育といったアカデミックカルチャーに関する点にも視点を向ける必要がある。日韓を含めたアジア地域と西洋では、その教育スタイルに大きな異なりが見られる。英語による教育は、授業における学生間、学生・教員間の活発なインターアクションや、ディスカッション、プレゼンテーションの導入と言った西洋式の教育の導入をも意味している。また、教員にとっては、英語を第一言語としていない教員が英語による授業を担当することになった場合、たとえ英語での論文執筆や研究を行っている教員でも、教室英語（Classroom English）の運用に大きな負担を抱えるという問題もある（中井 2011）。英語プログラムはその前提とする性質からしても、上記のような西洋的な教育カルチャーが付随してくるものであり、今まで日本語・韓国語で行っていた大学での教育を、そのまま英語に翻訳したものではあり得ない。非英語圏・非西洋圏である日本や韓国において、英語を教授媒介言語とした教育を行うということは、日本や韓国の伝統的な高等教育のあり方自体にも、変容を迫っていると言えるだろう。

次に、国境を越えた教育的連携に関しても、以前はアジアと西洋の大学間の協力・連携が中心であったが、近年ではアジア地域内における大学間連携が増加している。地域的連携に関しては、地域的な大学のパートナーからは、それぞれの大学のニーズに対してより繊細な理解が得られるかもしれないと考えられているのかもしれないとの指摘がされている（Postiglone & Chapman 2010: 381）。そのなかでも言語の障壁をなくし、英語という共通言語で同地域内を留学できるようにすることは、地域的な学生の移動を促進することにもつながっている。

このような高等教育の変化のなかで、留学という経験は、「学生が見知らぬ言語や文化、社会のなかに身を沈め、グローバルな知識や気付きをもたらすが、国の固有の言語や文化が徐々に衰退していることで、このようなグローバル教育の基盤となる目的のひとつが打ち負かされようとしている」という指摘もある（Bhandari & Belyavina 2012: 14-15）。反語的ではあるが、小倉（2011）は、「文化の多様性は複数の外国語を知る人たちによって形成された

わけではない」、とした上で、関係主義や構成主義といった「善意の」世界観が、地球上の文化の消滅を日常化していったことを鋭く指摘した。「複数言語を知る人は、文化の創造者であれ理解者であれ、何らかの意味で文化の多様性を破壊する人としてしか振る舞えない」のであり、「文化の多様性を保全するためには、『複数言語を知る人』という越境的存在を徹底的に排除するしかない」という。そしてその複数言語を知る人よりももっと危険な人が「英語の普遍性を主張する人」であり、彼らによって文化破壊が進行すると主張した（小倉 2011：23-24）。

　見知らぬ言語や他者（他国）の文化を経験することは高等教育国際化や国際教育の目的の一つでもあるなかで（Bhandari & Belyavina 2012; Yang 2001）、英語という統一の言語を使ってアメリカ式（西洋式）とも言える教育を行う英語プログラムを、東アジア地域の日本や韓国という独自の文化を持つ非英語圏で行う意義はどのようなものなのだろうか。英語プログラムという存在は、東アジア地域における「地域の創造」に、どのような意味と影響を持っているのだろうか。英語プログラムがグローバル時代の国際教育の姿の一つであるとしたら、それはいったい何を志向しているのか。また、これらの英語プログラムで学ぶ学生が、いったいどのような教育を志向しているのか、在籍中にどのような経験をしているのか、という問いも生まれてくる。本書で検証する英語プログラムがどのような志向性を持つのかに関しては、たとえばプログラムを構成する教員や、学生の英語に対する意識や英語使用の状況、また学生がどのような意識を持って日韓の英語プログラムに留学をしているのかなどに焦点を当て、質的調査を通じて明らかにすることが可能である。また英語に関しても、マクロ的視点で見てみると、国レベルで「唯一の正しい英語」があるという幻想や、英語のネイティブ教師への依存、加熱する英語熱、英語圏のなかでもアメリカ英語やイギリス英語などの英語を上位階層に位置づけるような思想、アメリカへの一方的な留学熱などは、すべて「正統」英語への従属性を持つ英語帝国主義や英語圏の学術的帝国主義の文脈で批判的に検討されるべきものである。

　そのなかで、どのようにして英語プログラムを日韓独自の高等教育にして

いくのかという問いもまた、今後各国の高等教育政策において重要な視点である。英語プログラムのカリキュラム、教員、教育方法などのプログラムコンテンツ、また英語プログラムにかかわる教職員や学生が、どのような目的でどのような志向性のもとに、どのような実践・経験をしているか、という点から、現在の英語プログラムのあり方が明らかになってくるだろう。そしてそれは今後の英語プログラムの改善・発展と国際化戦略における大きな指針になると考える。

2.「英語プログラム」の持つ4つの志向性

　本書における研究課題（序章）をもう一度確認しておこう。まずは、日本と韓国における英語プログラムの総体的な実態を明らかにし、包括的な把握とマッピングを行い（第4章）、質的分析（第5章）の道標を示すことである（研究設問1、2）。

　次に、英語プログラムの実践的な特色や課題点の解明である。先行研究では、英語による授業の問題点について、一つの大学における調査を中心に分析したケーススタディが中心で、それらは英語による短期プログラムや大学内で行われているEMI授業の学生評価に関するものが主であった。本書では、日韓における複数の旗艦大学から特色ある英語プログラム（「クロスロード型」の英語プログラム）を取り上げ、そこに留学する東アジア地域（ASEAN＋3諸国）からの正規留学生と教職員へのインタビューを通じて、英語プログラムの様相や課題を明らかにする（研究設問3）。

　最後の課題は、言語の理論的背景や従属論などをもとに英語プログラム分析のための概念枠組みを提示し、英語プログラムの持つ「志向性」を検証することである。留学生を中心としたインタビュー調査を通して、日本と韓国の英語プログラムが持つ「志向性」を明らかにするなかで、英語プログラムが日韓、ひいては非英語圏の東アジア地域における高等教育の国際化や留学にもたらした変化はいったいどのようなものなのかを明らかにする（研究設問4）。特に、地域内の移動をもたらした留学への動機（過去への視点）や、英語プログラムでの経験や考え・その変容（現在への視点）、今後の進路（未

来への視点）などに関して、過去から未来という時間軸に沿って、英語プログラムへの留学に関する留学生の経験に関して詳細な聞き取りを行った。

　英語プログラムを分析する際の概念枠組みとして、本章で議論した様々な理論や先行研究に置ける視点から、日韓という非英語圏でありアジア地域に存在する英語プログラムが持つ「志向性[8]」は、(1)国家（ナショナル）、(2)地域（リージョナル）、(3)西洋（ウェスタン）、(4)国際（インターナショナル）の4点が考えられる。

　国家的（ナショナル）な志向性とは、留学先の国（本書では日本と韓国）に対する志向性を、地域的（リージョナル）な志向性とは、東アジア地域（本書ではASEAN＋3諸国を意味する狭義の「東アジア」）を指す。西洋（Western）は主にヨーロッパおよび北米など、日韓を含む東洋と対比される広い西洋世界を指す概念であるが、ここでは、高等教育における覇権的なヘゲモニー性を持つアメリカを中心とした英語圏を主に指している（西洋英語圏への志向性）。最後に国際的（インターナショナル）な志向性とは、前章までで提示した日韓における「国際化」概念に基づき、国の枠組を前提とした変容と対外拡大への志向性である。

　分析においては、本章でそれぞれ議論した言語や学生移動、相互理解、アイデンティティという、高等教育国際化に関する理論的枠組や先行文献において議論されている4つの重要な指標に注目しつつ、東アジアからの留学生がどのような志向性を持っているのかを明らかにする。言語に関しては、英語プログラムという共同体のなかで使用され学ばれる英語に関して、教授媒介言語としての英語をどのように捉え、どのように使用するかという意味での志向性に注目する。また、英語プログラムが引き起こしている留学という実際の身体的移動をともなった行動は、それによる相互理解やアイデンティティ形成など、あらゆる共同体変容の前提となる。移動が、日韓という国家的（ナショナル）な経験を目的にもたらされているものなのか、東アジアという地域的（リージョナル）な視界をもって留学しているのか、それとも欧米の英語圏の代替としての英語プログラム留学なのかなど、様々な志向性を持った移動が考えられる。相互理解やアイデンティティの醸成は、その移動

と英語プログラムでの経験を通して生まれるものである。言語の使用や人びととの交わり、大学や留学先国での教育・生活体験などを通して、どのような相互理解やアイデンティティが生まれていったのか。このような4点に主な関心を払いつつ、英語プログラムとそこに留学する学生の持つ志向性を4つの枠組みで分析することで、英語プログラムがもたらしたものはいったいどのようなものかを浮かび上がらせることが可能になると考える。

注

1 たとえば、第5章で調査を行っている大学のなかでも、韓国・延世大学のアンダーウッドインターナショナルカレッジや国際大学院、高麗大学の国際学部・国際大学院などでは、教員の国籍に関わらず、全教員の9割近くがアメリカの大学で博士号を取得している。

2 「都市中間層連携論」とは、80年代以降の東アジア地域において、高学歴で生活や趣味などの共有性が高く、偏狭な民族意識・宗教意識・自民族中心主義にとらわれず、自分や家族を大事にする「都市中間層」と呼ばれる人びとが、文化交流を通じて相互理解を促進し、それが共同体形成の基盤になっていくという議論である（青木2005）。

3 梁石日ほか（2002）「総合討論：国家に回収されないアイデンティティとは？」青木保他編集委員『アジア新世紀3　アイデンティティ　解体と再構成』岩波書店 pp. 1-44より、前半は梁による発言、後半は姜尚中による発言を引用。

4 3.4 Promoting an ASEAN Identity という項目の一番目に、"Mainstream the promotion of ASEAN awareness and regional identity in national communications plans and educational curricula, people to people contact including through arts, tourism and sports, especially among the youth, and the promotion of ASEAN languages learning through scholarships and exchanges of linguists;"（原文）と書かれている。Available at: http://www.Aseansec.org/VAP-10th%20ASEAN%20Summit.pdf

5 「アジア・バロメーター」は2003年度より継続して行われているアジア全域を対象にした世論調査である。「アジアの普通の人々の日常生活」に焦点を当て、アジア社会の様態を探ることを目的としている。母集団はアジア各国に住む20歳以上69歳以下のすべての成人であり、毎年夏ごろ、層化多段無作為抽出法と割当抽出法により800から2,000のサンプルを抽出している。調査は原則として現地の言語で行われている。

6 「アジア学生調査」は2007年12月から2008年2月にかけ、早稲田大学グローバルCOEプログラム「アジア地域統合のための世界的人材育成拠点」（GIARI）により、アジア各地の人々の地域統合のイメージを把握し、各地域の様々な特徴を明らかにすることにより、アジア地域統合の範囲や内容をより明確に浮かび上がらせ

ることを目的に収集された大規模な質問紙調査である。対象地域はアジアの6カ国（中国・韓国・フィリピン・シンガポール・タイ・ベトナム）で、それぞれの国で、本書で言うところの「旗艦大学」（中国：北京大学・中国人民大学、韓国：ソウル国立大学・高麗大学、フィリピン：デ・ラサール大学マニラ校・フィリピン国立大学ディリマン校（ケソン市）、シンガポール：シンガポール国立大学・南洋工科大学、タイ：チュラロンコーン大学・タマサート大学、ベトナム：ベトナム国立大学ハノイ校・ベトナム国立大学ホーチミン校）の大学生から、割当抽出法によって抽出した各国約400名を対象とし、原則的に現地の言語による個別面接方式によって調査を行ったものである。

7 Asia-Visionサーベイは、次世代のアジアを形成するアジアの大学生・大学院生を対象とした意識調査であり、調査対象国は日本、韓国、中国、台湾、香港である。栗田（2012）では、ここから日本のデータのみを対象に分析を行っている。

8 ここでの志向性とは、現象学などで使われる学問用語ではなく、一般的にどのような状態やものをめざしているかという意味の、人の持つ一定の方向性を持った意志のことを指す。

第二部

「英語プログラム」がもたらす留学生移動と
国際化のパラダイムシフト

第4章

日韓「英語プログラム」の形態分析と類型化モデル

第1節　研究方法

　本章では、日本と韓国の全4年制大学を対象に行った調査をもとに、日韓における英語プログラムの分布状況と形態、特徴等に関する分析を行う。第1節ではまず現存リストの検証や調査方法の詳細を述べ、第2節では日本の大学における英語プログラムの全体的な分布状況、形態分析とモデル化、またカリキュラムや教授媒介言語、在籍留学生の比率などに注目した上で類型化を試み、3つのモデル（型）を提示する。本研究における調査によれば、韓国に比べて日本の英語プログラムの総数が多かったことから、まず日本の大学における英語プログラムの分析と類型化を行い、それをもとに韓国の英語プログラムの分析、類型化と日韓比較を行うという手法をとっている。第3節では、韓国における英語プログラムの全大学調査をもとに、韓国の英語プログラムの全容と形態、類型化モデルを検証する。最後に第4節では、日韓全英語プログラム分析の考察として、日韓それぞれの特徴や課題、今後の展望などについての議論を行う。

　研究方法として、本書では本章で行う全体的なデータに基づく類型化と、続く第5章で半構造化インタビューを使った質的調査法を組み合わせた研究を行う。一般的に、質的研究が生成した仮説を量的研究が検証するというトライアングル・メソッドが存在するが、この研究では逆の順番を用いる。まずは、一定の指標のもとにデータを量的に集め、類型化などのプロセスを通じて日本と韓国の英語プログラムの全容と各モデルの特徴を提示する。そして、そのなかから研究課題の解明に最適と思われるケース（ここでは旗艦大

学における英語プログラム）を選定し、質的調査を用いてその特徴や問題点を明らかにするという手法である。

　本研究における量的調査の意義は、日本と韓国という研究対象国において、まずは本研究が分析しようとする英語プログラムの全体像とその特徴を把握し、次に、特徴別に類型化することによって、英語プログラムに関するより深い分析と全体への理解を促すことである。調査手法の詳細については第3項で詳しく述べる。

1. 現存する"英語による学位プログラム"リストの検証と「英語プログラム」の定義

　日本と韓国における英語プログラムは、国単位による高等教育国際化の中心的な取り組みの一つである一方で、現在どのようなプログラムがどの大学に存在しているのか、国レベルで整理した包括的なデータや情報サイトなどが存在しない（2014年時点）。その理由は、グローバル30（日本）やBrain Korea 21（韓国）といった国家資金による財政支援を受けていない私立大学においても、多様な英語プログラムが自発的に次々と新設されており、国による全体的な把握が追いついていないということが大きいだろう。英語プログラムの増加は現在進行形の現象であり、特に本研究調査が行われた2012年から2014年にかけても多くの英語プログラムが新設され、英語プログラムの全体的なマッピングや把握はなされていないままである。本研究では、2014年3月時点（2013年度末）までに開設された英語プログラムを対象としている。

　既存の各国の英語プログラムをまとめたリストとしては、日本では「大学における教育内容等の改革状況について」（文部科学省 2013）、および「University Degree Courses Offered in English」（日本学生支援機構 2015b）、アジア学生文化協会とベネッセコーポレーションが共同運営するJAPAN STUDY SUPPORTなどのウェブサイトが存在する。またグローバル30に選出された13大学における英語プログラムのリストなどもグローバル30の公式ウェブサイト上で公開されている。同時期に発表された文科省と

JASSOのリスト（それぞれ2013年度版）を比較すると、大学・大学院レベルでのプログラム数で、最大で20プログラム以上の差異が生まれている。実際に掲載されている学部・研究科を照らし合わせたところ、重複しているものもある一方で、全体の2割ほどが異なった学部・研究科を掲載している。その理由は、調査時期や調査手法の違いのほか、各リストにおける「英語プログラム」の定義が異なっているためと考えられる。

　たとえば、文科省のリストでは、全国の大学への調査票を通じて、英語による授業のみで修了できるという「英語による学位プログラム」を掲載しているが、当該大学の入試案内を見ると、非日本語母語話者への日本語能力検定試験の取得条件や、提供される授業の大部分を日本語での授業が占めているなど、実際には入学・卒業要件として日本語を課し、英語しか理解できない学生への門戸が非常に限られているプログラムも含まれている。また、同調査の「『英語による授業』のみで卒業（修了）できる学部（研究科）」という項目では、大学院は76大学174研究科あるのに対し、学部段階では16大学26学部が英語のみで卒業（修了）できると述べている。これらの「『英語による授業』のみで卒業（修了）できる学部（研究科）」は、日本においても統一した呼び方はなく、各大学によって使われるフレーズは異なる[1]。それに対し、日本学生支援機構のリストでは、英語による授業が中心で入学要件に日本語能力を問わないが、たとえば在学中に所定の日本語コースを修了し、学位取得にはプログラムの4分の3ほどを占める日本語による授業を受講して単位を取得するなど、日本語による授業の履修が必要な学部も含まれている。このように日本において既存のリストが扱っている「英語による学位プログラム」の定義や名称はいまだ曖昧であり、特に入学・卒業要件としての日本語能力や日本語による授業の履修義務は、プログラムによって大きく異なる、というのが現状である。

　韓国では、韓国の教育科学技術部がまとめたリストによって、英語によるプログラムの一部が紹介されているが、これらは内部資料的なものであり[2]、学生相手に公開されているものではない。そこでは7大学9学部、17の専門大学院（学部との連携のない、日本で言うところの独立大学院を意味する）がリ

ストアップされている。17の専門大学院はさらに2つに分かれており、一つは国際大学院（11プログラム）、もう一つは国際経営大学院（通称MBA、6プログラム）である。国際大学院は、英語でGraduate School of International Studies（通称GSIS）と呼ばれることも多く、ソウル国立大学、高麗大学、延世大学などソウル市内の名門大学にあるGSISは専門大学院として有名である。しかし、ここでは大学院レベルでGSISとMBAの2種類の大学院しか紹介されておらず、実際にはKAIST（韓国科学技術院）などの提供する科学・理工学分野における英語プログラムや、国際学や国際経営学以外の社会科学・人文科学系大学院も存在すると考えられる。

韓国での大学情報を集めているサイトとしては、韓国教育科学技術部が運営する「大学アルリミ」や国立国際教育院の運営する「Study in Korea」がある。「Study in Korea」では、いくつかの検索条件をもとに韓国の大学プログラムを調べることができるようになっており、そこには、2つの英語に関する検索条件も含まれている。英語では、「English Taught Degree Program」・「English Taught Classes」、韓国語では「英語専門学位課程の有無」・「英語講義の有無」という項目があるが、「英語講義」に関しては、日本語・英語・中国語設定での検索では、学部・研究科（大学院）レベルを合わせて50、韓国語設定では83と、異なった数字がはじき出される（2013年調査時点）。また、英語プログラムと同定義であると思われる「英語専門学位課程の有無」は、検索条件として有効になっておらず、どの言語による検索でも451というすべてのプログラムが提示される[3]。このように、現存するデータの問題点は、第一に現存するいくつかのリストやウェブサイト上で表される英語プログラムの定義が曖昧であること、第二に私立大学などにおける新設の英語プログラムが把握されていない可能性があることである。このため、現時点で将来的な留学生となる海外の学生がウェブサイトなどを通じてアクセスできる包括的なリストが存在しない。

上記で見て来たように、既存のリストでは入学・卒業要件や学びの形態、組織構成などを含めどのような条件をもって「英語による学位プログラム」とするのか、その定義が曖昧なままになっていることを受け、本書では、ま

ず一定の条件をクリアしたものを英語プログラム（English-medium Degree Program: EMDP）と名付け、英語プログラムの定義を明確にすることが重要だと考え、英語プログラムを以下のように定義した。

英語プログラム（English-medium Degree Program: EMDP）
「入学・卒業要件としての日本語・韓国語能力や日本語・韓国語による授業の履修義務がなく、英語による授業科目のみの履修で、学士・修士・博士といった学位取得が可能な教育プログラム」

　英語プログラムを調査する際の数え方として、1英語プログラムの単位（範囲）に関しては以下の通りである。プログラムは、「大学、学部・研究科、もしくはコース単位で運営されている、一貫性のある教育カリキュラムのまとまり」を指している。大学全体が英語による学位を提供しているケース（たとえば日本の国際教養大学など）もあれば、基本的には日本語や韓国語で教育を行う学部や研究科がある大学で、一部の学部や研究科のみが英語による教育と学位提供を行っているケース（たとえば日本の上智大学国際教養学部や韓国の高麗大学国際大学院など）もある。またなかには、日本語もしくは韓国語で行われている学部・研究科のなかで、一部のみ英語で教育を行い、学位を提供するケースもある（たとえば日本の立命館大学国際関係学部グローバル・スタディーズ専攻など。国際関係学部のなかの1コースが「英語トラック（English Track）」として開設されていることもある）。

　今回の調査では、英語プログラムの数え方として、学部・研究科を基本的な単位としてカウントしている。たとえば、一つの学部が英語での教育と学位提供を行っており、その学部のなかで様々なコースに分かれている場合でも（特にグローバル30などでは1学部のなかにある複数のコースを個別の「英語プログラム」として数えている場合が多い）、学部としての一つのまとまりを「1英語プログラム」と数えた。また、一つの大学に複数の英語で学位提供を行う学部がある場合は、それら一つ一つを個別の英語プログラムとして数えている。英語プログラムの組織形態については、本章の後半で類型化とその特

徴に関する考察を行う。

2. 大学別ウェブサイト検証の必要性と意義

　グローバル化にともなう情報通信技術の進展は、留学や大学入試に関する情報収集にも及んでおり、日本では2011年より大学の情報公開が義務づけられるようになった。それ以前からも、特に外国人留学生を誘致する戦略を持つ大学は、入試情報やカリキュラム内容、大学教育の方針、在籍学生・教員数など、留学生が関心を持ちそうな情報をインターネット上で公開している。本書で収集したデータは、すべて各大学の公式ウェブサイトに掲載されているデータを使用した。

　国内外問わず、海外からの出願者（日本や韓国への留学希望者）にとっても、大学情報の検索や申請プロセスのなかで重要な役目を果たしているのがインターネットであり、大学独自のウェブサイト（公式ホームページ）である。海外からの出願者で日本や韓国の大学へのアクセスが物理的に不可能な際に、大学のウェブサイトからは世界どこにいても必要な情報を手に入れることができる。このようなインターネットの特色を最大に生かし、本研究調査でもすべての大学ウェブサイトを訪問して、情報を収集した。

　インターネットを使った広報や情報の提供・入学申請の受け入れは、世界的な潮流でもある。たとえば、アメリカのカリフォルニア大学では、大学入試のゲートキーパーとして、インターネット上のサービスを提供している。カリフォルニア大学では、（潜在的）入学希望者がウェブサイトを訪れ、高等学校でのGPA（成績評価値）やSAT（大学進学適性試験）などの数値を入力することで、その大学に入学するための条件を満たしているかどうかを事前に自己審査できるようなウェブサービスを提供していた。また日本でも、慶応義塾大学では、留学生向けにプログラム検索サイト「留学生のためのKEIO Course finder」(Course finder for International Students)を設置し、3ステップで自分の該当レベルや興味にしたがって、進学できる学部・研究科を検索できるようにした（2013年度時点。2016年時点では閉鎖されている）。具体的には、「STEP 1. どのレベルで学びたいか？（学部レベル、大学院、別科・日本語

研修課程）」という問いの後に、「STEP 2. 日本語で学びたい・英語で学びたい」というように教授媒介言語を選択できるようになっており、その後、「STEP 3. 人文・社会科学系 もしくは理工学・自然科学系」というように専攻分野を設定するようになっている。

　該当の教育プログラムを日本語で学ぶのか、英語で学ぶのか、という点は、学生にとっては留学の最も重要な要素のひとつであるが、上記の大学のように大学単位でこれらの情報が明確に整理され、検索できるようになっているケースはほんの一部であり、現状では多くの場合、それぞれ個別のページや詳細を見ないと分からないようになっているのが日本と韓国における大学ウェブサイトの傾向である。多くの海外からの留学生は、日韓の大学への留学を考える時点で「英語で学びたいのか」、「日本語もしくは韓国語で学びたいのか」に関する具体的な希望と現実的な言語的制約があると思われるが、教授媒介言語を条件に整理された包括的なリストが存在しないことは、日韓それぞれの社会全体としての留学生受け入れという目的の前において、潜在的な留学生を取りこぼしてしまう可能性も否めない。本書では前項に挙げた日韓それぞれの現存のリストを参照しつつも、日韓におけるすべての通信大学をのぞいたすべての4年制大学のウェブサイトを検証しながら、本書の定義に沿った英語プログラムをリストアップした。

3. 調査の詳細およびインターネット調査における指標

　本調査は、第一回目の調査が2011年12月から2012年6月まで、第二回目の調査が2013年12月から2014年6月にかけて行われた。第一回目の調査内容をふまえ、第二回目ではその内容を最新のものに更新している。日韓の全英語プログラム調査のうち全私立大学（日本599校、韓国162校）に関しては、私立高等教育研究所「日韓私立大学の国際化プロジェクト」を通じて調査を行い、日本担当3人、韓国担当4人によって各英語プログラムのデータ収集を行った。データ収集の際の指標については、上記私立高等教育研究所「日韓私立大学の国際化プロジェクト」研究員および研究協力者によって行い、データ収集の際の監修・管理に関しては筆者が行った。国公立大学（日

本161校、韓国43校）に関しては、上記と同様の指標を使い、筆者と韓国人留学生協力者によって個別に集めたデータを使用している。データ収集に際しては、それぞれの大学のウェブサイトを使用し、主に大学沿革、学部・研究科紹介、情報公開、カリキュラム、奨学金、国際交流センター等の各ページを参考にした。日本の大学については、日本語および英語で書かれているページを、韓国の大学については韓国語および英語で書かれているページからデータを取得した。ほか、特に韓国については、留学生数や外国人教員数などのデータは大学個別の情報公開に掲載されていないケースがほとんどであったため、「大学アルリミ」に掲載されているデータを参照している。

　それぞれの調査対象大学は、以下の通りである。日本の大学は、文部科学省ウェブサイトに掲載された最新の基礎データを使用し、国公立、私立の全4年制大学を対象とした。韓国では「大学」の定義が日本と異なり、2-3年制の専門大学（日本でいう高等専門学校）や技術学校、各種学校（韓国伝統文化学校、国防大学校）等を含むことから、「大学アルリミ」を参照に専門大学、各種学校、技術大学、通信教育による大学などを除いた4年制大学のみを対象とした。

　大学数は以下のとおりである（表18）。日本は、国立大学82校、公立大学79校、私立大学599校、韓国は国立大学39校、公立大学4校、私立大学162校で、合計それぞれ760校、205校の全大学を調査し、英語プログラムの有無と各英語プログラムの特徴を探った。

　分析においては、日韓高等教育における英語プログラムの分布と目的と特性を明らかにするため、指標として以下の7点に注目した。次頁の表19は、それぞれの指標と調査内容の詳細である。

表18　日本・韓国の全4年制大学数（2012年）

国　名	国立大学	公立大学	私立大学	計
日　本	82校	79校	599校	760校
韓　国	39校	4校	162校	205校

（出典）文部科学省、大学アルリミのデータより筆者作成

表19　インターネット調査における指標

1. 教授媒介言語
1-1　英語（記入なし：いいえ、1：はい）
1-2　日本語・韓国語（記入なし：いいえ、1：はい）
1-3　英語＋日本語・韓国語（記入なし：いいえ、1：はい）
1-4　その他の言語（記入　例：中国語）
1-4　英語開講クラスの比率（記入　例：40%）
2. 留学先の言語（日本語・韓国語）教育
2-1　日本語・韓国語学習のサポートシステムがあるか（記入なし：なし、1：あり）
2-2　語学堂・別科、クラスの形態（1：語学堂や別科など大学内他箇所の日本語・韓国語教育専門機関での言語教育、2：プログラム内日本語・韓国語クラスでの学習）
3. 留学生数
3-1　全体の在籍者数
3-2　留学生数（もしくは割合）
3-3　国籍内訳（上位5国ほどの国籍、分かる場合は人数・割合）
3-4　留学の内訳（交換留学、正規留学など）
4. 教員数
4-1　外国人教員数・比率
4-2　外国人教員の国籍（例：アメリカ1、中国1）
5. 海外大学との連携
5-1　国際共同学位プログラム：ダブル、ジョイント・ディグリープログラムなど
5-2　プログラムレベルでの国際交流プログラム（例：ソウル国立大学・北京大学・早稲田大学アジア太平洋研究科合同サマースクール）、交換留学提携校数
6. 国家支援
グローバルCOE、BKなどの国家資金の支援の有無（例：大学国際戦略本部強化事業、大学教育の国際化推進プログラム、「魅力ある大学院教育」イニシアティブ、「特色ある大学教育支援プログラム」など）
7. 奨学金

（出典）筆者および私学高等教育研究所「日韓私立大学の国際化」プロジェクトチームにより作成

第2節　日本における「英語プログラム」の全大学調査

1.「英語プログラム」の分布状況

　全大学調査をするにあたり、特に名称に「国際」や「グローバル」が付いた学部や研究科が英語による教育を進めている可能性が高いのではないかという想定のもと特に注意を払って調査を行っていたが、そのようなキーワー

ドを含む学部・研究科などは2000年境に急激に増加していることが分かった。たとえば学部名に「国際」もしくは「グローバル」というワードの入ったプログラムの概要や教育におけるビジョンを見てみると、「国際社会に通用する英語コミュニケーション力向上を重視」、「グローバルな視野の獲得」、「国際機関や多国籍企業などで活躍できる"グローバル社会対応型"人材の育成」といった目標が一様に掲げられており、このような「国際」「グローバル」への志向性は、近年の日本の人材育成が掲げる理念とも共通してみられる潮流となっている。このようなプログラムにおいては、英語をはじめとする外国語の習得や、国際経営や国際協力といった国際的な事象を専門分野として扱うことによって、学生のグローバルな視野と能力の育成に力を注いでいるケースが大半であるが、それは一方で、英語「で」授業を行うことを意味している訳ではない。そのようなプログラムの大多数は、日本語を教授媒介言語に、日本人学生を対象にした授業を行っている。日本の大学レベルにおいて「国際的な」プログラムであるという理念を掲げている学部や研究科においても、英語はあくまでも学習の「目的（習得目標）」であり、「手段（教授媒介言語）」であるというケースは決して多くない。「国際」や「グローバル」を看板にあげていても、英語「を」教えるプログラムに比べて、英語「で」教えるプログラムは圧倒的に少数である。

以降では、まず日本の英語プログラムについて、大学の種類別（国公立・私立）分布から整理して見ていきたい。本章で扱う英語プログラムは、日本と韓国において2013年4月の時点で開講が確認された英語プログラムを対象とし、2014年度以降設置予定の英語プログラム（2013年度時点で開講が決定されているもの含む）は、検討の対象外としている。

(1) 大学の種類別分布とその特徴（日本）

日本の英語プログラムの総数は、78大学292プログラム（英語プログラム）であった（表20）。この分布で特徴的なのは、まず私立大学に比べて、国立大学により多くの英語プログラムが存在するということである。英語プログラムを有する大学数は、私立31大学、国公立47大学と、それほど差が見ら

表 20 日本の高等教育における「英語プログラム」分布
（国私立別、学部／大学院別[4]、文系／理系別）

全 78 大学 292 プログラム					
私　立	74（31 大学）	学　部	41	文　系	112
国公立	218（47 大学）	大学院	251	理　系	180

（出典）調査結果をもとに筆者作成

れない一方で、プログラム数では国公立大学が圧倒的に多く、全体の 75%ほどが国公立大学のなかに存在する。一つの大学における英語プログラム数は、私立大学が 1 大学に付き平均 2 プログラムを有しているのに対し、国立大学では一大学に平均で 4 つの英語プログラムを有している。実際には、一部の旧帝国大学に英語プログラムが集中して存在している。

グローバル 30 の選定校以外では、多くのケースで大学につき 1 つの英語プログラムという割合だが、グローバル 30 校では国立、私立の両方において、集中的に多くの英語プログラムが存在する。ただその特徴は、英語プログラム数自体は多いが一つ一つのプログラムの募集人数（定員）は少数で、数名から十数名であるケースがほとんどである。その理由としては、グローバル 30 選定校における小規模の英語プログラムは大学院レベルで開講されていることが多く、英語での指導が可能な教員が少人数の外国人留学生の指導を行うというマンツーマンベースの受け入れを前提としていること、またすでに現存する学部や研究科のなかに英語で行う授業を増やすことで、学部・研究科内にコース型（たとえば政治経済学部内の「国際政治経済コース」など）の英語プログラムを成立させていることがその理由である。

次に、学部・大学院別の統計を見てみると、日本の英語プログラムは、学部レベルよりも大学院（修士・博士課程）でのプログラム数が圧倒的に多い。非英語圏における英語による教育の導入は、学部レベルよりも大学院レベルでより積極的に行われているというのは他地域でも見られる傾向である。Wächter（2008）によれば、2002 年に実施されたヨーロッパ 27 カ国における調査においても、全英語プログラムのなかでその 80% が修士課程以上で開講されているとの報告がある。日本では、現時点で 300 近い英語プログラ

ムが存在するうちの約250プログラム（約85％）は、修士もしくは博士の学位を提供する大学院レベルの英語プログラムである。特に、国公立大学では、グローバル30で新設されたプログラムが始まるまで、1つの公立大学を除き、学部レベルの英語プログラムは存在しなかった[5]。一方で私立大学では、国公立大学よりも先行して学部レベルでの英語による教育導入が早く、グローバル30等の国家政策の後押しを受ける以前からも、学部レベルでの英語プログラムが10数プログラム存在していた。

さらに、文系・理系[6]の分布では、理系180プログラム（約6割）、文系112プログラム（約4割）と、理系分野においてより多くの英語プログラムが見られる。これらをまとめると、日本における英語プログラムは、国公立大学の大学院レベルに多く、専攻別では理系分野でより多くの英語プログラムが提供されているということがわかる。

次に、その分布が私立・国公立別にどのような特徴があるのかを見ていきたい。下記（**表21**）のように、全英語プログラムを私立・国公立別に見てみると、それぞれ際立った特徴が明らかになる。まず、私立大学では、文系分野の英語プログラムが、国公立大学では理系分野の英語プログラムがそれぞれ7割を超えており、「文系英語プログラムの私大、理系英語プログラムの国公立大学」という特徴が明らかになっている。

「国公立大学の理系英語プログラム」という特徴を生んだ要因としては、まず一つ目に、英語プログラムを有する大学が、主に研究大学型の国立大学や旧帝国大学であることが挙げられるだろう。このような国立大学で先端的

表21　日本の高等教育における「英語プログラム」分布（国私立別）

大学の種類	文系／理系 （プログラム数）		割合	学部／院 （英語プログラム数）		割合
私立大学 74（31大学）	文系（53）		72％	学部（20）		27％
	理系（21）		28％	大学院（54）		73％
国公立 218（47大学）	文系（59）		27％	学部（22）		10％
	理系（159）		73％	大学院（196）		90％

注記：「割合」の小数点以下は四捨五入した
（出典）調査結果をもとに筆者作成

研究を行っている理系の学部・研究科では、国からの潤沢な研究教育資金を獲得しているケースが多く、世界における日本の科学技術の相対的先進性・優位性に魅力を感じる外国人留学生を集め、奨学金等を含めた外国人留学生の受け入れ態勢を作りやすい。実際、これらの大学はグローバル 30 に選ばれているケースも多く、特に 2011 年以降理系学部・研究科では多くの英語プログラムコースを新設している。さらに、医学・工学等を中心とした理系分野では、一般的に文系分野よりも学術分野での国際化が進んでおり、共通言語として英語を使っての学術活動が盛んである。そのため、研究室単位での留学生受け入れ、担当教員による英語による個別指導を行うことが、文系分野の学部・研究科と比較して円滑に行われやすいという性質もあるだろう。また、日本の高等教育に在籍する留学生総数を専攻別に見てみると、全体の 6 割以上が人文・社会科学系の高等教育機関に進学しているが、日本政府の国費留学生に関しては、6 割以上が理系分野（工学・農学など）に在籍しており（文部科学省 2011b）、文系の留学生受け入れが私立大学を中心とした市場ベースである一方で、理系は政府奨学生を含めた国立大学での受け入れが多いという傾向がわかる。国公立大学では、学部レベルでも理系の英語プログラムが多く、国公立大学の学部レベルにおいて 22 つある英語プログラムのうち、15 プログラムが理系のプログラムとなっている。

　私立大学に関しては、学部より大学院の方が英語プログラム開設に積極的であると言う点は国公立大学と共通しているが、英語プログラムのある 31 大学のうち、グローバル 30 の選定校は 5 校のみで、グローバル 30 によって創設されたプログラムも国公立大学に比べて圧倒的に少ない。また、国公立大学に対し、私立大学では 1 大学あたり平均 2 プログラムと 1 大学当たりの開講比率が低いのも、国公立大学と私立大学で見られる異なった傾向のひとつである（次項、英語プログラムの形態モデルで詳しく述べる）。学部レベルに関しては、現存する 20 の英語プログラムのうち、13 の英語プログラム学部がリベラルアーツ（教養）教育を行っているという特徴がある。たとえば、上智大学国際教養学部、早稲田大学国際教養学部、国際教養大学のように、大学名や学部名にも「教養」を掲げているところも少なくない。ほかに

も、全学の半分近くを留学生が占める立命館アジア太平洋大学では、留学生のうち7割を構成する中国や韓国の学生がリベラルアーツの学位を評価しないという理由で、アジア太平洋マネジメント学部を国際経営学部に改称したが（石橋・山内 2011 : 235）、カリキュラム構成はほかのリベラルアーツ系の学部と相似している。大学院レベルで目立つのは、国際関係学や国際経営学（MBA）、グローバル・スタディーズなど、比較的新しく創設された研究科での英語プログラムである。これらの研究科は、国際経済をはじめ、国際関係・国際協力といったグローバル規模での問題を扱う専攻や、地域研究としての日本研究・日本学など、幅広い分野の専攻が含まれた学際的なプログラムであることが特徴的である。

　全体的にみても、私立大学においては、国際関係や国際経営、国際教養といった「国際的」な専門科目や学際的なカリキュラムを持った文系分野の英語プログラムが多い。このような英語プログラムは、日本語よりも英語での教育を望む外国人留学生や帰国子女、国際的な事象や学問への関心の高い学生を包括的に受け入れて来たプログラムであり、日本においてそのような学生の受け入れに積極的に対応して来たのが私立大学であるとも言える。

　以上のような分布から、日本においては、理系（理工・自然科学・医学など）の大学院レベル（修士・博士）での英語プログラム導入では国公立大学が、文系分野、特に学部レベルの英語プログラムでは私立大学が、主導的役割を果たして来ていることが分かる。全体としては、理系（理工・自然科学・医学など）、大学院レベル（修士・博士）での英語プログラムの導入が比較的早く創設されているのに対し、文系（人文・社会科学）分野や学部レベルでの英語プログラム導入は相対的に遅れていることが分かる。

(2)「英語プログラム」の設立年度別分布（日本）

　次に、英語プログラムがどのように増加していったのか、設立年度別の分布を見ていく。設立年度を、1989年以前、1990-1999年、2000-2004年、2005-2010年、2011年以降の5段階にわけ、それぞれの英語プログラムの新設数を整理した。1989年以前と1990-1999年までを大きな区切りとしたのは、

この年代に作られている英語プログラムが相対的に少なく、2000年代を5年ごとに分けた理由は、調査をしていくなかで、2005年以降に大きな設立の波があることが予測されたからである。それぞれの分布を割合で見てみると、以下の図のようになる（図3）。

全体を見てみると、現存する英語プログラムの約9割は2000年以降に開講されており、英語プログラムが非常に現代的な取り組みであることがわかる。1989年以前から開講されている英語プログラムは全体の2％に過ぎず、これには現存する英語プログラムが改称する前の、前身プログラムの開講年度を参考にしているものも含まれている。1989年以前から本格的に開講されていた英語プログラムは非常に少数であるのに加え、1999年以前で見てみてもそれまでに設立されたプログラムは全体の約1割であり、1999年以前に設置された23の英語プログラムのうち、学部レベルのものは2プログラムのみで、ほかはすべて大学院レベルの英語プログラムである。

全体の設立年度を見てみると、特に2011年、2012年に大きな設立の波のようなものがある。これはグローバル30の採択大学において、特に国立大

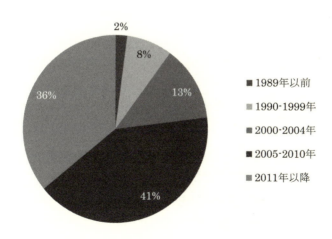

図3　日本における「英語プログラム」の設立年分布
（出典）調査結果をもとに筆者作成

学を中心に多数の英語プログラムコースが設置されたことによる。英語プログラムは、グローバル30やその後のスーパーグローバル大学創成支援事業などを通して今後も引き続き増加する見込みである。

(3)「英語プログラム」の専攻別分布（日本）

次に、日本の英語プログラムを専攻別に整理してみる（図4）と、多い順に、「理工学・学際融合科学」、「医学・生命科学・薬学」、「国際教養・グローバル・スタディーズ・国際関係分野」、「経済学・国際経営学（MBA）」、「情報学・メディアデザイン」分野となっている。英語プログラムの名称は、その所属する大学や学部・研究科によって多岐にわたるため、カリキュラム内容が相似していても、名称の異なるプログラムも多い。専攻別分布の調査時には、カリキュラム内容なども考慮に入れ、上記の5つの分野を含めたカテゴリーを作成して整理を行った。特に、理系分野で様々な学問分野を含んだ複合的・学際的なカリキュラムとなっているものは、「理工・学際融合科学」のなかに含んでいる。

前述したように、日本の全292英語プログラムのうち、6割以上を占める

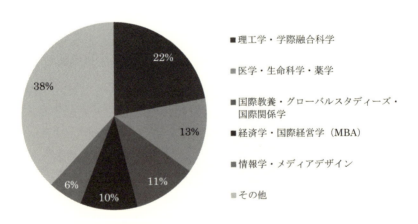

図4　日本における「英語プログラム」の専攻別分布
（出典）調査結果をもとに筆者作成

のは理系のプログラムであり、専攻別の分布を見ても、理工学や医学などの分野で提供している英語プログラムが多くなっている。「理工学・学際融合科学」と「医学・生命科学・薬学」を合わせると全体の3分の1以上になり、「その他」のなかには生物自然科学や農学、ナノサイエンス、資源植物科学、建築学などが含まれ、多様な理系専攻が英語で提供されている。

　文系では、国際教養やグローバル・スタディーズ、国際関係分野における英語プログラムが全体の11％程度を占めている。専攻が国際教養となる英語プログラムはすべて学部レベルで行われており、「グローバル」と名のつくその他の学部・コースを含めて、英語による学際的なリベラルアーツ教育がおこなわれている。また大学院レベルでは、国際関係学や国際社会科学、比較文化言語学といった社会科学・人文科学系の専攻に加え、アジアや太平洋地域を中心とした地域研究など、多様な分野を包有した学際的な大学院も存在する。分野として次に多いのは、MBAや国際経済学専攻（全体の約10％）で、国際経済・経営は上記の学際的なプログラムのなかの一専攻として含まれているケースも多々ある。

　ここであげられなかったなかにも、全体の4割近い英語プログラムは、上記専攻分類枠組に分類されない英語プログラムであった。その例をあげると、国際協力、農村開発、開発教育、被害者学、神学、スポーツ科学、平和・人権システム、公共政策、安全保障、インフラストラクチャー管理、人間科学、量子エンジニアリングデザイン、建築システム、農学など多岐にわたる。

　このように日本では、英語プログラムの提供する専攻は理系分野に多く、続いて経済・経営、学際系のプログラムが相対的に多いという特徴はあるものの、その他のプログラム割合が全体で最も多く存在するように、多様な英語プログラムが開講されている。特に、2010年以降新設されたプログラムでは、環境学や情報学、防災学といった比較的新しい学問分野での英語プログラムも増加していることも分かった。

2.「英語プログラム」の形態分析

　英語を教授媒介言語とした（EMI）教育の発展状況については序章で述べ

たが、大学における英語プログラムには様々な形態が存在する。主に日本語による教育が行われている日本の高等教育機関において、英語プログラムがどのような位置づけでどのように包有されているのだろうか。本研究では日本と韓国の全大学における英語プログラム調査を通じて、英語プログラムを3つの組織的形態に整理し、それぞれの特徴を探った。

まず一つ目の形態は、「英語プログラム大学」である。「英語プログラム」大学とは、大学全体でEMIによる授業を行い、学位を授与している大学を指す。日本の場合、英語プログラム大学は単科大学であったり、大学全体で学部が一つ（単科大学）であるというケースも多い。次に「英語プログラム学部・研究科」とは、日本語や韓国語などの言語で教育を行う大学において、一部の学部もしくは研究科のみが英語プログラムとなっているものを指す。最後に、「英語プログラムコース」とは、日本語または韓国語で教育を行う大学の学部や研究科のなかで、一部コース（たとえば国際関係学部における"English Track"など）のみが英語プログラムとなっており、そのコースの履修のみで学位を取得することが可能なものを指す。それぞれの形態には、英語プログラムやその所属する大学などに、各特徴がある。以下では、形態別に類型化した上記3つのモデルを提示し、それぞれの特徴や日本の高等教育における課題などを議論する。

(1)「英語プログラム大学」(English-medium University)

英語プログラム大学とは、大学全体で英語を教授媒介言語とした学位を提供している高等教育機関である。日本では、3つの大学がこれに分類される（そのうち一つは二学部構成だが、両学部とも英語プログラム）。日本の英語プログラム大学で特徴的なのは、これら3大学すべてが東京や大阪などの首都圏ではなく、地方に位置しているということである。そのなかでも、公立A大学と私立B大学をみると、両大学とも外国人教員の多さ、教養教育、就職率の高さがその大学の魅力として挙げられている。公立A大学は、全学で英語による教育を行うという先駆的な取り組みと就職率の高さなどメディアの注目を集め、入試難易度も年々高くなっており、全国から学生が集まる

大学になっている。一方で、私立B大学では例年定年割れ（募集定員の7割程度）に直面しており、学生の大多数は同県内もしくは同地方出身者である。このような違いをもたらす理由としては、入試広報や入学選抜様式の違いと偏差値格差、各大学の歴史的背景とそれらにともなう日本社会における一般的認知の差異、公立・私立間の学費格差（B大学はA大学の学費のおよそ2倍）など、様々な要因が複層的に絡み合っていると考えられる。

　私立C大学は、海外からの多数の留学生の誘致に成功しており、その要因としては戦略的な海外広報活動と奨学金の授与があげられる。海外留学生向けのウェブコンテンツも非常に充実しており、留学生総数では毎年全国上位に入っている（日本学生支援機構 2014）。一方で、日本において大学の名声や評判と密接に結びついている受験偏差値を見てみると中間レベルに位置しており、日本での社会的な認知はそれほど高くないと言えるだろう。偏差値は、代々木ゼミナールや駿台予備校など大手大学受験予備校が発表するもので一般的にも広く認知されており、大学受験を希望する学生が志望校を決定する際に参考にする有力な指標でもある。日本の英語プログラム大学は、それぞれ偏差値40から60台前半となっており、100年近い歴史と高い偏差値（そして高い競争率）を持つ旗艦大学と比べると、現在までの状況を見る限り、高い学習パフォーマンスを持った日本のいわゆるエリート層の学生の多くが志望する大学ではない。山内（2012）では、英語を駆使し海外留学をカリキュラムに盛り込むなどした教育を、「グローバル人材」の育成を目標に豪華一点主義的にリソースをつぎ込んだ「特進コース」であると説明している。しかし、日本における3つの英語プログラム大学を見る限りにおいては、エリートのための特進コースというよりは、多様な教育的背景や国際経験を持った学生や、英語による教育に関心を持った学生がターゲットになっている。

(2)「英語プログラム学部・研究科」(English-medium Department)

　英語プログラム学部・研究科は、日本語で教育を行う高等教育機関において、一部の学部・研究科のみで英語による教育と学位授与を行っている。第5章のケーススタディで取りあげる上智大学国際教養学部や早稲田大学ア

ジア太平洋研究科などがこの形態にあたる。ほかにもたとえば、都内にあるD大学は、法学部や工学部、経済学部など十数の学部を有する総合大学で、ほとんどの学部においては日本語による教育を行っているが、「グローバル」という名称を掲げた英語プログラム学部では、独自の学際的なカリキュラムで英語による教育と学位授与プログラムを持っている。このような形態は国立大学と比較して私立大学に多く、私立大学における学部レベルの英語プログラムの半数以上が、学部単位で行われている。また、大学院レベルでも、私立大学においては独立した英語プログラム研究科（もしくは独立大学院）を持っているケースが国公立大学と比べて多く、留学生を多く含んだ総学生数の多い大型の英語プログラム学部・研究科があるのも、私立大学の特徴である。

　私立大学では、このような英語プログラム学部・研究科の新設や、もともと日本語で行っていたプログラムを学部・研究科単位で英語プログラムに改編することに積極的なケースが多く見られる。グローバル時代に必要とされる国際的視野や外国語の習得、コミュニケーション能力の育成といった国際教育を目的とした英語プログラムは、国内からの受験生にとっても魅力的な選択肢である。特に1万から数万の学生を擁する私立の総合大学にとっては、大学の国際化への取り組みを提示するなかでも、新しい英語プログラム学部や研究科の導入は、より多くの進学志望の高校生を惹き付けるための有効な戦略の一部として考えられている。

　第2章であげた英語プログラムの3つの目的のなかでも、国際競争力の上昇による大学のプレゼンス上昇という目的は、一部の旗艦大学以外の大学にとっては、あまり現実的な目標ではない。むしろ、少子化に直面するなかで、特に地方の私立大学は定員割れの危機に瀕しており、また首都圏の社会的認知度の高い大学もより多くの受験生の獲得にしのぎを削っている。日本の大学の約8割近くを占める私立大学においては、国内からの日本人学生をどのようにグローバル人材として育成するか、また若年層が減少する日本で総体的に日本人学生数が減っていくことが避けられない現実のなかで、海外からの留学生受け入れの窓口をどのように広げて行くか、という点により強く関

心が払われていると言えるだろう。そのために、国際的潮流に対応した英語プログラムを提供することによって、より多くの学生を獲得しようとする国内競争の意識が見て取れる。

(3)「英語プログラムコース」(English-medium Course)

　英語プログラムコースとは、日本語を教授媒介言語とした教育を行っている大学のなかの学部・研究科のなかで、一部のコースのみを英語で開講し、そのコースの履修によって学位を授与するプログラムである。このような英語プログラムの形態はグローバル30の採択大学をはじめとし、近年に新設された英語プログラムの多くにみられる。

　たとえばグローバル30の選定校の一つであるE大学では、すでに設立されていた学部のなかに、留学生を対象とした"English Track"を新設し、英語を教授媒介言語とした学位取得プログラムである英語プログラムコースを開講した。この"English Track"では、外国人留学生を正規の所属学生とし、英語による授業のみの履修で学位が取得できるのは留学生のみとなっているが、同じ学部内の国内学生（日本語でのコースを受講している主に日本人学生）も本人の希望と十分な英語能力があれば、"English Track"の授業を受講できる仕組みになっている。

　このような日本語による学部・研究科の内部に設立された英語プログラムコースのカリキュラムや担当教員を見てみると、一つの学部・研究科内で日本語および英語によるコースを開講しているという性質からか、日本語による授業を担当している教員が同じ内容を英語でも教えるという形態をとっているケースも多い。学部・研究科内に英語で授業を行うことのできる教員がいた場合、英語コースを設置し、同じ授業を日本語・英語の双方で行うことにより、より迅速に英語プログラムを導入することができるため、このような形態の英語プログラムは国際化政策の導入初期段階において多く見ることができる。

　英語プログラムコースは、日本語で行っている学部・研究科の国内学生にとっても、連携したカリキュラムのなかで英語による授業を受講することが

できるというメリットもある。国際化とグローバル人材の育成を掲げる大学にとって、このような授業の存在は受験生にとって魅力の一つになりうる一方で、英語プログラムコースの規模が小さいため、提供できる英語の授業数が相対的に少ないことなどの問題点もある。通常の日本語による授業では多くの選択科目があり、学生の関心によって授業を選択できるのに対し、英語による授業数が相対的に少なく、そのほとんどが必修科目で選択できる科目が少なく、すなわち学生の関心に沿った学びの提供を十分に行えているとは言い難いプログラムも存在する。

また、次節でも議論するように、このようなコース型の英語プログラムは、グローバル30等のように日本国籍保持者以外が入学要件となっているケース、またグローバル30以外でも海外からの留学生を対象として作られたものであることも多い。つまり、日本語ができないということを前提に、外国人留学生だけの「専用コース」として英語プログラムコースが存在している。このような外国人留学生の「**囲い込み**」のようなコースの存在は、英語プログラムが本来志向している「国際教育」というそのものの意義に疑問が生まれるような状況も生まれている（次節、英語プログラム目的別類型化の「**出島型**」を参照）。

英語プログラムコースの提供は、大学それぞれによって異なった目的と実態を持っているため一概には議論できないが、英語プログラムコースだけ英語の学位を提供する場合には、授業数、また国内学生との学びや交流という点に、大きな課題を残していることも示唆される。

3. 日本における「英語プログラム」の類型化とその特徴

英語プログラムはその目的において、対象として「誰を」、「どのような」言語を介して教えるか、という観点において、異なる特徴を持っている。第2章で論じたように、日韓における英語プログラムは3つの大きな目的を持っており、特に学生レベルにおいては、海外からの外国人留学生と国内学生の双方を対象とした教育を行っている。国内学生とは、日本国内の一条校出身学生を指す（現状では主に日本国籍を持つ日本人学生を指すが、国内出身の外

国籍学生や二重国籍の学生も含むため、本書では国内学生という表記をとる)。ここでは、英語プログラムが実際にどのような学生を包有しているかを指標として、その教育内容（専攻やカリキュラム）にも注目しながら、3つの類型化モデルを提示する。それぞれのモデルを、(1)「**グローバル人材育成型**（Global Citizen model）」、(2)「**クロスロード型**（Crossroad model）」、(3)「**出島型**（"Dejima" model）」と名付け、それぞれの特徴と課題等を分析した。

それぞれのモデルを指標のなかで図形化したものが**図5**である。縦軸は教授媒介言語（英語・日本語もしくは韓国語）を表し、横軸は在籍学生の様相（国内学生・外国人留学生）を表している。グローバル人材育成型は、学生の大多数（目安として約9割以上）が国内学生である英語プログラム、クロスロード型では、在籍留学生が全体の3-7割程度を占め、国内学生とともに学ぶ英語プログラム、出島型は、主に外国人留学生（約9割以上）を対象とした英語

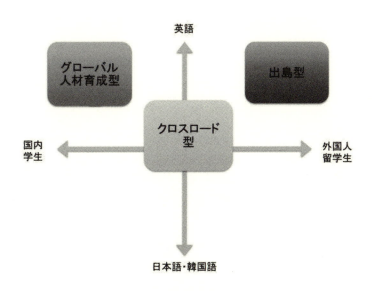

図5　「英語プログラム」の類型化

(出典) データをもとに筆者作成

プログラムである。また同一のプログラムにおいても留学生数は毎年変化すること、また、今回調査対象となる英語プログラム単位で、学位取得目的で在籍する留学生数を公表していない大学も存在するなど、すべての英語プログラムがこれらのモデルに完全に一致するわけではない。また、学生の割合について、各プログラムの中間に位置するような英語プログラムも少数であるが存在しており、類型化にはいくつかの限界も存在する。しかしこのような類型化を通して、それぞれの英語プログラムの特徴や課題等を俯瞰的に掴むことは、英語プログラムの全体像を把握するために有効である。

(1)「グローバル人材育成型」(Global Citizen model)

1つ目は、すべての講義を英語化しているものの、学位取得目的の在籍者の大多数が国内学生（主に日本人学生）で、彼らの「グローバル人材育成」という観点を重視した、"**国内留学型**" の英語プログラムである。卒業後の就職を見据え、学生のキャリアアップのために必要な語学力やコミュニケーションスキルの鍛錬の場として英語プログラムが選ばれており、なかには、英語英文科や国際コミュニケーション学科といった語学教育に力を入れる学部を前身とするプログラムもある。英語英文科を前身とした英語プログラムが見られるのは、英語で授業を行うにあたり英語に堪能な教員がすでに英文科に揃っていること、また日本において国際的な教育というものが英語能力と密接に結びつけられて考えられていることも影響しているであろう。特に、近年日本では、大学に対するグローバル人材育成という役割への期待が高い。第2章でも述べたように、経済産業省や首相官邸が中心となった「グローバル人材育成会議」においても、日本人学生の「内向き志向」を問題として、語学力（特に英語力）・コミュニケーション能力と異文化理解・活用力の育成が課題とされている。就職時期との兼ね合いや経済不況を背景とした経済負担などを背景に、送り出し留学生数という数字の上で「海外留学渋り」が表面化して問題となっている日本人学生を、国内でも国際的な教育を提供することによってグローバルな視点を育成し、国際社会に通用するスキルを身に

つけて行くことを目的にされた英語プログラムは、上記のような社会的背景にも合致するものでもあった。

　グローバル人材育成型の英語プログラムでは、学位取得目的の在籍学生のうち約9割以上が国内学生であり、なかには留学生が1割から2割存在しているプログラムも存在するものの、留学生は学位取得目的ではなく数か月の短期から1年間の交換留学生であると言ったケースが多い。特に、英語プログラム学部を持つ総合大学の場合、大学単位で受け入れる交換留学生の受け入れ先として、英語プログラムが活用されている場合もある。交換留学とは、日本からの学生と海外大学からの学生を文字通り「交換」することが基本的な条件であり、日本の大学が交換留学協定を締結する際には、日本の大学に海外留学生を受け入れることが可能で魅力的なプログラムを持っていることが必須である。日本の大学に来て日本語で授業を受けることには困難がある留学生にとって、日本語による授業のみでは、日本研究専攻や高度な日本語を習得している学生をのぞき、日本の大学で学ぶことに大きな言語的障壁がある。日本語や日本文化を学びつつも、同時に英語で行われる授業を履修できることで交換留学中の単位取得が可能になり、交換留学先として魅力的な選択肢となる。加えて、グローバル人材育成型の英語プログラムでは、国内学生をグローバル人材に育成するという目的から、海外への交換留学を卒業のための必須条件としていたり、必須ではなくともその機会を大学側が提供することが学生の集客に一役買っているというケースもある。実際に正規在学する学生がほとんど国内学生であっても、交換留学プログラムを擁し、交換留学生として海外から留学生を受け入れることを通して、英語プログラムは海外留学生、国内学生の双方を集めるためのいわば広告塔として機能している大学もある。

　一方、このようなグローバル人材育成型の英語プログラムのなかには、カリキュラムが英文科や英会話学校のような授業編成になっており、英語での討論や英語論文を書くためのアカデミック・イングリッシュやオーラル・コミュニケーションの授業は充実しているが、それを使って実際に英語で専門科目を学ぶ授業は少ない、というケースも存在する。日本ではほとんどのグ

ローバル人材育成型の英語プログラムで、入学後の学生の英語力をアカデミックレベルまで向上させるため、「英語」を語学科目として学ぶ授業が設置されており、その「英語学習」の比重は大学によって大きく異なる。特に学部レベルにおけるグローバル人材育成型の英語プログラムでは、新入生に対して英語力を測るテストを行い、その結果によって英語力別のクラスに分け、英語力をのばすための英語「の」授業を必修としているケースも多い。入学後必要な英語力をのばしつつ、同時に英語「による」授業を履修していくが、授業の質は、在籍学生の英語力に大きく左右されるといっても過言ではない。在学学生の英語力は入試における学生の選別度、ひいてはその大学の偏差値を反映しており、傾向として学生の選別度の低い大学の英語プログラムほど、そのカリキュラムは英語学習の比重が高くなっている。

このようなことから、学生の持つ英語力や実際に開講している専門科目の数、その教育の質は、英語プログラムごとに差異が大きいことが示唆される。上記に述べたように、英語による高等教育ではなく、英語力の育成（＝英語学習）により重点が置かれる結果になると、英語を教授媒介言語としてコンテンツ（専門）を教えるはずの英語プログラムとして、ひいては大学教育としての質の問題も生まれてくる。このような点もグローバル人材育成型の英語プログラムが持つ、大きな問題点のひとつであると言えよう。

(2)「クロスロード型」(Crossroad model)

2つ目は、国内学生と外国人留学生が混在し、国内学生の国際的資質の育成と、外国からの優秀な留学生の受け入れの両方を目的とした英語プログラムである。クロスロード型の英語プログラムは、外国人留学生受け入れのための奨学金や留学生寮、数多い選択科目や日本語教育センターなど、教育的インフラが整った大型の私立総合大学に多く見られる。逆に言えば、大学としての規模や国内外における名声（社会的認知）、また海外オフィスや職員派遣などを通した強力な学生リクルートシステムを持っていない限り、このようなモデルの英語プログラムを持つことは難しいと考えられる。クロスロード型の英語プログラムが提供する教育は、国際関係学や国際経営学、国

際協力や地域安全保障など、国際的もしくはアジア、ヨーロッパといった地域規模での課題を扱う授業科目や、外国人留学生にとって魅力的な日本研究、アジア地域に関する授業などを用意しているケースがほとんどである。

　このモデルの英語プログラムでは、入学時にそれぞれ異なった教育的背景と言語能力を持っている留学生と国内学生に対し、それぞれの能力にあった柔軟性のある履修モデルを提供している。なかには日本語の母語話者（国内学生）と日本語以外の母語話者（外国人留学生）別に異なった履修条件と卒業要件を提示していたり、どちらの学生にも対応できるような二言語対応の授業、それぞれの興味関心に合うような専攻科目の提供など、多様な背景と能力を持つ学生が自分の伸ばしたい能力と関心に合わせて学べるようなカリキュラムを提供する大学も多い。「クロスロード」と名付けた意図は、このような英語プログラムに出身や母語などの異なった学生グループが在籍し、英語力や国際的思考力の育成に加えて、外国人留学生には日本語や日本に関する知識、日本を含めたアジア地域への理解を、国内学生には多様で多角的な視点や国際的資質の育成を促し、大学という教育の場で共存し学び合うことを理念としており、学びの「交差点」（＝クロスロード）になる可能性があるためである。

　特に日本において、クロスロード型に該当する英語プログラムを見てみると、たとえば言語能力に関して、日本語を母語とする学生に対しては英語が必修となり、日本語以外を母語とする留学生に対してはそれぞれのレベルにあった日本語を学ぶ授業を提供し、卒業までに各学生が高度な日本語または英語を身につけることができるような仕組みになっていることも多い。また専攻に関しても、リベラルアーツのような学際的な英語プログラムや、もしくは国際経営・経済や国際関係のようなグローバルな課題を扱う専門が、学部・大学院の双方で大多数を占める。

　クロスロード型の英語プログラムの場合、ほかのモデルの英語プログラムと比較しても、国籍の多様性だけでなく、多様な言語能力、学力、教育的背景を持った学生が在籍している。その理由として、日本国籍を持つ学生のなかでも、帰国子女や海外での就学経験の長い学生に一般の入学試験とは異な

る選抜方式（たとえばTOEFLと小論文、面接など）によって選抜を行っていることが挙げられる。このような多様な言語能力・教育的背景を持った学生を有する英語プログラムでは、すべての学生の能力に合わせ、ニーズを満たすようなプログラムを提供するのは難しい。第5章で検証するクロスロード型の英語プログラムの課題も、在籍する学生の多様性が大きな要因となっている。

一方で、このような多様性こそが、クロスロード型の英語プログラムの持つ魅力であると考えられる。国内学生と海外からの留学生という多様な背景を持つ若い学生たちが出会い、ともに学び交流し、また世界に飛び立っていくというクロスロード型の英語プログラムは、大学の国際化や、国内学生の国際的資質の醸成（もしくはグローバル人材としての育成）、外国人学生の受け入れという英語プログラムの三つの大きな目的に合致する可能性を秘めたモデルである。日本において、このようなクロスロード型の英語プログラムは決して多くなく、第5章で取りあげる一部の旗艦大学をはじめとした数校のみに存在する。外国人留学生の受け入れ拡大を目指している大学でも、知名度や大学の地理的位置などの条件によって、多くの場合クロスロード型をめざしたグローバル人材育成型という形に落ち着いているようである。

(3)「出島型」("Dejima" model)

3つ目は、主に留学生のみを対象にした「出島型」の英語プログラムである。「出島」と名付けた理由は、江戸時代に鎖国政策の一環で現在の長崎県に作られた出島の様子になぞらえ、基本的には外国人留学生のみの在籍で英語による「取り出し」「囲い込み」とも言えるスタイルで授業を行っているためである。特に、先に挙げた形態モデルのなかでも、日本語で教育を行っている学部・研究科の一部で設立されたコース型の英語プログラムは、このような出島型の英語プログラムであるケースが多い。日本では、グローバル30の採択大学の中でも、既存の学部の中に新設された英語プログラムのコースは、在籍学生は少数の留学生のみで、日本人学生の参加の少なさやその教育効果が疑問視されることもある（日本学術振興会2012）。既存の学部・研究

科の中に英語によるコースを設置する場合、大学レベルや学部・研究科レベルで英語プログラムが開講されている場合と比べ、英語による授業数が相対的に少なく、学生にとっては学びの選択肢が限られているという問題点もある。また、在籍生が留学生のみ、もしくはその大多数が留学生で、英語で授業を履修したい一部の日本人学生のみが授業に参加するというスタイルであるため、日本にいながらも出島化した教育プログラムに留学生を囲い込んでおり、結果として国内学生との教育の場での交流が限られているようなケースも少なくない。

　ほかにも、2010年以降の英語プログラムコース急増の前から、主に国立大学を中心として出島型の英語プログラムが存在している。たとえば、JICA（国際協力機構）などからの奨学金をもとに、工学や開発など日本が世界的に先端的な研究を行っていると認識されている分野において、発展途上国からの留学生を受け入れることを前提に開設された英語プログラムコースも存在した。このような英語プログラムコースでは、日本が得意とする学問分野で留学生を受け入れるためのカリキュラムを編成し、留学生のみを対象とした出島型のプログラムとして提供しているケースが多い。具体的な分野としては、機械工学などの理系分野全般をはじめ、教育開発や開発経済などの開発分野、環境、防災分野などがある。

　このように、日本の英語プログラムの分布や特徴を概観し、形態と内容に関して、それぞれ3つのモデルに類型化することを通して、全体像を捉えてみた。英語プログラムがどのような目的のもとに作られ、どのような学生が在籍しているかという問題は、英語プログラムの質や教育効果にも直結すると考えられる。次節では、日本の英語プログラム調査で作ったモデルをもとに、韓国ではどのような英語プログラムがあるのかを分析する。日本の英語プログラムとの比較を念頭に、まず全体としての英語プログラム分布状況を概観した後、類型化に沿いつつ、どのような特徴があるのか、その背景としてどのようなことが考えられるのかを検討する。

第3節　韓国における「英語プログラム」の全大学調査
1.「英語プログラム」の分布状況

韓国において、2012年6月時点で存在する英語プログラムは、私立大学に35大学48プログラム、国公立大学に10大学27プログラムとなり、計75の英語プログラムが存在する。

韓国では、英語プログラム設立目的の特徴として、まず国内学生（韓国人学生）のニーズを満たすことが挙げられる。韓国の学生の「英語熱」の高さと、特に英語圏を中心とした海外への留学熱は、韓国高等教育での「国内留学」の必要性を生み出した。韓国国内の大学にある英語プログラムは、アメリカなどの英語圏に留学することに比べ、費用が安く、親元を離れずに大学に通えること、また韓国国内に留まることで卒業後の就職を見据えた国内でのインターンシップ経験等を積めること、それらの活動を通して人的ネットワーク（人脈）の構築ができることなどが魅力となっている。次章で紹介するインタビューも含め、20人近い韓国人学生への聞き取り調査を行うなかでも聞かれたのは、韓国人学生のなかでも特に旗艦大学に通う学生にとって、英語ができるのは「当たり前」であると言うことである。熾烈な就職戦争に勝ち残るために、韓国国内の英語プログラムに在籍しながら、中国語や日本語など英語以外の言語で差をつけることを目的に、アジアやヨーロッパ諸国に留学する学生、企業インターンシップなど在学中から韓国社会との密接なネットワークを築く学生なども増えてきているという。

2つ目に、韓国という共通の民族的背景を持ちながらも多様な教育的・社会的経験を持つ学生の受け入れ先としての役割である。韓国国籍を持つ学生でも海外での暮らしの長いいわゆる帰国子女や、海外同胞とよばれる外国にルーツを持つ韓国系学生などにとって、韓国の大学における英語プログラムは格好の「Uターン留学」先ともなっている。事実、多くの英語プログラムでは、海外の英語圏で高校までの教育を受けた、韓国国籍を持ついわゆる帰国子女に加え、アメリカ籍を持つ韓国系アメリカ人の2世や3世である「コレアン・アメリカン」が多く在籍しているのが、日本とは異なる特徴と言える。

3つ目は、少子化と学歴社会という社会的コンテクストを背景とした、よ

り優秀な国内学生と外国人留学生の受け入れのための大学戦略としての一面である。特に、韓国で毎年公表される国内大学ランキングは、英語による授業の導入や外国人教員の数など「国際化」の指標が重要視されている。韓国国内でのランキングと社会的名声を上げ、より多くの学生を獲得するためにも、旗艦大学から大衆的な大学まで、幅広いレベルの大学で英語による授業の拡大や英語プログラムの積極的な導入が行われている。また、第2章でも述べたように、受け入れ外国人留学生と送り出し韓国人留学生の量的不均衡から生まれる教育貿易収支の赤字と頭脳流出の問題が深刻になるなかで、韓国政府は Study Korea Project などの国家事業を通じ、一部の授業やプログラムを英語で行うことで、韓国語ができない外国人留学生にも韓国留学の間口を広げる政策を進めてきた。日本と異なり、韓国では各高等教育機関における韓国人学生の受け入れ人数が決められているが、外国人留学生に関しては受け入れ人数に制限がない。そのため、定員に届かない大学や、学生の拡大を目指す大学にとって、外国人学生へのマーケティングは非常に重要な戦略と認識されているのである。

(1) 大学の種類別分布とその特徴（韓国）

韓国における英語プログラムの分布を見ていると、韓国の大学に現存する全75プログラムのうち、約65％の英語プログラムは私立大学に存在している（表22）。日本では全体の約75％は国公立大学に存在するため、この傾向は日本とは全く反対である。日韓の私立大学の割合は全大学数の7割ほどという共通した背景のあるなかで、韓国では、国立大学よりも私立大学の方が英語プログラムの導入により積極的であることが分かる。

全体の分布における日韓の差異は、他の点にも見出すことができる。学部と大学院を比較してみると、日本では大学院レベルでの英語プログラム導入が8割を超えているのに対して、韓国では6割以上が学部レベルで開講されている。学部レベルでの英語プログラムは、日本では、全292プログラムのうち約14％（41プログラム）だが、韓国では全体の約67％（50プログラム）が学部レベルで開講されている。欧州においても、エラスムス事業の進行と

表22　韓国の高等教育における「英語プログラム」分布
（国私立別、学部／大学院別、文系／理系別）

全45大学75プログラム					
私　立	48（35大学）	学　部	50	文　系	51
国公立	27（10大学）	大学院	25	理　系	24

（出典）調査結果をもとに筆者作成

　欧州地域内学生移動が活発化するなかで、主に大学院レベルで英語による教育プログラムが増加していったことと比べると、学部レベルにおける英語プログラムの隆盛は、韓国に特色のある現象のようだ。

　何故、韓国では、大学院レベルよりも学部レベルでの英語プログラムが多いのだろうか。その理由として考えられるのが、まず韓国社会における教育熱を背景にした大学院進学率の高さ、またそのなかでも、英語圏へ修士以上の学位取得を目的とした留学が、日本と比べて圧倒的に高いことである。日本において、学部学生に対する大学院学生の比率は10.6%だが、一方の韓国では14.5%である（文部科学省2012b）。全人口のなかで大学院への進学率は韓国が相対的に高くなっており、大学院進学が日本以上に珍しいことではなくなっているなかで、韓国社会において高い評価をされると考えられているアメリカの大学院で、修士号や博士号を取得するために留学を行う学生も相対的に多くなっている。学部は韓国国内の大学で学士を取り、その後、奨学金受給の機会も増える修士課程以降でアメリカの大学院（修士・博士課程）に進学する、という選択だ。そのようなアカデミックキャリアの過程では、学部レベルの英語プログラムが、英語による教育を受けるためのいわば準備課程のような役割を果たしている。

　また、就職市場における英語能力の重要性も、学部レベルでの英語プログラムの増加に一役買っている。確かに、大学院進学率は日本よりも高いが、全学生の8割以上は大学学部卒業後、就職など社会に出て行く学生である。韓国社会では、韓国経済における国際貿易などの重要性を背景に、就職活動の際にTOEICの点数や実用的な英語コミュニケーション能力が求められている。そのため、大学学部在籍中に海外留学をしない（できない）学生にとっ

ても、国内の大学に在籍しつつ大学の授業を通して英語力を伸ばすことのできる英語プログラム学部への需要も、日本と比べて高いということが考えられる。

　次に、学問分野に関しては、7割近くが文系分野の英語プログラムであり、これも6割以上が理系分野で開講されている日本とは対照的である。後述するが、文系分野では特に国際経営（MBA）などの経済・経営系と、国際学部・国際大学院などの学際的な英語プログラムがその中心になっており、その2分野を合わせると、文系全体の6割を占める。日本と比べて一部の学問分野に集中した英語プログラムの形成は、英語プログラムの需要やそのあり方がより確立していることの現れのようにも見える。理系では、たとえば韓国科学技術院（KAIST）や浦項工科大学（POSTECH）など、科学技術の専門大学・専門大学院において、全学的に英語による授業を提供している。日本のように、国立大学の一学部・研究科が、いくつも細分化された理系の英語プログラム学部・研究科やコースを持っているのと対照的である。これらの専門大学校・大学院は、韓国国内のなかでも屈指の旗艦大学と認知されており、国内的・国際的名声も高い大学で、大学における教授陣の多くが海外（主に英語圏）で学位を取得しているのもSKY（ソウル国立大学、高麗大学、延世大学）などのトップクラスの一般大学と共通している。

　さらに、国公立・私立別にプログラムの分布を見てみよう（表23）。特徴的なのは、私立大学では文系の英語プログラムが圧倒的に多く、9割を越えていることである。一方、国公立大学では、7割以上の英語プログラムが理系学部・研究科となっている。日本と韓国に共通して、「文系英語プログラ

表23　韓国の高等教育における「英語プログラム」分布（国私立別）

大学の種類	文系／理系（英語プログラム数）	割合（小数点以下四捨五入）	学部／院（英語プログラム数）	割合（小数点以下四捨五入）
私立大学 48（35大学）	文系（44）	92%	学部（33）	69%
	理系（4）	8%	大学院（15）	31%
国公立 27（10大学）	文系（7）	26%	学部（17）	63%
	理系（20）	74%	大学院（10）	27%

（出典）調査結果をもとに筆者作成

ムの私立大学、理系英語プログラムの国公立大学」、という傾向がここでも見られる。国公立・私立それぞれの学部・大学院の開講の割合は同じで、それぞれ3分の2程度の英語プログラムが、学部レベルで提供されている。

(2)「英語プログラム」の設立年度別分布（韓国）

英語プログラムの設立年度を見てみると、その半数近くが2005年から2010年の間に設立されている（図6）。国公立と私立を比べると、やはり私立大学の方が全体的に早い時期に英語プログラムを設立しており、ここでも英語による学位の提供に早い時期から積極的な傾向にある私立大学と、相対的に導入の時期の遅かった国公立という対比が見られる。グローバリゼーションの深化を背景とした経済界や学生からの需要に柔軟に対応していったのは、日本でも韓国でも、やはり私立大学の方であるようだ。

日本では、特に2011年度、2012年度と、グローバル30の影響で英語プログラムの開講ラッシュがあったが、韓国では特にそれほどの急激な増加も見られない一方で、1989年以前から継続的に英語プログラムが増加してい

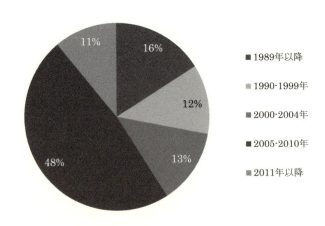

図6　韓国における「英語プログラム」の設立年分布
（出典）調査結果をもとに筆者作成

る。日本と比較して、特に国内の大学ランキングでトップ10に入るような旗艦大学は、日本の旗艦大学と比較しても早い時期に英語プログラムを導入している。日韓に共通しているのは、2005年以降において、現存する英語プログラムの半数近くが設立されているという状況であり、英語プログラムは日韓双方の高等教育においてここ10年ほどの間に飛躍的に進展している新しい取り組みであるということが言えるだろう。

(3)「英語プログラム」の専攻別分布（韓国）

次に、英語プログラムの専攻別分布に関して、韓国に現存する45大学75英語プログラムを専攻別に分類したのが以下の図である（図7）。韓国の英語プログラムで一番多い専攻は、国際学（International Studies）と呼ばれる、学際的な専攻であった。国際学を扱う学部は、国際学部や、それぞれの創立者や大学に縁の深い外国の名前を冠した名称がついている。大学院レベルでは、国際大学院（Graduate School of International Studies、通称GSIS）と呼ばれるのが一般的であり、今回質的調査を行った3校以外にも、慶熙大学や梨花

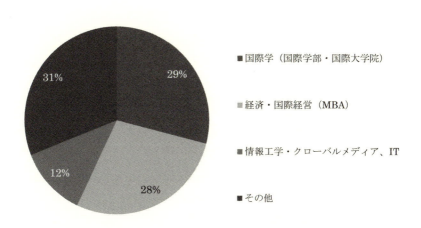

図7　韓国における「英語プログラム」の専攻別分布
（出典）調査結果をもとに筆者作成

女子大学、漢陽大学などソウルの有名大学で、国際学部や国際大学院（GSIS）が開設されている。国際学では、非常に幅広い分野の学問を扱っており、日本における「国際教養」の扱う範囲と相似している。特に国際学部やインターナショナルカレッジと呼ばれる学部で取り扱う専攻分野に関しては、日韓で高い共通点が見られる。

次に多いのは、MBAなどの国際経営や国際経済などの専攻で、設立年度を見ても、これらビジネス分野の専攻学部や大学院は比較的早い時期から創設されている。韓国においては、特に国境を越えるビジネスの現場で使用できる英語と、グローバル化時代に対応した国際経営学に対する需要が高い。英語の重要性がグローバル化する韓国産業界の牽引によってもたらされたことを考えると、国際経営・経済分野での英語プログラムが多いのも納得できる。続いては、情報工学やコンピューターサイエンスなど、情報、メディア、ITに関する専攻であり、これもやはり韓国が先進的な技術を持っている分野である。その他には、金融工学、ロボット工学、エネルギーシステム、脳科学、生命科学など、多様な科学分野の専攻が含まれている。

2.「英語プログラム」の形態分析

本項では、韓国の英語プログラムを、先ほどの日本の英語プログラムによる形態の類型化モデルをもとにして分析していきたい。英語プログラムの形態は、(1)大学全体で英語による授業を学位の提供を行っている「英語プログラム大学」と、(2)韓国語での教育を行う大学のなかにある、英語での教育を行う独立した学部・研究科＝「英語プログラム学部・研究科」、(3)韓国語での教育を行う学部・研究科のなかにある、英語によって行うコース（学科など）＝「英語プログラムコース」の3形態に分けられる。

韓国の場合、日本と異なり、一つの大学のなかに各学術分野別に小さな大学が「〜大学」（たとえば人文大学、工科大学のように）存在しており、そのなかで学士課程から修士課程、博士課程までの教育が行われている。また、先に挙げた「国際大学院」などは、「一般大学院」とは別に大学院レベルでのみ開講する「専門大学院」と呼ばれており、日本でいうところの独立研究科

にあたる。ここでは学士課程レベルと修士・博士課程レベルの違いを明確にするため、学士レベルの教育を行っているところを学部、修士・博士課程レベルの教育を行っているところを大学院と呼ぶ。

全体の分布を見てみると、全75プログラムのうち、約75%にあたる53プログラムの英語プログラムが、英語プログラム学部・大学院に該当する形態を持っている。特に顕著なのは、先ほど専攻別で挙げた、国際学部・国際大学院に関して、すべてがこの独立した英語プログラム学部・大学院の形態を持っていることである。前述したソウル市内にある多くの旗艦大学だけではなく、地方の私立大学においても、主に2000年以降このような学部・大学院を新設しており、2012年以降開設予定のプログラムも複数ある。学部レベルでは、国際学部という名称が一般的だが、なかにはUnderwood International College（延世大学）やKeimyung Adams College（啓明大学）、Linton Global College（韓南大学）のように、英文で「インターナショナル」や「グローバル」などのキーワードの入った名称を持つ大学も多数ある。

英語プログラム大学は、日本と同じく3つの大学が該当したが、日本の英語プログラム大学は3校すべてリベラルアーツを主な専門とする大学であった一方で、韓国での英語プログラム大学は、科学技術系の専門大学がこれにあたる。全国から理系分野の優秀な学生を集めるエリート校で、世界大学ランキングにも韓国の大学のなかで上位に位置している。また、それぞれ在学生中の5%前後と少数ではあるが、海外からも留学生を受け入れている。また、全75英語プログラムのうち、25%ほどは韓国語で教育を行っている学部や大学院のなかに設立された英語プログラムコースであった。特に、経済・経営学部や専攻のなかの、一部グローバルビジネス学科や国際経営学科などのコースが、英語によって行われているというケースが多く見受けられた。

全体として、形態モデルを分析するなかで日本との差異が明確に見られたのは、まず一つ目に、英語プログラム大学が、韓国では理系の少数エリート精鋭のためのワールドクラスの大学として存在していることである。韓国における英語プログラム大学が、世界的な競争力を持った韓国の理系高等教育をリードするような存在であるのは、日本におけるリベラルアーツ系を主軸

とする英語プログラム大学が、国内学生の国際的資質と能力の育成や、外国人留学生との共学の場として存在しているのと対照的である。

次に挙げられるのは、主流となる英語プログラムの形態の差異である。日本では少人数制のコースを中心とした英語プログラムの提供が大多数であるのに対して、韓国においては独立した英語プログラム学部・研究科が多い。前述したように、日本では、既存の学部や研究科のなかに英語プログラムのコースが設立されているというケースが増えており、特に近年新設されたコースのほとんどは英語プログラムコースの形態を取っている。独立した学部・研究科とコースでは、提供できる授業数や英語で教えることのできる教員数、受け入れ可能な学生の数も変わってくるが、一般的に学部や研究科単位で英語プログラムを提供する際には、多くの人的資本と教育的インフラを必要としている。韓国では、英語プログラム以外の学部・研究科でも、韓国語で授業を行うかたわら、英語による授業の導入に積極的であり、新しく英語プログラム学部や大学院の設立のための基盤は、日本の一歩先を進んでいると言えるのではないだろうか。

3. 韓国における「英語プログラム」の類型化とその特徴

韓国の英語プログラムを目的別に類型化すると、まずは日本との共通点として、「**グローバル人材育成型**」の英語プログラムが圧倒的に多いということがあげられる。韓国の大学では、プログラム別の留学生数が明らかにされていない大学が多く、詳細な留学生数の把握は困難を極めた。不明な大学については、大学アルリミに記載されている全学での留学生数なども参考にした。日本の目的別類型化モデルでは、一部の大学のみが「**クロスロード型**」に当てはまり、その他の英語プログラムでは、国内学生を主な対象とした「**グローバル人材育成型**」と「**出島型**」が大多数であったが、韓国の場合も、英語プログラムに在籍する学生をみてみると、延世大学のアンダーウッド・インターナショナル・カレッジのような一部のプログラムを除き、在学生の8、9割以上が国内学生であるプログラムが大部分を占めることが分かった。前述したように、国内学生とは主に日本では日本籍、韓国では韓国籍を持つ学

生を意味しており、それに一部の二重国籍学生や在日韓国人学生等が加わる。韓国においては、韓国籍を持つ「韓国人学生」に分類されるなかには、高校や大学（学部）を主にアメリカなどの英語圏の大学を卒業し、次の学位を韓国で取得しようとUターンして戻ってきた学生も多く含まれている。英語プログラム単位での詳細な統計は存在しないが、いわゆる韓国籍の帰国子女の数は、日本の帰国子女数よりも高いと思われる。その理由として、第2章で示したような韓国人の早期留学者数が日本人よりも圧倒的に多いことや英語圏への留学熱が高いことがあげられる。また、韓国における多くの英語プログラムでは入学選考の際に、海外での留学年数によって3段階ほどの入学枠に分けられており、それぞれの入学定員が大学によって定められている。

　外国人留学生の国籍に関しては、首都圏に存在する有名私大と地方の私立大学では、その国籍の割合が特徴的に異なってくる。日韓における共通点は、留学生全体で見ると中国を中心とした東アジア地域からの留学生が最大数である。しかし英語プログラム単位で、また大学間における留学生受け入れの特徴をみていくと、日本における多くの英語プログラムでは、学位取得目的の留学生は東アジア諸国からの学生が多数派であるのに対して、韓国でも特に「SKY」と呼ばれる旗艦大学であるソウル国立大学や延世大学、高麗大学における英語プログラムでは、アメリカを中心とした英語圏出身学生が留学生の最大グループである。このアメリカ国籍の留学生のなかには、その割合を明らかにすることは統計データが存在しないため難しいが、韓国系アメリカ人（コレアン・アメリカン）も含まれている。一方、韓国の地方の私立大学における英語プログラムの留学生は、中国人学生を中心としたアジア系出身者が多い。第5章で扱うインタビューにおいて、韓国においては、英語圏の学生を誘致することが英語プログラムの教育的質を担保しているかのように捉えられている様子も見受けられたが、大学によって異なる留学生受け入れの様相は、日韓それぞれの英語プログラムの質の問題にもつながってくると言えよう。

　「**クロスロード型**」の英語プログラムは、日本と同じく、一部の旗艦大学のみに見られている。一方で、韓国における英語プログラム学部・大学院の

なかには、そのほとんどが留学生という「**出島型**」の英語プログラム学部・研究科も複数存在した。日本において、このように外国人留学生が中心となった「**出島型**」の英語プログラムは、特に国立大学や英語プログラム導入時のコースで、日本の学術的蓄積や研究が世界的に評価の高い学問分野での提供が中心であったが、韓国の特徴は日本とは異なっている。その実態を見てみると、たとえば韓国の地方都市にあるF大学において、2007年に設立された経営学を専攻する英語プログラム学部では、在籍者数のうち80％が外国人留学生であり、同じく異なった地方都市にあるG大学でも、国際経営学の英語プログラム大学院に在籍する70人ほどの在学生は、全員韓国籍以外の外国籍であった。これらの大学は、当該地方では比較的名前の知られている私立大学ではあるが、全校において定員割れこそしていないものの、地方の少子化を背景に国内学生の募集に困難を抱えている大学である。そのなかで、F大学やG大学の英語プログラム学部は、特に中国人留学生を大多数としたアジア地域出身の外国人留学生が中心となって構成されている。ソウルへの一極集中が進む韓国においては、地方の私立大学においても英語で教育を受けることのできるグローバルな教育プログラムを開設し、国内だけでなく、中国人留学生を中心とした海外からの外国人留学生という市場を視野にいれ、積極的な広報活動を行いつつ学生を集めている様子が伺われる。

第4節　日韓「英語プログラム」の志向性と展望

1.「国際」「グローバル」が意味するもの

　本研究の調査を通じて明らかになった英語プログラムに関する全体的な課題は、日本や韓国において、「国際」や「グローバル」が意味しているものが、非常に限定的であるということである。近年、新設・再編された学部や研究科に「国際」「グローバル」という言葉を入れるケースが多いのは日韓共通しているが、特に韓国よりも日本にその傾向が顕著である。韓国では、プログラム名自体が英語の名前になっており、英語プログラムのプログラム名に、たとえば創設者の宣教師の名前などが使われるケースもある。

　「国際」や「グローバル」という看板を掲げながらも、学生リクルートやウェ

ブサイト等を利用した大学情報や入学案内の発信方法、学生選考のプロセスなどに関しては、グローバル市場に向かっている大学が少ない、という背景には、日韓における英語プログラムが、一部を除いて主に国内の学生市場をターゲットにしていることがあげられる。その点において日韓における「国際」や「グローバル」は、国内学生＝自国民という「ナショナル」なコンテンツを国際化・グローバル化対応させるという**自己変革としての「国際化」や「世界化」**の一貫であり、留学生の受け入れなどを通して大学という学びの場に国際性をもたらすと言う、いわば**外からの「国際化」**については、相対的に遅れているといえるだろう。

　だからといって、英語プログラムが外国人留学生の受け入れを志向していないわけではない。キャンパスやカリキュラムの「国際化」よる学生の増加や定員割れの補充を目指すにしろ、国際競争力の強化を目指すにしろ、質の高い留学生の受け入れは、どの大学にとっても歓迎する要素でもある。しかし、留学生の受け入れには、英語による教育を担う教員だけでなく、英語で実務をこなせる職員、奨学金や学生寮の整備、ビザの発給など、実質的な負担や初期投資が大きい。また、アルバイト目的で留学し、規定時間以上のアルバイトをして大学に来なくなってしまう学生の存在なども指摘され、特に定員割れに瀕している地方の私立大学が留学生を受け入れる際には、学生の質の確保に加え、受け入れたあとの就学管理など、様々な課題とリスクが残されている。

　今回の類型化を通して、多様な背景持つ留学生をある一定割合以上包有する**「クロスロード型」**の英語プログラムは、日本における一部の大型の英語プログラム大学を除いて、日韓の旗艦大学を中心とした一部の大学に限られているということが明らかになった。**「グローバル人材育成型」**や**「出島型」**の英語プログラムはそのプログラムの特徴上、異文化の学生たちが出会い、ともに学ぶ場として成り立っている国際的なプログラムであるとはいいにくく、現存する英語プログラムを全体としてみると、非常に限られた意味での「国際性」や「グローバル性」を表象するものになっている。

　このような問題点は、海外にいる潜在的留学生への発信・情報提供という

点に顕著に現れている。日本や韓国への留学を希望する外国人留学生に対して、「どの大学で、どの言語で、何を学べるのか」、ということに関する包括的な情報が、少なくとも政府の管理下においてはどちらの国においても見当たらない。英語プログラムの情報開示は大学に任されており、各大学のホームページでは英語版のサイトは整備されていても、その授業が英語で行われているのかどうかについては触れていない大学が多い（その場合、英語で書かれていても、授業はすべて日本語や韓国語であるケースがほとんどである）。また様々な留学エージェントが日本留学・韓国留学を目指す学生のための情報サイトを提供しているが、包括的に英語プログラムを網羅したものは未だ存在しない。そのため、留学生にとっては最も重要な問題である「英語で学ぶのか」、「日本語・韓国語で学ぶのか」、という情報が明確に見えてこないのである。日本では、大学の教育情報の公開が2011年より義務化されているにもかかわらず、一部の留学生の多さが一つの魅力になっているプログラムを除いて、学部別の留学生数や、そのうちの学位取得目的で在籍している留学生の数（交換留学生や短期留学生との差別化）が明確に示されていない大学も多く、どのような環境のなかで学ぶことができるのか、学生目線に立った情報を手に入れるのが困難である。韓国でも、教育科学技術部が把握している留学生数は大学全体の受け入れ学生数であり、英語プログラムでどれくらいの留学生を受け入れているのかは明確にされていない。今後は、公的機関・民間双方からの発信で、英語で情報を集める留学生目線に立った、包括的な「英語プログラム」情報を提供するインターネット上のサービスが必要とされよう。

　情報提供に関しては、次章で紹介する留学生のインタビューからも、日本や韓国においてどのようなプログラムがあるのか、情報がなく実態が分からないとの声が多く聞かれた。このような状況が、大学からの直接の学生リクルートや口コミ、奨学金団体の案内などを通して広報をすることのできる一部の大学、特に資金源のある大学や海外の学生でも知っている国際的に有名な旗艦大学にのみ留学生が集まるという現況にもつながっているのである。

2.「英語プログラム」の実態
　―英語「で」教えるのか、英語「を」教えるのか

　日本では、外国語としての英語学習から、英語を手段として使用した専門教育への移行は、多くの英語プログラム、特に国際交流学科や英文学科などを前身とした私立大学文系の英語プログラム学部で「英語"を"学ぶ」から「英語"で"学ぶ」へというキャッチフレーズのもとに行われている。本研究の英語プログラムの定義としては、英語学科や翻訳学科など語学科目として英語や英語教育法を学ぶプログラムは除いているが、英語「で」専門科目を教えるという英語プログラムのなかでも、語学としての英語学習を目的とする授業（アカデミックライティングなど）がカリキュラムの半数以上を占めているケースなども少なくない。たとえば、日本にあるH大学は、外国人教員の割合の高さが評判になっている大学であるが、31人の専任教員のうち、13人までもがESL（English as a Second Language：第二外国語としての英語教育）を専門としている。入学時の英語力が、英語で高等教育を受けるために必要なレベルに達していない学生の多く集まる大学においては、英語による授業を履修する前提として必要な英語のスキルを入学後に育成する必要が出てくる。その場合、外国人教員は、専門科目を教えるというよりは、語学（英語）力の育成のために配置されている、というケースも少なくないのである。
　「英語を学ぶ」から「英語で学ぶ」への移行は、スローガンのように簡単なものではなく、英語が学習の「目的」から学習の「手段」になるためには、アカデミックな活動に耐えうる高い英語能力を必要とする。このことは、英語プログラムやそれを包有する大学において、どのような英語力を持った学生が入学してくるかが重要な指標となっている。特に定員割れをしているような大学の場合、入学時点での学生の選別機能は十分に働いていないと考えられる。つまり、入学時に一定の英語力を持つ学生でない限り、英語プログラムの本質である英語「で」授業を行い、英語のみで学位を取得できるということが、学生にとっても大学側にとっても大きな障害であり挑戦になるのである。このような点から考えても、入学時に英語による学びに耐えうるアカデミックな英語力を持っていない限り、大学での教育は、少なくとも初期

段階においては、英語の教育に集中せざるを得ない。この状況を単純化していうならば、英語教育（＝英語「を」学ぶ）の必要性は、大学の入学難易度（俗にいう偏差値）が下がるほど高くなっていく。本研究の調査によれば、そのような大学の持つ英語プログラムは、すべてが「**グローバル人材育成型**」となっているのもその証左である。

　英語教育色の強い英語プログラムは、どうしても西洋的な志向性を持ちがちである。なぜなら、まずは、英語の習得とそれを使ったコミュニケーション能力の育成という目標が共有され、ESL の資格を持った英語ネイティブの教員による授業、文化、英語圏の文化・社会に関する学習などが中心に行われるからである。つまり、大学に集まる学生の質（特に英語力）によって、英語プログラムのカリキュラムのあり方と、その志向性が決定づけられている部分があるといっても過言ではない。それは、英語のネイティブ話者をモデルとしたより「高い」英語力やアカデミックな運用能力の取得自体が、目的化しているからである。

3.「同化型」と「離層同化型」

　本研究調査を進めるなかで、学部名・研究科名に「国際」や「グローバル」というキーワードを掲げるプログラムは数多く存在することが分かったが、それらに注目しその実態を調べているなかで、国内学生が在籍者数のほとんどを占める「**グローバル人材育成型**」の英語プログラムとは正反対のプログラムが日韓で共通して散見された。教授媒介言語は日本語や韓国語だが、特徴的なのは在籍学生が主に外国人留学生であるという教育プログラムである。逆に言えば、「**出島型**」と同じく、外国人留学生のみの状態に置かれているプログラムだが、日本語や韓国語を主な教授媒介言語とした授業を提供している。例として、日本社会論や韓国文化論など各国の社会や文化に親和性の高い専門科目や、語学として日本語・韓国語を学び、留学先である日本や韓国に精通した知日・知韓派を育成するようなプログラムなど、その他様々な専門分野で提供されている。本書ではこのようなプログラムを「**離層同化型**」と呼ぶ（図 8）。

第 4 章　日韓「英語プログラム」の形態分析と類型化モデル　151

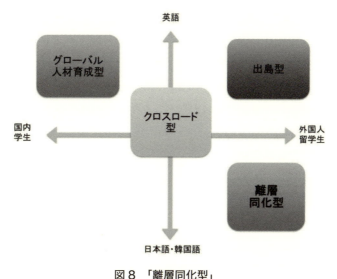

図 8　「離層同化型」

(出典) 筆者作成

　このような「離層同化型」は、国内学生を「国際化」・「世界化」する、という国家的（ナショナル）なものを国際的（インターナショナル）に、という志向性を持つ「グローバル人材育成型」の対極に位置し、いわばインターナショナルな留学生を日本や韓国という国家的な方向に導くプログラムである。伝統的に国家的（ナショナル）な志向性の強い日韓の大学で行われてきた留学生の受け入れは、日本人学生や韓国人学生を大多数とした国内学生が在籍学生を占めるなかに、少数の外国人留学生が入り込むという、いわば現地への「同化型」と呼べるような形式だったが、「離層同化型」では、大多数が留学生のみであるということが特徴的である。
　外国人留学生を対象に特別なプログラムを用意して英語で授業を行う「出島型」の英語プログラムと異なるのは、まずは教授媒介言語が英語ではなく日本語もしくは韓国語である、という点である。また、入学者を志願条件の時点で留学生に絞った出島型のグローバル 30 プログラムとは異なり、国内学生の入学も想定しているにも関わらず、結果として留学生のみのプログラ

ムになった、というケースも多々見られる。たとえば、日本の東京都内にあるＩ大学は、例年定員割れが続いており、国際政治経済学を専攻する研究科では、2011年度の入学者数は定員10人中2人であった。カリキュラムを見ても、あらかじめ設定された講義科目のうち、「今年は開講しない科目」が半数ほどに上り、2012年度の研究科全在籍者の9割が中国人留学生である。ほかにも、全国の留学生が多い大学のなかでも上位にランキングされている私立大学のなかには、本校とは別に都心部にサテライトキャンパスを持ち、在籍者の9割近くを外国人留学生が占めるという大学も存在する。このように、外国人留学生(特に日本や韓国では、圧倒的に留学生数の多い中国人留学生)が入学し、定員と学校経営を維持しているというケースも、旗艦大学ではない私立大学を中心に複数見られる。特に、日本でも韓国でも、「経営」や「経済」という名前のついたプログラムには、中国人留学生が集まる傾向にある。

このように日韓では、英語プログラムとは異なるが、在籍学生のほとんどが日本・韓国の国内学生のなかに少数の外国人留学生が入り込み、日本語や韓国語での教育を受ける「**同化型**」(日韓における伝統的な留学の形)や、外国人留学生を主な対象に英語プログラムを提供するという「**出島型**」とは一線を画したプログラムである「**離層同化型**」が形成されている。本研究の射程である英語プログラムとは異なるが、英語プログラムの調査のなかで浮かび上がってきたこのようなプログラムも、日韓高等教育「国際化」の一つの様相である。

4. 入学・卒業「要件」としての日本語・韓国語

日韓に留学する理由のひとつに、日本語や韓国語の学習とその習得が含まれるケースが多いのは想像に難くないが、英語と同様、語学としての日本語・韓国語の習得と、日本語・韓国語による科目の履修では、求められる語学力に大きな差異がある。科目履修や研究活動、大学生活においても必要とされる留学先社会の言語能力は、それぞれの英語プログラムによって留学生に課せられる習得レベルが異なっている。

日本における英語プログラムは、すべての授業を英語で行うプログラムで

あっても、国内の受験生は日本の一条校を卒業し、一般的な受験勉強をしてセンター試験や個別の大学入学試験を受験しないと入れない仕組みが一般的で、「**グローバル人材育成型**」の英語プログラムを中心として、「**クロスロード型**」でも同様の選抜方式を取っていることが多い。留学生に対しても、入学要件に日本語能力試験（JLPT）や日本留学試験（EJU）の「日本語」科目受験、個別の日本語力テスト・日本語による面接などを課すケース、入学時には日本語能力を求めないが、卒業要件として規定の日本語コースの修了、日本語による科目履修と単位取得などが課せられたりする場合もある。また、英語で教育を受けることができても、プログラム以外での大学生活において高レベルの日本語が要求されたり、また大学における事務的手続き等において、日本語での対応が求められたりするといった回答を得た場合もあった[7]。

　韓国では、地方を含めた大型の総合大学を中心に、外国人留学生が韓国語を学ぶための言語教育機関である通称「語学堂」（大学によっては言語教育院、韓国語教育センターなどと呼ばれる）が大学内に設立されている。日本の英語プログラムと傾向として異なるのは、韓国の場合、英語プログラムに入る外国人留学生にとって、韓国語が卒業のための要件となっているケースはほとんど見られないことである。それは旗艦大学であっても、比較的外国人留学生数の少ない小規模の大学であっても共通している。一方で、それは留学生に対して「韓国語を学ばなくても良い」、というスタンスではなく、むしろ多くの大学（特に総学生数の多い大規模総合大学）は大学内の韓国語教育機関の整備に力を入れ、韓国語教育の体系的なプログラムを用意している。日本では「日本語別科」と呼ばれることの多い日本語教育機関との違いとは、1級から6級までのインテンシブな語学教育（週5日、毎日3―4時間などのフルタイムのものから夜間開講コースまで）を行っており、いわゆる海外からの語学留学生に加え、韓国の大学入学準備課程として、また英語プログラムに留学中の正規留学生に向けても門戸を広く開いていることである。日本語教育よりもより細かいレベル別に分けられ、多くの場合韓国内で著名な大学語学堂の発行する教科書を使用している。特に留学生数の多い英語プログラムを有するような都心部の旗艦大学は、規模の大きい語学堂が大学内に存在して

おり、英語プログラムで学ぶ外国人留学生は望めば本格的に韓国語を学べるような環境になっている。これらは、日本の旗艦大学が提供する日本語教育のスタイルが、日本語別科が提供する様々な種類の日本語の授業で、選択肢の豊富さや授業ごとに履修時間帯を自由に選べると言った利点がある一方で、体系的に集中して日本語を身につけることが難しいという状況が多々見られることと一線を画している。韓国の場合、大学の本科では英語プログラムで学んでいるが、韓国語の集中コースで語学習得にモチベーションの高いクラスメイトと体系的に韓国語を学ぶ環境が用意されていることで、結果的に韓国語にも長けた留学生を多く育成しているといえる。

　このような日本語・韓国語要件は、それぞれの英語プログラムが入学という入り口の時点でどのような学生を期待し対象にしているのか、そしてプログラムを通してどのような学生を育成したいのかを表す指標でもある。外国人留学生にとって、日本語や韓国語の能力をつけることは、日本留学や韓国留学の魅力の一つでもあり、次章でみるように、英語での授業に加えて日本語・韓国語を身につけられるということを留学の目的そのものや目標にしている学生も決して少なくない。日本語・韓国語教育は、入学や卒業の要件として組み入れてしまうと留学生にとっては留学の障壁になってしまう可能性があるが、より充実した、留学生のニーズにあった日本語教育・韓国語教育の提供は、英語プログラムにとって重要な要素であるといえよう。

5. エリート養成機関としての「英語プログラム」

　日韓の国際化で特徴的なのは、高等教育の国際化・グローバル化の取り組みに関しては、ユニバーサル・アクセス型ではなく、一部の特権的なものになっている、という点で、マーギンソンの言う "winner-take-all market" の性質が色濃くみられることである（Marginson 2006）。じじつ、日本のグローバル30や韓国の Brain Korea 21、また、日中韓で行われている「キャンパス・アジア」プロジェクトに選定された大学は、各国における旗艦大学が大多数であり、英語を使った教育、海外留学の義務化など、集中的に人材的・経済的リソースがつぎ込まれていることが分かる。

日本社会で勝ち組負け組の議論がにぎわっていたように、多くの日本の私立大学も、「負け組」の大学になりうるリスクを抱えている（Obara 2009）。日本では、高校を卒業した大学進学希望者は大都市圏に流れる強い傾向があり、韓国でも、ソウルへの一極集中が激しく、地方の私立大学を中心に定員割れに直面する大学も少なくない。一方で、国による国際化政策と重点資金援助をもとに、山内（2012）の言う特権的・エリート養成的な英語プログラムも確かに存在する。英語プログラムの導入がどのような目的や戦略のために行われているのか、どのような学生を受け入れることをビジョンにしているのか。国の国際化政策と対応しているかに見える英語プログラムが、実際に「エリート養成機関」になりえているのかなど、全英語プログラムの類型化を通して、各国のなかで大学の位置する社会的・地理的条件等によって、異なった様相と課題を持つ英語プログラムが存在していることが明らかになった。

第5節　「英語プログラム」の全容とその多様性

　日韓における英語プログラムは、留学生の受け入れの形に変容をもたらし、特に東アジアの経済やビジネス、国際学といった、東アジアにおける地域的連携に関連した分野や学際的な専攻分野を中心にその数が増加していることが明らかになった。留学生の受け入れの実態も各大学それぞれであるが、全体として見ると学位取得目的の学生の多くは東アジア出身の学生であり、日本や韓国の高等教育全体における外国人留学生の受け入れ傾向と一致している。

　本章で提示した形態および内容別の類型化では、それぞれのモデル（「**グローバル人材育成型**」、「**クロスロード型**」、「**出島型**」）における特徴が明らかになったことで、各モデルの持つ課題が示唆される。たとえば、「**出島型**」の英語プログラムの場合、このような英語プログラムを持つことが、そのプログラムを包有する大学や、そこに在籍する国内学生、延いては日本社会にどのようなメリットがあるのか？という疑問が浮かぶ。「**クロスロード型**」では、出身国も教育的背景も、時には入学時の言語能力も多様な学生を受け入れて

いることで、教育の質や学生の専門性の育成においてどのような課題をもっているのかを明らかにする必要が見えてくる。

　また、各大学における英語プログラムの設立目的や教育ビジョンを見ると、国内学生を集めるための国際化戦略という一面は多くの大学で共有されているように見えるものの、外国人留学生の受け入れに関する実情は、大学間で大きな差異が生まれているのがわかる。たとえば、少子化の進む日本や韓国において定員割れをしている大学が、国内外からの学生確保を目的に積極的に英語プログラムを開設しているかというとそうではない、という事実も見えてきた。留学生の受け入れの多い大学を詳細に見て行くと、特に各国の地方に位置することの多い定員割れに瀕した大学では、英語プログラムではなく、通常の日本語もしくは韓国語を教授媒介言語とした学位プログラムに留学生を多く受け入れている。現在までの「**同化型**」と呼べるような伝統的な受け入れの形に加え、このような「**離層同化型**」のプログラムも地方の私立大学を中心に複数存在しており、日韓における留学生の受け入れの形は非常に多様である。

　また、英語プログラムの導入による大学の国際化に関しても、大学によって英語プログラムをどのように位置づけるかが異なっている。日韓では、国家の重点資金を受けたり各種の世界大学ランキングにランクインされるような旗艦大学をのぞいて、大学の国際的な競争力向上を目標として英語プログラムを設立しているとは考えにくい。さらに、英語で授業をするには、教員、学生がアカデミックな英語の能力をもっていることが求められ、大学の入学時での難易度が上がるほど学生の英語力は高くなり、学術研究において必要なレベルまでの英語力が備わっていない場合、英語「で」教える前に英語「を」教えることがカリキュラム上必須となっているような「**グローバル人材育成型**」の英語プログラムも多数存在していることも分かった。英語による授業への障壁は、そのプログラム構成者（学生・教員）双方の卓越した英語力が求められるという点で、やはりすでにインフラの整った有名私立大学や国家による重点支援大学に偏ってしまうという現状がある。そのため、受け入れる学生の英語力によっては、英語教育偏重の、より西洋的な志向性の強い英

語プログラムになっているケースもある。

　そのなかで日韓における英語プログラムの多くは、国内学生の需要に応えることで学生獲得を目指し、その構成員のほとんどを国内学生が占める「**グローバル人材育成型**」のプログラムで、日韓において国内留学先のような役割を果たしていることが分かった。一方、第2章で挙げた英語プログラムの持つ3つの目的に最も近く、留学生の受け入れと国内学生の育成を同時に実現している国際的な英語プログラムは、旗艦大学を中心に存在していることも明らかになった。次章では、そのような旗艦大学に存在する「**クロスロード型**」の英語プログラムと、そこに留学する東アジア地域からの留学生のインタビューから、クロスロード型日韓英語プログラムの実像と課題を見ていきたい。

注

1　たとえばグローバル30の採択拠点の構想の概要のなかでは、「英語による授業のみで学位を取得できるプログラム・コース」（東北大学・東京大学・大阪大学・早稲田大学）、英語コース（九州大学・明治大学）、「英語による教育課程」（上智大学）などの呼称がある。

2　韓国教育科学技術部より入手。海外の留学希望者からの問い合わせの際に使用するもので、主にソウル市内の有名大学を中心としたプログラムを扱っている。

3　韓国の英語プログラムに関する情報検索システムで興味深いのは、条件検索のうち「英語講座」をYESに合わせて検索すると、英語による授業開講の列の隣に、学生寮の提供、奨学金という項目もあり、これらを一緒に調べることができるようになっていることである。韓国では外国人留学生が賃貸で家を借りる際に、日本以上に金銭的・手続き的な困難があることも多く、大学が提供する学生寮の有無は留学生を受け入れるにあたって重要な要素のひとつになっている。

4　本調査では、学部・大学院を分ける際、同じ専攻で学部・研究科で英語プログラムを開講している場合は別々に、修士課程と博士課程は同じ研究科・大学院内で扱われている限り一つのプログラムとしてカウントしている。

5　2012年3月時点。グローバル30により国立大学でも2012年秋から複数の学部レベルの英語プログラムが新設される予定である。

6　文系は政治学・経済学・経営学・国際関係学・法学などの社会科学と、歴史学、心理学、文学などの人文科学、理系とは工学・化学・農学・医学などを含む。情報科学や人間科学、環境学など、ディシプリンだけでは理系・文系に分別できない分

野に関しては、存在するプログラムの所属学部やカリキュラムなどを確認した上で判断した。

7　このような回答は、ウェブサイトでプログラムの日本語要件について詳細が分からなかった場合、それぞれの英語プログラムに電話をして確認を行った際に得たものである。特に、大学のなかで一部のみ英語プログラム学部・研究科、英語プログラムコースを提供しており、外国人留学生の絶対数も少ない場合、すべて英語で行われるという触れ込みであっても、実際は在学中にある程度の日本語を習得し日本語での授業をとることが奨励されていたり、語学単位の取得や規定の検定試験の合格が卒業時の要件となっていたりするプログラムも見られた。

第 5 章

日韓旗艦大学の「英語プログラム」におけるケーススタディ

第1節　研究方法

1. 比較教育研究における質的研究

　教育における質的研究とは、人々がその社会的世界と相互作用しあうことによって構築してきた意味を理解することを意図している（メリアム 2004）。本研究で検証する日韓旗艦大学の英語プログラムにおける東アジア地域内からの留学移動、という現象の解釈は多元的であり、そこに在籍する留学生それぞれの経験や背景、彼ら自身のアイデンティティのあり方などによって色づけられるものである。そのため、これら学生の声に耳を傾け、学生の行動や行為についての詳細な聞き取り調査を行うことにより、日韓における英語プログラムという教育現象を生成させ、維持・変容させているプロセスを明らかにすることが求められる。

　本書では、メリアム（2004）による質的調査法の本質的特性に従い、以下の5点に留意しながら質的研究を行う。

① 日韓旗艦大学における英語プログラムについて、その理解と意味を引き出す。
② 本書の研究者自身が、データ収集と分析を単独で行う。
③ 研究者自身が現地へ出向き、フィールドワークからデータを収集する。
④ 学生個人の個別的・特殊性を持った事例から、一般的・普遍的な規則や法則を導き出そうとする帰納的な方向性を持った分析を行う。
⑤ 調査結果に関しては、十分に記述的になる。

この研究調査のなかでは、特定の旗艦大学の英語プログラムというひとつの境界づけられたユニット（システム）に注目していることから、本章は日韓における英語プログラムのケーススタディでもある。ケーススタディでは、「集約的な記述と分析」（メリアム 2004：26）が求められており、ここでは前章で行った類型化を含む日韓全英語プログラムの分析結果を生かしつつ、意図的に選定した5つの旗艦大学に位置する英語プログラムについて、日韓の国家的状況、大学の特色といった背景を踏まえた分析を行う[1]。

またメリアムによれば、ケーススタディは「教育的な革新を研究し、プログラムを評価し、政策を伝達する上で、とくに有効である」（メリアム 2004：60）と言う。今回のケーススタディの調査対象となる英語プログラムは、旗艦大学のなかでも国際学や国際教養（リベラルアーツ）を中心とした人文・社会科学系の学部・研究科を意図的に選んでおり、これらの特色ある英語プログラムは、現在日韓でその数が急増している。このような革新的な動きを見せる英語プログラムにおいて、その洞察や発見、また新しい解釈を行うことは、今後の各高等教育機関における国際化戦略への取り組みや、各国の教育政策への示唆となることが期待される。

2. サンプリングの妥当性とその意義

研究対象を考察するときに、まずは(1)どこ（どのような大学）で、(2)誰（どのような学生）を対象とするかを選択する必要がある。本研究では、第2章で描きだした日韓における高等教育の国際化政策や留学生交流の状況、英語プログラムの増加の様子などから、日韓の英語プログラムを考える上で国内外に最も大きな影響力を持つであろうと考えられる研究対象、(1)旗艦大学における人文・社会科学系の学際的な英語プログラム（「**クロスロード型**」）において、(2)東アジア（＝ ASEAN 諸国および日本、中国、韓国）からの正規留学生（＝学位取得目的の正規課程在学中の留学生）を調査対象とした。英語プログラムを考察し、今後の課題や各国の高等教育および留学生政策を見据えて行く上で、2つの意味においてこれらのカテゴリーに注目することが重要だと考えられるからである。

まず、旗艦大学に注目する意義を提示する。旗艦大学に焦点をあてる理由は、東アジア国家における旗艦大学の社会的・歴史的な重要性、また、東アジアにおけるいわゆる学力的に上位層に位置する学生の社会的な重要性である。第2章で議論したように、日韓の共通点として、国内大学の可視化された序列と旗艦大学の影響力の大きさが挙げられる。両国の旗艦大学は、国内大学ランキング・世界大学ランキングの大事な指標である「国際化」の取り組みにも非常に積極的であることも重要である。たとえば朝鮮日報（2008年9月28日）の記事によれば、韓国では外国語（英語）による講義比率（2008年1学期）で、ソウル国立大学や高麗大学、延世大学といった国私立のトップ校が高い割合をマークしている。ただし導入に関して教員学生の双方で様々な賛否両論が存在するだけでなく、旗艦大学のなかでも、英語プログラムの導入に関して相対的に積極的であるとは言えない大学もある。たとえば今回ケーススタディの候補に挙がっていたが、2013年の調査時点で、第4章であげたような留学生と国内学生が在籍する「**クロスロード型**」の英語プログラムが存在しなかった例として東京大学があげられる。東京大学を始めとする日本の旧帝国大学では、留学生の受け入れに関しては日本語によるプログラムで受け入れる「**同化型**」か、グローバル30プロジェクト等を通して設立された留学生を中心とした「**出島型**」のプログラムが一般的であり、学位取得目的の留学生と日本人学生が在籍する「**クロスロード型**」の英語プログラムは2015年度においてもごく少数しか見られない。

旗艦大学を選ぶ際には、比較という手法を用いる上で重要な、日韓で対称性を持つ大学を選んだ。前章で行った全大学調査とその類型化からもわかるように、「**クロスロード型**」という一定の類型を持つ大学は、日韓の旗艦大学に多く存在することが明らかになっている。それらの旗艦大学のなかから、日韓で比較検討が可能な、各国における社会的地位、国私立の別、歴史的背景などに類似性のある大学をそれぞれ対応する形で選び、日韓の対称性を持たせることを可能にした。

旗艦大学の対称別に整理すると、日本と韓国を代表する国立大学である東京大学（日本）とソウル国立大学（韓国）、政治界・産業界に影響力を持ち、

英語プログラムへの在籍学生数の多い私立大学として早稲田大学（日本）と高麗大学（韓国）、また同じく私立大学でも、キリスト教主義を掲げ、日韓それぞれでいち早く英語での国際的なプログラムを開設した上智大学（日本）および延世大学（韓国）、といった特徴が挙げられよう。これらは一般的にも日韓で対称的な大学として知られており、日本の3大学はグローバル30に選定された旗艦大学であり、韓国の3大学は各大学の頭文字を取って一般的に「SKY」と呼ばれる名実ともに国内トップの総合大学である。ただし、先述したように、日本の東京大学に関しては、英語プログラムとして情報学環学際情報学府・アジア情報社会コース（ITASIA）（2008年～）や、経済学研究科経済学高度インターナショナルプログラム（UTIPE）（2010年～）、公共政策大学院（GraSPP）（2010年10月～）などがあるが、他の調査対象プログラムが数百人から千人単位の学生を有しているのに対し、募集定員・在籍学生数とも少なく（数名から数十人）、ほかの5大学のプログラムと共通項のある「**クロスロード型**」のプログラムであるとは言いがたい。また、新しく留学生を比較的多く受け入れる予定のPEAK Programs in English（英語プログラム）の設立は2012年10月以降であり、本調査時点でのインタビュー実施は困難であった。そのため、今回の日本での調査では、調査対象を早稲田大学と上智大学の2校、韓国では、ソウル国立大学、高麗大学、延世大学の3校を対象とし、調査と分析を行った。多くの大学が存在する日韓において、その取り組みや戦略が社会的にもインパクトの大きい旗艦大学に注目し、位置条件（首都圏にあること）、国私立、対称性などを考慮した上で日韓の比較研究を行うことは、大きな意義があると考える。

　これらの大学と、インタビューを実行する英語プログラムをまとめると以下のようになる。

　2つ目の意義は、日韓における旗艦大学を卒業した学生＝社会的なエリートの重要性である。エリートとは、一般の人々や組織、社会のなかで、資産や収入、決定権、知識などの権力的な資源を保有していると同時に、名声や影響力、尊敬などの社会的・思想的な資源を有していると見なされている（Van Dijk 1993: 44）。また青木（2005）の提唱する「都市中間層連携論」によれば、

表24 調査対象大学

（出典）ウェブサイト、大学案内などをもとに筆者作成（カッコ内は設立年）

　都市に住む中間層と呼ばれる人びとは、相対的な高学歴、共通のライフスタイル、価値観等を持つことから、偏狭な民族意識や自民族中心主義にとらわれず、アジア地域レベルでの国境を越えた連携、知的共同体形成の主体となりうるという。今回選択した旗艦大学はすべて、東京もしくはソウルという各国の首都であり大都市に位置し、両社会においてこれらの大学での学位取得（卒業）が社会的エリートとしての重要な要素とみなされていることなどから、東アジアからの留学生を含めたこれらの大学に在籍する学生たちの交流は、今後の東アジア地域における知的共同体形成の基盤となっていく可能性も期待できる。

　さらに、東アジア地域における高等教育交流の現状は、いわゆる旗艦大学を中心としたエリート層から広がっていることもその理由のひとつである。ASEAN地域で始まったAUN（アセアン大学ネットワーク）も、ASEAN各国から有数の旗艦大学を中心として地域的な交流が進んでおり、2012年度より本格的に始動した日中韓でのキャンパス・アジア構想でも、3カ国の旗艦大学が採択プロジェクトの中核となっている。高等教育機関の地域的連携において、教育の質保証の観点などから、各国の旗艦大学が旗艦大学間での活発な交流を通して地域をリードしていることなどを総合的に考察し、高等教育の国際化における英語プログラムを通した留学生交流の変容というテーマ

において、東アジアの旗艦大学とそこに在学する学生が、物理的にも認知的にも重要な役割を持っていると考えることには妥当性がある。ただし、今回ケーススタディとしてこれら5大学と特定の英語プログラムに絞った理由は、調査をする上での便宜と限界でもあり、他大学やプログラムを通した知的共同体形成の可能性や学生交流の重要性を排除するものではない。

次に人文・社会科学系の学際的なプログラムを選択した理由である。今回選んだ5つの大学では、理系学部のプログラムなど上記に挙げた以外にも複数の英語プログラムが存在するが、本研究では以下の2つの理由から、人文・社会科学系の学際的な英語プログラムを意図的に選択して調査を行った。

一点目は、日韓の高等教育においては、人文・社会科学系の英語プログラムのなかでも、特に国際教養、国際学などを掲げる学際的な学部・研究科が創設のトレンドになっているという理由である。実際、英語プログラムの導入を両国における時系列で見てみると、工学や化学、農学等の理系分野での英語プログラムは、特に日本の国立大学において文系分野に先駆けて開講されており、教授媒介言語としての英語の導入や海外からの留学生の受け入れに積極的であった。その理由としては、2点目で述べるように言語が思想や文化、社会的背景とつながりやすい社会科学や人文の分野に比べ、理系分野の方がグローバルな技術や専門知識の伝達手段として、英語という言語を共通のツールにしやすかったこと、さらには科学技術を中心として、日本が世界のなかでも相対的優位性を持っていた理系分野において、多くの留学生を集めることが可能であったという背景もある。韓国においても、韓国科学技術院（KAIST）や浦項工科大学校（POSTECH）のような、世界大学ランキングにも上位にあがる理系の専門大学・大学院が存在し、先端的な教育・研究を担っている。両国に共通して、特に理系の大学院レベルでは、教員・学生間という一対一での関係間や研究室単位の共通言語として英語を使用していることも多く、量的に大きな単位での国際的な学生間の交流という点で、上記に挙げたようなリベラルアーツを中心とした人文・社会科学系の英語プログラムとは性質が異なるものである。

二点目には、より学術分野の性質に帰依する理由が挙げられる。英語プロ

グラムの導入には各国・各大学で様々な賛否両論が存在するが、特に人文・社会科学系の分野において英語で授業を行うことへの抵抗が強い傾向がある。工学や科学、医学などのユニバーサルな知識体系を扱う理系分野にくらべ、人文・社会科学系分野の扱うテーマや文献は、より一国の歴史・社会・文化等とのつながりが強いものである。また、研究者の教育的背景が研究内容や思想に影響する度合として、科学分野と比べて人文・社会科学分野においては、国家的コンテクストがとても重要であり、その地域分野の専門家は海外に存在しないというケースもある（Altbach 2008b）。人文・社会科学のなかでも、国際社会や地域社会、文化、歴史など幅広い分野を扱うリベラルアーツや国際学といった教育プログラムを開設する際に、英語という言語を教授媒介言語として取り入れることが、そのプログラムでの教育のあり方にどのような影響を与え、どのような志向性をもたらすのかという点は非常に重要である。これらのことから、本研究では国際学、国際教養などを中心とした人文・社会科学系の学際的な英語プログラムに焦点を当てる。

　最後に、研究対象として東アジア圏からの留学生に注目した理由は以下の通りである。本書では質的研究の調査対象としてASEAN諸国および日本、中国、韓国からの学位取得を目的とした正規留学生を選んだ。先に挙げたように、留学生交流や高等教育の国際化・地域的連携という文脈において、日本・中国・韓国（日中韓）と東南アジア（ASEAN）諸国間での地域的協力やフレームワークができていることや、さらに第2章でみてきたように日本および韓国の高等教育機関に圧倒的な数の留学生を送り込んでいる市場は東アジア地域にあることがその理由である。現在まで、日韓への留学の大多数は、日本語や韓国語で行うプログラムにおける「同化型」の留学であり、英語プログラムによる受け入れはほんの一部に過ぎなかった。しかし2000年以降急増した英語プログラムの創設とその後の絶え間ない増加は、日韓における留学生受け入れの質的・量的範囲を広げただけでなく、その伝統的な「東アジア地域内留学」の形にも大きな変容をもたらしている。そのような地域における変容の形を探る上で、東アジア地域からの留学生に焦点を当て、その声に耳を傾けることが必要だと考えたからである。

3. 調査方法の詳細
(1) サンプリング、個人情報の取り扱いについて

本インタビューは、2010年12月から2012年8月までの期間で行われた。日本では、(1) 2010年12月から2011年2月まで、(2) 2012年5月から同年8月の2回、韓国では、(1) 2011年3月（3週間）、(2) 2011年5月（1週間）、(3) 2012年6月（1週間）の3回に渡ってソウルに渡航し、英語プログラム訪問およびインタビュー調査を行った。

サンプリング方法については、スノーボール・サンプリングを採用している。スノーボール・サンプリングとは、母集団から無作為に回答者を選択し、これらの回答者に次の回答者を紹介してもらう方法である。その作業をデータに必要な数に達するまで繰り返すことで、インタビュー参加者を募っていった。最初の数人は、調査時に本研究者の所属していた早稲田大学アジア太平洋研究科やソウル大学国際大学院留学時のネットワークをもとに、知人に対象となりうる留学生の紹介を依頼した。回答者の国籍や性別、学年については、その母体であるプログラムに在籍する留学生の国籍や性別割合なども参考にしながら、偏りがでないように注意を払っている。

スノーボール・サンプリングの問題点としては、紹介者の属性や国籍などに偏った回答者が集まってしまうことである。本研究では、回答者を東アジア（ASEAN諸国＋北東アジア3カ国）からの留学生、と限定していたことから、このサンプリング方法は、回答者を探す上で効率的であった。また個人情報保護の関係上、所属先の高等教育機関および英語プログラムから所属学生の詳細なプロフィールを提示してもらうことは不可能であり、また大学側にインタビュイー（インタビューを受ける対象）の候補者を推薦してもらう場合、バイアスを本研究者側でコントロールできないという問題があったため、スノーボール・サンプリングを選択した。ただし、特に学生母体の大きなプログラムについては、たとえ同じ国籍の留学生であっても多様な学生が在籍しており、スノーボール・サンプリングによって一定の特性を持った学生が集まっている可能性は否定できない。この点は本研究の限界であり、今後の課題としたい。

しかし、本研究で扱うデータは、すべて回答者（留学生）の個人的経験や考えを問うものであり、インタビューを通した質的研究では、個人の経験や言説に沿って、十分に記述的な分析を行うという目的がある。学生の経験や考えは、すべての学生において全く異なるものであり、平均値を目指すことは重要ではない。今回、日韓の英語プログラムに在籍する学生34名および教職員6名、計40名と対面して聞いた意見や経験は、一つ一つが非常に貴重なデータであると考えている。

インタビュイー候補者決定後の連絡は、主にfacebookなどのSNSのメッセージサービスやEメール、電話を使用し、事前に本研究の趣旨や個人情報の取り扱いについて説明を行った。また質問項目は事前に送付し、インタビューの流れについて了解を取ったのち、先方の指定した場所と時間にてインタビュー調査を行った。場所は、主にインタビュイーの在籍する大学構内の比較的静かなカフェや教室などで行われた。インタビュイーに対するインセンティブ等は特に設けず、利用した場所での飲食代等のみを調査者が負担するという形でインタビューを受けてもらっている。時間は、当初15分から30分程度を予定していたが、学生によっては1時間半を超えることもあった。データの内容についてはすべて本人の了解を得た上で引用を行っており、インタビュー中に話された特に個人的な内容を述べた部分、本人が公開を望まなかった部分については録音、書き起こしなどは行っていない。

最後に、個人情報の取り扱いには十分な配慮を心がけた。研究の目的上、情報提供者の教育背景などは留学動機に密接に結びついているため、出身地（国籍・民族・出身コミュニティなど）や現在までの学習・教育環境に触れざるを得なかった。そこでは大学名や出身地など固有名詞をあげることは必要最小限に抑え（分析に必要不可欠な場合をのぞく）、個人の特定につながらないように細心の注意を払っている。

(2) 対象学生の詳細とインタビューリスト

本研究では、東アジア地域から来日・来韓する正規留学生を対象としている。正規留学生とは、学位取得目的とした留学生を指し、大学間協定に基づ

く交換留学生や学位を取得しない短期留学生、研究生などは含まない。インタビューを行った教職員、学生のプロフィールは以下の通りである。ただし、プライバシー保護の観点から学生を特定しやすくなる性別の情報は伏せた。研究目的に照らし合わせても、今回の研究設問ではジェンダーの変数を考慮に入れていないため、これらの情報を公開する必要はないと判断した。また名前はすべて仮名であり、名前によって示唆される性別は実際の性別を反映しているとは限らない。

全体の人数は、上智大学3名、早稲田大学10名、高麗大学6名、延世大学7名、ソウル国立大学8名で、合計34名である。また、学生以外にも、上記旗艦大学への教職員（英語プログラムの教員6名（うち韓国・英語プログラム4名、日本英語プログラム2名））、英語プログラム事務所または国際処職員3名へのインタビュー調査を行っている。職員からの聞き取り調査では、主

表25　インタビューリスト（日本）

	仮名	国籍	インタビュー言語	所属	学年	時間
1	Eko	インドネシア	英語	W, GSAPS	M1	74m
2	Jess	シンガポール	英語	S, FLA	U4	31m
3	Chula	タイ	英語	W, SILS	U2	20m
4	Minh	ベトナム	英語	W, SILS	U2	35m
5	Sharon	マレーシア	日本語・英語	W, SILS	U4	90m
6	Vivian	中国	英語	W, GSAPS	M1	31m
7	Xiao	中国	日本語	W, SILS	U3	40m
8	Brian	中国	日本語	W, SILS	U3	37m
9	Andrew	中国	英語	S, GS	M2	15m
10	Chen	中国	日本語・英語	S, FLA	U4	32m
11	Jungha	韓国	英語・韓国語	W, SILS	U1	60m
12	Jaesuk	韓国	日本語	W, SILS	U3	30m
13	Ara	韓国	韓国語	W, SILS	U2	45m

注記：S, FLA＝上智大学国際教養学部、S, GS＝上智大学グローバル・スタディーズ研究科、W, SILS＝早稲田大学国際教養学部、W, GSAPS＝早稲田大学アジア太平洋研究科、Uは学士課程、Mは修士課程を指す。

（出典）筆者作成

表26 インタビューリスト（韓国）

	仮名	国籍	インタビュー言語	所属	学年	時間
1	Indha	インドネシア	英語	SNU, GSIS	M1	60m
2	Shania	インドネシア	韓国語	SNU, GSIS	M1	25m
3	Pong	タイ	英語・韓国語	SNU, GSIS	M2	34m
4	Ploy	タイ	英語	YU, GSIS	M2	55m
5	Ti	タイ	英語	YU, GSIS	M2	19m
6	Hue	ベトナム	英語	SNU, GSIS	M1	43m
7	Karen	フィリピン	英語	KU, GSIS	M2	35m
8	Tan	マレーシア	英語	YU, GSIS	M2	21m
9	Diana	中国	韓国語	KU, DIS	U1	25m
10	Chia	中国	韓国語	KU, GSIS	M2	35m
11	Kim	中国	英語	YU, UIC	U1	50m
12	Kerry	中国	英語	YU, UIC	U3	30m
13	Shawn	中国	英語・韓国語	SNU, GSIS	M1	33m
14	Hiromi	日本	日本語	KU, GSIS	M2	31m
15	Anna	日本	日本語	KU, GSIS	M1	48m
16	Marina	日本	日本語	KU, DIS	U3	36m
17	Yuriko	日本	日本語	YU, CIU	U3	74m
18	Sakura	日本	日本語	YU, UIC	U4	50m
19	Taka	日本	日本語	SNU, GSIS	M2	38m
20	Akira	日本	日本語	SNU, GSIS	M1	32m
21	Ryu	日本	日本語	SNU, GSIS	M1	50m

注記：YU, UIC＝延世大学アンダーウッドインターナショナルカレッジ、YU, GSIS＝延世大学国際大学院、KU, DIS＝高麗大学国際学部、KU, GSIS＝高麗大学国際大学院、SNU, GSIS＝ソウル国立大学校国際大学院、Uは学士課程、Mは修士課程を指す。

（出典）筆者作成

に英語プログラムに在籍する留学生数などのデータや入学試験による選抜に関する情報などを提示してもらった。

(3) インタビューにおける構造化の程度と手順

　本インタビュー調査は、半構造化インタビューを基本としている。状況によっては、非構造化・インフォーマルな形式の質問も並行し、インフォーマ

ルな質問は特にインタビュー調査の最初の段階で、引き続き行われるインタビューの質問を定型化するためにも行った。また、インタビュイーの学生の経験や考えは非常に多様であり、こちらが想定していなかった回答や経験に触れることも多かったため、会話の流れのなかでより柔軟な質問を行うことを心がけた。実際のインタビューを始めるにあたっては、本研究の要旨とデータの扱い、プライバシーの保護やレコーダー使用の可否などについて口頭で伝えるとともに、代表的な質問を含めたガイドラインを手渡した。また、詳細な連絡先を事前に交換していなかった学生や教職員には、名刺を渡し、調査者の身分と連絡先を明らかにした。

インタビューで使用される言語に関しては、情報提供者との会話のなかで、どの言語で話したいかを聞き、相手の希望に従った。韓国で行われたインタビューの場合、相手が日本出身学生の場合は自然に日本語でのインタビューとなったが、各国の英語プログラムで、日本語もしくは韓国語を母語としない学生が、それらの言語でのインタビューを希望することも多かった。今回のインタビューでは、英語、日本語、もしくは韓国語、またはこれら複数の言語を併用してのインタビューを行っている。収集したデータは、それぞれの言語ですべて文字起こしを行い、語られるなかで繰り返し現れる言葉や経験、考えなどをコード化し、それらにグループ名を付けた上で、データのなかのパターンを探り出した。引用の際にはすべてインタビュアーである本研究者によって日本語訳を行った。本書のなかでは、これら日本語化された語りを引用して用いている。

(4) 質問表

本研究のインタビューで使用した中心的な質問は、**表27** および **表28** の通りである。東アジアからの留学生、また英語プログラムの教職員に対し、別々の質問項目を準備した。ただし、これらの質問をすべて順番通りに行ったわけではなく、インタビューの流れに沿って適宜入れ替え、省略、修正しながら行っている。実際にインタビュイーに参考資料として渡した質問表は英語で作成しており、ここに掲載したものはその日本語訳である。

表27　質問表①　東アジア地域からの留学生への質問

1. 学生の背景および留学経験
   - 出身国（出身地）など
   - 言語：第一言語（母語）、学校での教育言語、何故英語で勉強することを選んだのか
   - 英語：どのようにして英語を学習したのか
   - 留学経験：現在の留学先と出身地以外で留学、就業、居住などの経験
2. 移動
   - なぜ、この英語プログラムを選んだのか（英語圏等の他国に選択肢の有無）
   - 留学の動機に言語の要素はどのような影響を及ぼしたのか
3. 言語
   - 言語スキルをどのように使用しているか（コミュニケーション、学習目的、就業機会など）
   - 自身の言語能力（英語、現地の言語、第一言語など）について、それぞれの役割や可能性についてどのように考えているか
4. アイデンティティと相互理解
   - 英語プログラムのなかでどのようなアイデンティティを持っているのか
   - 英語プログラム・大学で、どのような学生とどのような交流を行っているか（交遊の範囲（現地学生、留学生、その国籍など））
   - その他、留学先国、英語プログラムでの人的交流や経験について
5. 英語プログラムでの経験
   - 授業中、学生間・学生と教員間のインターアクションはどのように行われているのか
   - 英語プログラムでの経験は、他の教育プログラムと比べてどのような差異があるか
   - 英語プログラムでの教育の質についてどう考えるか
   - その他英語プログラムについて満足していること、不満、問題点、メリットとデメリットなど

（出典）筆者作成

表28　質問表②　英語プログラム教員への質問

- 貴大学で英語プログラムを導入した理由は？何故この学部・研究科(専攻分野)なのか
- 過去の教育経験と異なること、現在の英語プログラムの特徴・課題点
- 担当クラスでの学生の特性・良い点・課題点など
- 指導において苦労する点、学生指導する上で心がけていること
- どのようなテキストを使用し、どのような教育方法(授業のスタイル)を取っているか
- 教室カルチャー（クラスの雰囲気）、学生間（英語ネイティブと非ネイティブ）の英語力の差、教育的背景の差異、またその差異によって起こるクラスのなかでの課題など

（出典）筆者作成

(5) コーディングと分析

　コーディングとは、本インタビュー調査のなかからある一定のパターンや概念を探すため、データをいくつかのカテゴリー別にわけ、それぞれのカテゴリーに名称をつけていく過程をさす。まず、本研究の初期段階のオープンコーディングでは、インタビューデータの全体を読み進めるなかで浮かび上がってくるテーマを模索しながら、暫定的なコードをいくつか付け、別紙面に整理しながら繰り返しすべてのインタビューデータを通読した。次に、オープンコーディングのなかで浮かび上がったテーマについて、それぞれどのようなカテゴリーに分けることができるか考察した。本研究では分析フレームワークとして、「地域の創造」を規定するものとして移動、言語、相互理解、アイデンティティといった変数が挙げられるとしたが、インタビューでもこれらのキーコンセプトに注目しながら質問を行っている。よって、コーディングおよびカテゴリー化する際も、これらの4つの大きなカテゴリーのなかで整理を行った。

　さらに、データをもう一度最初から読み直し、それまでの作業のなかで浮かびあがってきたテーマに注意しながら、コーディングを修正し、細かくコーディングし直しつつ、さらにコードを付与した（焦点的コーディング）。その後、付与したすべてのコードをまとめ、カテゴリー別に分析と論述を行った。次節以降はその分析内容を、学生の語り全体や言葉を引用しながら整理して論じたものである。

　引用の際は、なるべくインタビュイーの言葉を変えずに引用を行い、話の一貫性や個人情報保護の観点から発言を略した部分には（中略）の印を付けた。会話特有の倒置などを多用して話している場合は、分かりやすくするために内容や流れを変えない範囲で言葉の順番を入れ替え、引用部分のなかで主語が明確でない場合などにはカッコのなかに補足を行った。英語、韓国語で行ったインタビューに関しては、もとの語彙や文脈をなるべくそのまま伝えられるように細心の注意を払った。特に、韓国語会話における敬語の部分、特徴的な言い回しなどは直訳的な日本語で表現している。

第2節　調査大学および「英語プログラム」の概要

　本研究で比較分析を行うにあたっては、本章で述べたように両国において対称的な旗艦大学を選んだ。この5大学はすべて日韓の大都市に位置する旗艦大学であり、第2章でも述べたような少子化の影響を受けた定員割れ等のリスクとは現在のところ無縁の大学である。定員割れの大学であれば、入試における学生の選抜機能が低いと考えられるが、これらの旗艦大学は入学競争率も激しく、大学側はより質の高い学生の選抜にしのぎを削っている状況である。以下では、それぞれの大学の簡単な歴史と国際化の様相、今回注目した学部・研究科の概要などを整理する。各大学の設立背景や歴史などの基本情報は、大学公式ウェブサイトや入学要項等に基づいており、その他在籍者数、留学生数など詳しいデータについては2012年から2013年にかけて行われたそれぞれの英語プログラムへの訪問調査による。

1. 上智大学（日本）

　上智大学は、1913年にローマ教皇の命により派遣されたイエズス会の神父によって設立された、日本で初めてのカトリック系大学である。現在の国際教養学部は、1949年に在日外国人教育のために設立された国際部を前身としており、日本で最古の英語プログラムである。国際部は、外国語学部日本語・日本文化学科（1975）、比較文化学科（1978）の改組・改称を経て、1987年に比較文化学部として独立し、2006年には、現在の国際教養学部（Faculty of Liberal Arts: FLA）に改組された。

　本研究で調査を行った国際教養学部は、複数の入学者選抜方法を組み合わせ、留学生を含めた多様な文化的背景をもった学生を積極的に受け入れている。国際教養学部の学生のうち、約30％が外国籍の学生となっているが、「国籍が日本でも、二重国籍やそれまでの生活の大半を海外で過ごして来た学生も多い」（2013年入学試験資料）とされている。外国人留学生の積極的な受け入れのため、各国の教育制度を考慮した入学選抜を行っており、入学時期は4月と9月に設けてある。入試方法も上智大学の他の学部と異なり、エッセイやTOEFLスコアなど、出願書類による書類選考によって入学者を決定し

ている。教育の目標として、海外からの留学生受け入れに関しては、「広く海外から留学生を受け入れ、日本語・日本文化の教育研究を行う」とし、国内学生に関しては、「英語を用いて世界にむけて『日本』を発信できる日本人学生の育成に力を注」ぐ、とある。このような文言からみても、国際教育学部では教育のビジョンにおいて、学生のそれぞれ異なった背景別（（外国人）留学生か国内（日本人）学生か）によって、異なったビジョンを持つ教育のレールを用意しているという点で**「クロスロード型」**に該当するカリキュラムを持っている。

　国際教養学部の正規の在学生は、7割前後が日本国籍の国内学生であるが、データ上の国籍は日本であっても、多くは帰国子女など海外経験が長かったり、何らかの留学経験を持った学生だということが教職員へのインタビュー調査から分かった。ビジョンからも分かるように、クロスロード型の英語プログラムに特徴的な学際系で留学生、国内学生それぞれのニーズに合わせたカリキュラム設定がされているが、在籍学生の内訳を見ると留学生と国内学生の割合は例年3：7ほどであり、国籍だけで在籍学生を判断する限りクロスロード型とグローバル人材育成型の中間に位置する。一方、グローバル・スタディーズ研究科は、国際関係論専攻、地域研究専攻、グローバル社会専攻の3専攻からなり、そのうちグローバル社会専攻では基本的にすべて英語による授業と修士号・博士号の授与を行っている。その7割近くは外国人留学生で、日本研究を中心とした地域研究を行っている。

　また上智大学は、グローバル30の採択校でもあり、既存の国際教養学部、グローバル・スタディーズ研究科、TESOLプログラムに加え、新しく地球環境学研究科と理工学部に英語で行うプログラムを開設した。またすべてを英語で行うプログラムではないが、グローバル人材の育成を目的として、国際関係論と地域研究を専門として学ぶことを特徴とした総合グローバル学部を2014年に開設した。大学としては、カトリックのネットワークを生かし、ヨーロッパ、アメリカ、ラテンアメリカ等の大学を中心に、積極的な国際化を行っている。

2. 早稲田大学（日本）

　早稲田大学は、1882年に設立された日本でも最も古い私立大学の一つであり、明治時代から清国留学生を受け入れるなど、長年にわたる国際的・地域的な留学生交流の歴史を持っている。学生数は大学院も入れると6万人以上となるマンモス校であり、2014年度時点での留学生在籍者数は4,306人と日本一の受け入れ留学生数を誇る。

　2006年に設立された国際教養学部は、3,000名近い在籍学生のうち約3割が外国人留学生であり、特に韓国からの留学生が例年300名以上、中国から200名以上と留学生の75％を近隣の中国・韓国出身の学生が占めている。専攻は、7つの「クラスター」と呼ばれる科目群に分けられ、「生命・環境・物質・情報科学」、「哲学・思想・歴史」、「経済・ビジネス」、「政治・平和・人権・国際関係」、「コミュニケーション」、「表現」、「文化・心身・コミュニティ」のなかから履修することで、幅広く学際的な学習を可能にしている。母語によって2つの学習プラン（Study Plan）であるSP1とSP2に分かれており、日本語を母語とする学生はSP1を履修し、1年間の海外留学が卒業までの必須となっている。一方で、留学生などの日本語以外を母語とする学生に対してはSP2のカリキュラムを適用し、日本語学習を必修科目としている。学部レベルのなかでは最も「**クロスロード型**」に近い英語プログラムである。

　大学院レベルでは、複数の英語プログラムが存在するが、そのなかでもアジア太平洋研究科は1998年に設立され、当初は国際経営学と国際関係学の2専攻であったが、2007年から国際経営学が商学研究科と統合し、国際関係学の単科大学院となった。全体の70％以上を留学生が占め、出身地域は世界約50カ国を越えるが、その多くはアジア太平洋地域出身者である。英語と日本語による「2言語教育制度」を取っており、日本語でも英語でも学び、学位を取得することができる「**クロスロード型**」の英語プログラム研究科である。専攻領域は地域研究、国際関係、国際協力・政策研究からなり、広く地球社会に貢献できる人材を育成することを目的としている。また、グローバルCOEプログラム「アジア地域統合のための世界的人材育成拠点（GIARI）」や、キャンパス・アジアプログラム「アジア地域統合ための東ア

ジア大学院（EAUI）拠点形成構想」など東アジア地域統合研究の日本的拠点ともなっている。

　早稲田大学もまた、グローバル 30 の採択大学であり、「グローカル・ユニバーシティ（Glocal University）」という標榜を掲げ、日本の位置する東アジア地域の国々や研究機関、大学との連携を重視し、地球規模、また地域で活躍する人材育成に意欲的な教育ビジョンを持っている。

3. ソウル国立大学（韓国）

　ソウル国立大学はソウル市の中心部に位置する国内最高峰と言われる国立大学で、16 の単科大学（学部に相当）と 5 系統の一般大学院、7 つの専門大学院から成る。日本の旧帝国大学である京城大学校が前身という見方もあるが、ソウル国立大学の公式見解では両大学に連続性はないとしている。

　国際大学院（Graduate School of International Studies: GSIS）は、専門大学院のひとつで、その 4 割程度を留学生が占めるソウル国立大学で最も国際的な大学院である。その前身は、1989 年に設立された地域研究所で、1997 年には School of International and Area Studies（SIAS）に改変された。SIAS は 2003 年に国際関連研究と地域研究を行う専門大学院に昇格し、専攻は国際通商（International Commerce）、国際協力（International Cooperation）、国際地域研究（International Area Studies）、韓国学（Korean Studies）、そして近年設立された国際開発政策（International Development Policy）がある。

　ソウル国立大学の国際大学院は、高麗大学、延世大学の国際学部や国際大学院と異なり専任教員に外国人教員が少ないこと、またラテンアメリカ、日本、中国、欧州などの地域研究があることが特徴である。特に、世界中からきた国費留学生が韓国学専攻に多く在籍しており、国際通商専攻などにもヨーロッパ、アメリカ、アジア圏から多様な学生が在籍している。また、地域研究と韓国学において、その地域の言語で授業が行われることも多く、少数ではあるが、日本語・中国語による授業もある。特に韓国学では、他大学の国際大学院における韓国学がほとんど英語で行われているのと対照的に、韓国語による授業が半分以上を占めており、地域研究としての韓国研究の権

威として留学生に対しても韓国語文献を理解するための高い韓国語能力を求めている。

4. 延世大学（韓国）

　延世大学は、1885年に基督教の宣教師団によって設立されたソウルの中心部に位置する私立大学である。キリスト教主義の伝統もあってか、伝統的に国際指向の強い学生が多いと言われ、英語で行う授業の導入にも積極的である。特にアンダーウッド・インターナショナル・カレッジ(Underwood International College: UIC)、国際大学院（Graduate School of International Studies: GSIS）というすべての授業を英語で行う大型の英語プログラムがあり、この2つと比較すると規模は小さいが、East Asia International College や韓国で初めて英語のみでのコースを開設したグローバルMBAなど、英語による学位プログラムを積極的に開設している。また、英語プログラムの他にも、サマースクールや韓国語語学堂、世界600校近い大学との交換留学提携など、外国人留学生の受け入れにも積極的である。また、大学全体での国際化も推進しており、特に工学などの理系分野を中心に、全体の30%近くを英語で授業を行っている。

　そのなかでも、多くの交換留学生を受け入れ、すべての授業を英語で行う英語プログラム学部、アンダーウッド・インターナショナル・カレッジは、東アジアにおける未来のグローバルリーダー育成を教育ビジョンに掲げ、2005年に設立されたリベラルアーツの学部である。教育ミッションとしては、クリエイティブ・クリティカルシンキングと民主的シティズンシップ、グローバルリーダーシップ育成の3点を掲げている。全学生数は約800人で、5つの専攻に分かれており、比較文学・文化学（Comparative Literature and Culture）、経済学（Economics）、国際学（International Studies）、政治学・国際関係学（Political Science and International Relations）、ライフサイエンス（Life Science and Technology）がある。これらはまとめて Underwood Division と呼ばれ、2012年度からは、ここに加えてアジア学（Asian Studies）とテクノアート（Techno-Art）が追加され、全7専攻を提供している。

国際大学院は、1987年に設立され、GSISとしては韓国で最も歴史が長く、全体の約半数を外国人留学生が占める。アジア太平洋地域における国際学のトップに位置する専門大学院を目指し、専攻は韓国学とグローバル・スタディーズに分かれ、グローバル・スタディーズはさらに、国際協力（International Cooperation）と国際貿易・経営（International Trade, Finance & Management）という二つの専攻に分かれている。在籍学生の傾向として、韓国学専攻の学生は主に外国人留学生、もしくは韓国系の外国人留学生（韓国系アメリカ人、高麗族・朝鮮族など）が中心で、一方グローバル・スタディーズに在籍する学生はほとんどが韓国籍の学生と、異なった学生母体を持つ二つの専攻によって成り立っている。

5. 高麗大学（韓国）

　高麗大学は1905年に設立された韓国で最も古い大学の一つで、世界180カ国以上の国・地域からの留学生を含めた35,000人の学生を有する総合大学である。2020年までには世界で50位以内、アジアで3位以内の大学、2030年には世界で10位以内、アジアで1位の大学を目指している。Global KUというビジョンのもと、全学部の40％以上で英語による教育が行われており、2015年までにその割合を50％にするという目標を掲げている。すべての授業を英語で行うプログラムに関しては、国際学部（Division of International Studies: DIS）と国際大学院（Graduate School of International Studies: GSIS）がある。

　国際学部では、国際通商、国際安全保障、国際開発・協力、地域研究、韓国研究の5つの専攻があり、国際大学院と連携して、3+2プログラム（5年で修了可能）も連携して行っている。延世大学のアンダーウッド・インターナショナル・カレッジと比較すると、比較的韓国人学生の割合が多いが、外国人留学生や交換留学生も積極的に受け入れている。

　国際大学院は、インターナショナル・スタディーズ（International Studies）と韓国研究（Korean Studies）の2つの専攻からなっており、インターナショナル・スタディーズは国際通商、国際開発・協力、国際安全保障、地域研究（欧

州研究と東アジア研究)の3つに細分化されている。延世大学のGSISと同じく、韓国研究に在籍する学生の多くは外国人留学生であり、一方インターナショナル・スタディーズには韓国籍の学生が大多数在籍する。海外大学との連携も活発で、国際志向の強い韓国人学生向けに、アメリカの大学との共同学位プログラムやインターンシップなども用意されている。延世大学GSIS、高麗大学GSISともに、韓国学専攻での韓国研究は基本的にはすべて英語で行われている。同時に、延世大学も高麗大学の双方で付属する語学研修センター(韓国語語学堂)が有名で語学留学生の受け入れ先として名声が高く、GSISで韓国学を専攻する学生も同じキャンパス内でそれぞれのレベルに合わせた韓国語の研修も行うことができるようになっている。

表29 日韓旗艦大学「英語プログラム」の詳細

名称 (設立年度)	在学生数	留学生割合	専攻名	ビジョン	形態モデル	目的別モデル
上智大学グローバル・スタディーズ研究科グローバル社会専攻(2006)	79名	約70%	グローバル社会専攻(Global Studies, International Business & Development Studies, Japanese Studies)	Cross-cultural understandings of Japan and area studies	コース	(出島-)クロスロード型
上智大学国際教養学部(2006)(前身比較文化学部は1987〜)	831名	約30%	比較文化(美術史、文学、宗教・哲学)、国際経営・経営学、社会科学(人類学・社会学、歴史学、政治学)の3コース	Japan's Premier International Liberal Arts Program	学部	クロスロード型(一グローバル人材育成型)
早稲田大学アジア太平洋研究科(1998)	427名	約70%	地域研究、国際関係、国際協力・政策研究	Building Identity of Global Citizen	研究科	クロスロード型

早稲田大学国際教養学部 (2006)	2,855 名	約30%	生命・環境・物質・情報科学、哲学・思想・歴史、経済・ビジネス、政治・平和・人権・国際関係、コミュニケーション、表現、文化・心身・コミュニティ	A distinguished heritage. A distinctive future.	学部	クロスロード型（―グローバル人材育成型）
ソウル国立大学国際大学院 (2003)	246 名	約37%	国際通商、国際協力、国際地域研究、韓国学、国際開発政策	Educate global leaders for an increasingly complex global society	研究科	クロスロード型
高麗大学国際大学院 (1991)	299 名	約40%	国際通商、国際開発・協力、国際安全保障、地域研究、韓国研究	Educating and nurturing young experts specialized in international affairs	研究科	クロスロード型
高麗大学国際学部 (2002)	443 名	約15%	国際通商、国際開発・協力、国際安全保障、地域研究、韓国研究	Cultivating individuals ready for the challenges of globalization	学部	グローバル人材育成型（―クロスロード型）
延世大学国際大学院 (1987)	318 名	約50%	韓国学（Korean Studies）、グローバル・スタディーズ（Global Studies）	"Transforming yourself so that you can transform the world", Global Corps, Global Citizens.	研究科	クロスロード型
延世大学アンダーウッドカレッジ (2005)	約800 名	約25%	比較文学・文化学、経済学、国際学、政治学・国際関係学、ライフサイエンス、アジア学、テクノアート	Join Tomorrow's Global Leaders at the Hub of East Asia	学部	グローバル人材育成型（―クロスロード型）

（出典）2012年度各大学聞き取り調査および学校案内をもとに筆者作成、在籍学生割合は2015年度のもの

これらのデータ（表29）を、第4章で提示した目的別モデルに重ねて考察すると、図9のような分布になる。縦軸の言語は、教授媒介言語をさしているが、同時に日本学や韓国研究などの授業で日本語や韓国語による授業が行われる場合、カリキュラムのなかに必須の日本語教育や韓国語教育が含まれている場合も考慮されている。たとえば、ソウル国立大学の国際大学院では、留学生の割合は全体の40％ほどで、基本的な授業は英語で行われているが、韓国学（Korean Studies）の授業には韓国語で行われるものも多く含まれる。その点で、韓国学のコースだけに注目した場合には「**同化型**」にもカテゴライズされうるが、英語プログラム全体としてみた場合には、クロスロード型に最も近い。留学生が7割を占め、二言語教育制度を持つ早稲田大学アジア太平洋研究科もすべての授業を英語で開講しているわけではないが、国籍に関わらず日本語話者であっても英語でのゼミや授業への参加が義務づけられており、研究科内では日本語が必須ではない一方で、英語は必須のスキルと見なされている。

また、横軸は在籍学生の留学生および国内学生の割合を指す。延世大学のアンダーウッド・インターナショナル・カレッジや高麗大学国際学部は、それぞれのGSISと比べて国内学生の割合が高い。上智大学国際教養学部と早稲田大学国際教養学部は留学生の在籍割合はおよそ3割程度だが、両者ともカリキュラム上で日本語を母語とする学生とそうでない学生に異なった教育プランを用意しており、国内学生には英語および外国語学習を、留学生には日本語学習を義務づけている。より詳細にプログラムの性質を見てみると、たとえば上智大学国際教養学部では、多くの正規学生が帰国子女などを中心とした国内学生である一方で、交換留学生を多く受け入れ、外国人学生に対する日本体験と日本語学習、日本研究の促進などにも積極的であり、高麗大学国際学部も韓国学をその1専攻に含み、他の国際系学部に比べて割合は少ないが、留学生を受け入れている。これら、教授媒介言語と在籍学生の様相をふまえ、調査した9つの英語プログラムを第4章であげた類型化（グローバル人材育成型、クロスロード型、出島型）にあてはめていくと、以下のようになる。

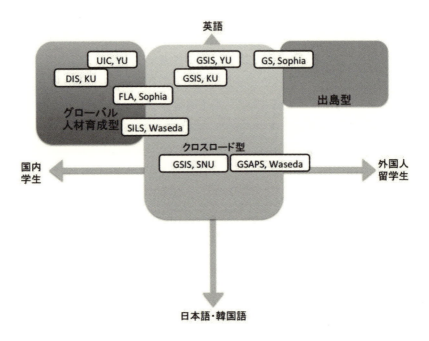

図9　日韓旗艦大学「英語プログラム」の目的別モデル分布

(出典) 表29のデータをもとに筆者作成

第3節　「英語プログラム」の特徴と課題
1. 差異と共通点

　本節では、日韓それぞれの英語プログラムにおける留学生受け入れの特徴や在籍学生の男女学生割合など、日韓の相違点と共通点について概観しつつ、訪問調査やインタビューをもとにした分析と議論を行う。日韓旗艦大学の英語プログラムにおいて、まず相違点としてあげられるのは、留学生の国籍の様相である。韓国の旗艦大学における国籍別留学生数を見ると、韓国の5つの英語プログラムでは、学位目的の留学生のなかで、アメリカ人学生の占める割合が高い、という特徴がある。早稲田大学では、国際教養学部、アジア太平洋研究科ともにアジア地域からの留学生、特に中国籍・韓国籍の学生が圧倒的に多く、上智大学では北米および欧州から多くの交

換留学生を受け入れている一方で、学位取得目的となると北米・欧州出身学生は少数である。

　日本と韓国の間でこのような差異が生まれる要因として、まずは韓国の旗艦大学の英語プログラムにおいて、アメリカ国籍を持つ韓国系アメリカ人（コレアン・アメリカン）の「Uターン留学」の存在が考えられる。「Uターン留学」とは、韓国系の家庭に生まれた韓国系アメリカ人が自らのルーツのある韓国に留学することで、韓国の英語プログラムにはこのような韓国系アメリカ籍の学生が多く存在する。しかし、高麗大学・延世大学でのインタビューによれば、確かにアメリカ国籍で在籍している留学生のなかには韓国系アメリカ人が含まれるが、韓国系以外のアメリカ人も多く留学してきている、とのことであった。その理由として「アメリカの大学に引けを取らない質の良い教授群をそろえ、高いレベルの教育を行っていること」などが教員から挙げられた。アメリカ人学生を受け入れているという事実は、「本場」英語圏の教育よりも韓国での教育経験を選択したという学生がいるということで、英語プログラムにとって教育の質を証明する、誇らしいことである、との意見も聞かれた。それ以外にも、アメリカからの積極的な留学生受け入れには実利的な背景もある。韓国人学生のアメリカへの留学熱は高く、特に旗艦大学に在籍する韓国人学生は、韓国国内で社会的評価の高いアメリカへの留学経験を獲得すべく、アメリカの有名大学への留学を希望する傾向にある。今回訪問調査を行った二つの私立大学では、交換留学協定を結んでいるアメリカの有名大学へは毎年50倍から100倍の競争率となる希望者があるといい、交換留学以外にも多くの学生が休学および私費留学という手続きをとってアメリカの大学に留学している。そのため、送り出しだけではなく、アメリカからも多くの留学生を受け入れることで、受け入れ送り出しのバランスを取ろうという意図もあるようだ。

　次に共通点としてあげられるのが英語プログラム在籍者の男女割合に関する位相である。日韓における9つの英語プログラムで共通して見られる現象に、日韓の旗艦大学における英語プログラムでは男子学生に比べて女子学生が多い、というものがある。日本では、大学の英文科や国際コミュニケーショ

ン学科などの英語を中心的に学ぶプログラムでは、女子学生が多いのが一般的な現象であり、第二外国語学習と女性性の関連では、日本人女性の英語に対する積極的な態度が日本の社会的・教育的背景に起因することなどが指摘されている（Kobayashi 2002）。また近年の統計分析からは、英語学習と女性性自体の結びつきは決して強固なものではないとした上で、旗艦大学に進学するような若くて高学歴の女性とは親和性が高い一方、女性が英語を使用する仕事や必要性など英語を生かす機会から排除されているような社会環境が明らかになっている（寺沢 2015）。英語と女性に関する研究は数多くあるが、旗艦大学の英語プログラムにおける女子学生のプレゼンスの大きさに関する理由を実証的に分析した研究はいまのところ存在しない。本研究の訪問調査では、韓国でも日本同様の現象が見られていることが分かった。その理由として、ある韓国の英語プログラムの職員からは「一般的に女子学生の方が言語の能力（この場合は英語力）に優れているため、入学申請書は同じくらいの数が送られて来ても、願書や試験などを総合的にスクリーニングした結果として、女子学生が多く選抜されている」という説明があった。また、韓国では、女子学生でも高い学歴を持つことは望ましいとされているが、北米など遠い海外の大学に送り出すよりは、韓国国内の英語で行う大学にいわば「国内留学」をさせる方が安心である、という女子学生を持つ親の心情なども反映していると思われる。延世大学国際大学院では、女子学生が68%に対して男子学生は32%であり、上智大学国際教養学部でも831名中568名、約7割近くが女子学生である。高麗大学国際大学院では、外国人留学生では男子学生の方が多いが、国内学生（韓国国籍者）を見ると男子学生47名、女子学生132名であり、やはり全体では女子学生の方が多くなっている。これらの数字から、日本や韓国という社会的背景のなかで行う英語プログラムの場合、特に日韓の国内学生を中心として女子学生が多く、女子学生の方を多く惹き付けていることが明らかになった。このような現象を起こす理由は、外国語学習としての英語との関連だけでなく、英語で教育を受ける機会や国際系の専門への関心といった視点からのさらなる調査と分析が必要であろう。

2. 言語をめぐる課題

　英語プログラムに入る学生の特徴を一言で表すと「多様性」である。今回調査を行った旗艦大学の英語プログラムでは、どこも多くの外国人留学生を受け入れており、多いところではその割合は 7 割にも達する。ここで言う「多様性」は、国籍だけに象徴されるものではない。学生たちへのインタビューから分かったのは、彼らの持つ様々な教育的・社会的背景に起因する多様性である。そのため、英語プログラムの教育や留学経験に対する学生からの意見や評価は、学生によって大きく異なっていることも分かった。英語プログラムとしては、その学生の多様性こそがその教育プログラムの魅力であるが、多様性があるが故に生まれた様々な課題や問題点にも目を向ける必要性がある。

　たとえば英語プログラムで表面化する問題の一つに、教員の英語力に対する学生側からの不満が挙げられる。「留学生にとってはなかなか何を言っているのか、内容が理解できないことがある」(Chula) や「日本人の先生のなかでも、英語があまり得意ではない先生もいらっしゃるんですよね……アメリカの有名な大学を卒業された方でも、知識はたくさんあるのに、英語で表現するのが不足している先生がいらっしゃるので、その点は少し失望しました」(Ara) などと言った不満が、両国の数多くの学生から聞かれた。大多数の専任教員が外国籍で、特にアメリカ出身の教員を多数有する延世大学のアンダーウッドインターナショナルカレッジ (UIC) では、UIC の教員が担当する主に 1 年生のときに取る共通科目は英語の堪能な外国人教員が教えるが、学年が上がり各専攻に入ると他の学部と共同の授業が増え、他学部の教員に教わるケースが増えることから、このような声が上がっている。

　　コモンカリキュラムを教えてくれるのは、韓国の好みがあるのかもしれないですけれども、アメリカ人の先生が多いですね。彼らは英語も分かりやすいし、とても熱心に教えてくれます。でも、専攻のコースに入ると、他の学部の先生たちも教えるようになってくるので、UIC のアイデンティティはなくなってしまう。他の学部の先生は、みんな歳も 50 歳く

らいで、英語も何を言っているのか聞き取るのがとても難しい。教え方もとても保守的で、ディスカッションもないし、なんというか……確かに教授媒介言語は英語ですけど、UICのアイデンティティらしきものは薄れてしまうんです。（中略）本当は経済の専攻にしようと思っていたんですが、先生たちの英語がよくわからなかったり、教え方が保守的、伝統的だったりするので、今は国際学のコースを取ろうかと思っています。国際学には外国人の専任の先生も比較的多いし、「国際学」というくらいなのでリベラルなはずでしょう？（笑）（Kim）

　このような不満を漏らす学生は、決して長期の海外経験があるなど英語を母語話者と同じくらい使いこなす学生ではなく、むしろより高度で流暢な英語を身につけたいと努力している英語の非母語話者の学生である。その点で、大学の授業で教員を模範に自分の英語力を磨きたいと考えている非母語話者学生の熱心さから生まれる批判とも見ることもできる。じじつ、今回インタビューに答えてくれた学生は全員英語に関しては非母語話者であり、留学経験のある学生もいるものの、こと会話において母語程度まで自由に英語を駆使しているような学生はいなかった。自分の英語力に厳しい姿勢を持ち、より母語（ネイティブ）話者に近い英語を理想的と考えて努力している学生ほど、指導する立場にある教員の英語力にも厳しい評価を与えているのが印象的であった。このような英語に対する態度や学生の考え方の違いも、英語プログラムに存在する「多様性」の一つである。

　EMIの運営にあたって、英語を外国語・第二言語として身につけた教員側の英語力は教育の質とも直結する問題であるが、英語力以外にも英語を使うことで様々な課題が生まれている。前述の学生のインタビューにあった教え方が「保守的」で「ディスカッションもない」という発言の背景には、英語で授業を行うことが単に言語の入れ替えだけでなく、日本や韓国の大学で一般的に見られるような教員が壇上から一方的に話し続けるといった教育スタイルとはことなったものを求めている様子が伺われる。具体的には、一般的に北米の大学で行われていると考えられている、教員―学生間の活発な質

疑応答や学生同士のディスカッションなどを含んだ参加型の授業スタイルが期待されており、そのような西洋的ともいえる教育のスタイルを英語プログラム（ここではUIC）のアイデンティティと重ねて論じているところが興味深い。学生が教員に期待する英語プログラムの教育の質は、教員の英語力という言語の問題だけでなく、その指導方法や授業マネジメントといった態度、デリバリーの部分にまで及んでいるのである。

　では逆に、日韓の英語プログラム教員の側から見ると、このような学生の多様性、特に留学生と国内学生、もしくは英語のネイティブ（母語話者）とノンネイティブ（非母語話者）など、それぞれが持つ言語的背景と英語能力の差異をどのように捉え、またどのような課題などがあるのだろうか。韓国の英語プログラム大学院の教員に質問をした。以下はその回答である。

　　（差は）あまり感じないね。外国人の学生も真面目で勉強しているよ。昔は遊びに来ている学生もいたけれど。英語がぺらぺらしゃべれても、あまり成績は良くない。なぜならば韓国人の学生もそれくらいしゃべれるから。アメリカ人だから、韓国人より英語が上手いという証拠は何もない。アメリカに住んでいた韓国人の方が上手いかもしれない。もちろん、授業の外ではスラングを使ったり、普通の会話ではリードできたり、会話力の差はあるけれど、授業ではないね。英語力じゃなくて、思考力の差だな。どのくらい考えて、分析力があるかどうかの差だから、英語ができてもだめだ、というのはみんな分かっている。英語だけで来て入った人はこのままじゃだめだって慌てるようになるよ。みんな一生懸命頑張る。私は授業の前にクイズやるんだけど、はじめはぼーっとしていたネイティブの学生が最後の段階で一生懸命勉強してできるようになるよ。そのままやっていると負けるから。英語じゃない。姿勢、態度、自分の能力の問題。（韓国、英語プログラム大学院教員）

　英語力ではなく、思考力や分析力である、というこの発言は、やはり学生が一定レベルの英語力を持つ旗艦大学の大学院レベルであるからこそ成立す

るであろう。本章の後半で紹介する留学生の経験にも出てくるが、日本の国内学生に比べて、韓国の英語プログラムで国内学生として進学してくる人の方が、全体的な英語力が高いのではないか、という指摘もあり、韓国の英語プログラムでは特に入学してくる国内学生の英語力そのものに対する大きな懸念は聞かれなかった。これは第2章や本章の後半でも論じたように、韓国における英語熱が高いこと、日本よりも、韓国においての方が、英語圏への留学経験者が多いことなどが理由に挙げられよう。今回調査対象となったすべての英語プログラムでは、入学時にTOEFLやSATなど、英語力を客観的に証明するスコアを提出しなければならないため、入学者は当然その基準をクリアした学生である。しかし同じ質問に対し、日本側の英語プログラム学部・研究科の教員は、「ネイティブとノンネイティブにパフォーマンスの差は当然ある」とした上で、さらに「ネイティブスピーカーはいても、ネイティブライター (native writer) やネイティブリーダー (native reader) はいない」と言う。

> 英語力というのは差があって。英語力っていっても一つではないですよね。色んな英語力があって、ある系統の英語に強い学生と、別の系統の英語に強い学生というのがいます。(中略) それはもう教育バックグラウンドっていうものが出てくるところだから。だから、ネイティブの人でも文章書かせたら、みんなひどいんですよ (中略) ……なんでしょうね、いわゆる「純ジャパ」と呼ばれる人で、しゃべらせるといまいちだし、交換留学生とかインターナショナルスクールから来た人たちっていうのは、発言はするんだけど、なにも分かってなくて発言するような学生もいる。「純ジャパ」って言われているような人に「これどうなの?」って聞くと、意外とまともなこと言ったりもするし、ペーパーを書かせてみると、そっちの方がきちんとしたものを書いてきたりすることもあるんですね。もちろん、そうじゃない場合もあるんですけど。だから、確かに英語力っていうのは人によって差があって、会話する能力とか発言する能力、発言する積極性って言うのかな、それは人によって違うけれ

ども、書いたりするのは別の問題です。（日本、英語プログラム学部・研究科教員）

「純ジャパ」とは本章後半でもでてくるが、長期の海外在住や留学経験のない日本人学生を指す。それらいわば国内培養の学生たちと比較して、英語を母語話者とする学生や英語による教育経験が豊富な学生にとって英語力そのものは問題ではないが、高等教育レベルでの教育経験や研究において、話すことよりも特に読むこと・書くことにその人の能力が試されるというのも事実であろう。また先の韓国の教員の発言にあるように、英語プログラムでのパフォーマンスは英語力によるものではなく、思考力・分析力の問題であるという意見は、至極説得力を持つように見える。しかし実際には、「英語力の問題ではない」というのは英語ができる側からの物言いであり、自らの英語力の相対的な低さを感じる学生にとっては、同じように「英語力の問題ではない」とは言い切れない部分があるのではないか。じじつ、学生の英語力に差があると、授業内でのディスカッションやコミュニケーションにも支障がおき、それはそのまま教育の質の問題にもつながるという問題が指摘されている。

確かに会話の能力が違うとなかなかその……たとえば国際関係論なんかの本を読ませて、ディスカッションさせたりするわけですよね。なかなか難しいものだから、よくわかっていない子にあわせようと思うと、これは一体何を言っているんですか、みたいなことで終わっちゃうこともありえるので、そういうことにはしないで、もう英語はできるつもりで来てるんですから、ってことでやるんですけどね。（中略）やっぱり、学術的なものを読ませると難しかったりっていうのが実情だと思いますね。アメリカとかヨーロッパのいい大学、きちんとした大学から来たネイティブの人ないし、ヨーロッパ語を母語とする人、彼らは平均的に能力は高いけれども、それ以外の学生っていうのは苦労するところがあるっていうのが現状ですね。（日本、英語プログラム学部・研究科教員）

また、特に学生の英語力における差が大きい学部レベルの英語プログラムに在籍する学生側からも、授業についていくのが難しいという声も多く聞かれた。たとえば英語力に関して、自分自身を「普通のレベル」と評する学生は、最初は「授業についていくのが難しかった」（Kerry）、と言う。また東アジアの非英語圏出身で、今まで英語による教育を受けていない学生にとっては、英語での授業やディスカッションなどが難しく、リーディングやライティングなどの課題でも苦労したという声が多く聞かれた。前述したように、英語プログラムの教員への英語に対して学生が抱く不満は、決して学生自身がネイティブレベルの高い英語力を持つことに起因しているのではない。しかしこのような批判に表象される、英語に対する時に過敏にも思える高い意識は、英語プログラムにおける学生の経験が、彼ら自身の持つ英語力によって大きく影響されていることを示唆する。

同じ英語プログラムのなかに英語をネイティブレベルに操る学生がいるという状況は、その他のネイティブではない学生が持つ英語力への意識や自身の英語力への評価にも大きな影響を与えているようだ。英語力に自信のない学生は、入ってくる時点での英語力は合格レベルでも、周りの学生と比較して、相対的な英語力の不足を実感することになる。自身の英語力に自信を持てない学生にとって英語プログラムでの就学は、特に入学当初は困難を覚えるであろう。英語プログラムでは、ある一定の英語力を兼ねそろえた学生を集めてはいても、その学生の第一言語や家庭環境、教育経験などに起因した英語格差（English Divide）が存在する。それらが教育の質や学生のモチベーションの低下につながらないような、サポートシステムも必要であろう。

3. ビジョンとリアリティ― Look like "Global", but it's "National".

英語プログラムのウェブサイトやパンフレットなどに書かれたそのプログラムが持つ目的や教育ビジョンなどを見ると、「グローバル」、「国際的」といった文字が踊る。しかし、実際そのプログラムでは果たしてどのように「グローバル」で「国際的」な教育が行われているのであろうか。

UICの授業で交換留学生の履修可能席が5人しかない授業とかに行くと、ほかの学生はみんな韓国人じゃないですか。だから韓国語でやったほうが絶対理解度は高いはずなんですよ。あと教授も韓国人の人だから、結構授業で教授がところどころ韓国語使うんです。ジョークは韓国語で言ったりするので、アメリカ人学生は、何いってんだろ？っていう感じになることが結構あって。ビデオを見ることもあるんですけど、全部韓国語で、字幕もないからアメリカ人があとで文句を言っていたりもします。その授業が南北（朝鮮）関係に関するビデオだったんですけど、それが全部韓国語だったので、結局何も理解できなかったとか。そういうのは結構たくさんありますね。（Yuriko）

うちの学部では、全部英語で教えられる、教授が韓国人でも英語で教えられるはずなんですが、でもたまにそうでもないこともあって。たとえば実験のクラスでは、英語は……（笑）。最初は、教授が英語で言ったりするんだけど、助教はそうではない、みたいなこともあります。（Sakura）

ここでは大部分、先生が話をするパターンが多くて、だから自分の意見を話す機会も少なくなって。他の学生を理解する機会も少ないような気がします。プレゼンテーションが多くあれば、自分も積極的に勉強する機会が多いのに、先生たちが話をする機会が多いので。私は、大学にくれば自分が自分で勉強しなければいけないというのを聞いていたんですが、ここでは大学が、「注入式教育」？と言えばいいんでしょうか。そういうのをするんですけど、私は慣れていないんです。注入式教育を好きでもないし。（中略）（「注入式教育」は）日本的なものというよりは、アジア的なものだと思います。韓国も、本当にひどく注入式教育をしますよね。こういうのは正直やってみて、必要ないと思うんですよね。むしろプレゼンテーションなどをしながら自分の意見を話すことのできる、自信も持つことができるし、もっとより考えるようになるし、そう

いうものがよくなるので、知識よりも。(中略)国際学部ではあるけれど、アジアにあるし、先生たちも大部分アジア人の人だし、学生もアジア人が多いので、西洋よりも若干アジアの文化を……「アジア式西洋文化」、っていえばいいのかな？っていうようなものがあると思います。若干アジアは閉鎖的じゃないですか。(英語プログラムは) 保守的ではないけれども、ちょっとオープンなんだけれども、若干ミックスしている、そんな感じ。(Ara)

確かに英語で行っているプログラムなんですけれども、コースはそれほど学生にとって挑戦的ではなくて。まだ、日本の大学の特徴を持っているというか。それに対応するのが難しいことがときどきあります。文化的なこととかですね。(Minh)

これらの学生に指摘されているのは、まずは授業で日本語や韓国語を使い、もしくはそれらの言語を理解できることを前提に進行したりなど、英語のみで学位を取れるプログラムであることを標榜しながらも、留学先国の言語の理解が暗黙の了解になってしまっているケースである。さらにそれは言語だけにとどまらず、教育のスタイルに関しても同様である。ここでも日本や韓国、もしくはアジア的な「注入式教育」スタイルに対して、英語プログラムであるにも関わらず、日韓的な要素が入っていることについての戸惑いや不満があることが分かる。

実際、日本の英語プログラムに在籍する留学生から、英語プログラムへの期待と反する「日本的な」大学カルチャーに対し、失望したという声も聞かれた。その留学生は授業における"requirement（課題や試験など単位を取るために必要なこと）"の軽さを指摘した。一つの授業につき、一学期たった2回、英語で2,000字ほどのレポートを課すだけの授業は、大学で積極的に学びたいと考えていたこの留学生にとって、「期待はずれ」で「がっかりした」(Xiao)ものであったという。これらの日本の大学に特徴的な"入るのが難しく卒業するのは容易い"構造に対する戸惑いや批判の声が複数の留学生から聞か

れた。日本では、少子化と定員割れの状況を背景にして、少人数制で面倒見の良さを売りとし、他大学との違いを明確にしようとする大学が増加しているなかで、早稲田を代表とする一部の大学では、学生の主体性に任せた自由放任主義な校風が残っているように思われる。自由放任主義は反面、大学における学術活動を学生の意思に一任することで、教員側からかける授業の負荷を軽くしている。これらの善し悪しを検討するのはこの論文の主旨ではないが、大学のなかで質の高く厳しい教育を受け、まじめに学びたいと考える学生にとって、もしくは一般的な英語圏において、多くのリーディング課題、レポート、積極的な授業への貢献と言った厳しい大学教育をイメージしながらきた留学生にとっては、日本の大学は卒業するのがとても楽で、大学内で勉強する機会が少なく、教育の質が低いのではないか、と失望してしまうという状況になっている。

　学生がこのような批判や戸惑いを表明するときに例として引き合いに出されるのは、たとえばアメリカの大学では毎週何本もの英語論文を読まされ、毎週クラスの度に学生たちによる発表がある、といった"本場"英語圏の教育スタイルである。英語プログラムに留学する学生が求めているものは、日韓のような国家的なもの（たとえば「日本の大学の特徴」を持った授業）や、「アジア的」な教育経験でもない。**「グローバル人材育成型」**のように在籍者が国内の一条校出身者の学生が大部分を占めている英語プログラムとは異なり、今回のように多くの優秀な留学生が在籍する旗艦大学の**「クロスロード型」**の英語プログラムでは、日本や韓国というアジアの非英語圏に留学している学生たちにとっても、まるで英語圏に留学しているような教育スタイルを期待している様子が窺われる。学生たちが英語プログラムに求めているのは、英語で行うということだけではなく、授業のスタイルや進行方法、教員とのインターアクションなども含めた英語圏の教育スタイルなのである。

　しかしこのような批判は、日本や韓国の大学の教育レベルの低さや課題の甘さなどを一面的に意味しているのではなく、大学の定員や経営の問題とも関連している。1クラス百人単位が受講する授業では、少人数での活発な議論や発表等の活動を行うのは難しく、どうしても教員からの一方的なレク

チャー形式にならざるを得ないという実情もある。今回の調査対象としたような規模の大きい総合大学では、一方的なレクチャー方式の授業はどの学部でも一般的にみられる光景であるが、英語プログラムの学生が求める英語による教育像とは異なっているのである。

第4節　留学動機分析―新たなるプッシュ・プル要因の出現

　留学とその動機に関して、留学生の出身国に関連する変数を意味する「プッシュ要因」と、その国で留学生が何故学位取得を目指すのか、留学生の受け入れ先国に関連する変数を意味する「プル要因」の視点（Mazzarol & Soutar 2002）から調査・分析を行ったものには以下の論考がある。たとえばAltbach and Lulat（1985）の研究では、留学生移動における態度や方向性に影響を与える出身国・受け入れ国双方の変数を、政治的、経済的、教育的な三つの側面から整理している。特に、第三世界の留学生にまつわるプッシュ要因として、出身国の低い教育の質や研究施設の不足、不安定な政治的状況を、プル要因としては外国人留学生への奨学金の有無や高い教育の質、学生に適合する社会経済的・政治的環境などが挙げられている。またCummings（1993）は、世界の国々を初期発展途上国、後期発展途上国、先進国の3つにカテゴリー化した上で、これらの国家的枠組のもとにプッシュ要因とプル要因を提示した。プッシュ要因には、貿易依存度や高等教育へのアクセス度、政治不安などをあげ、プル要因には、その国から得ている援助レベルや輸出入におけるつながりの深さ、その国からの移民の数などを挙げている。これらの研究が共通して明らかにしているのは、留学生がより質の高い教育と社会的上昇を求めて発展途上国から先進国へ、南から北へ、周辺から中心へ留学をするといった、いわば「垂直的な」留学生移動である（Altbach 2004）。これらの要因に加えて、より近年の研究では、学生の留学には経済的理由と文化的理由があることが強調されている（OECD 2004）。その例として、受け入れ国との文化的・地理的近似性や、歴史的・経済的つながり、受け入れ国にすでに留学している（もしくは留学経験のある）学生とのネットワークなどが挙げられている。

このような国や高等教育機関の枠組みを前提とした留学動機の分析は、現在でも一定の説得力を持つ一方で、東アジアの国々が経済的発展を遂げて国際移動が大衆化し、学生の育つ家庭環境的や社会的・教育的背景がますます多様化し、さらにブランチ・キャンパスやダブル・ディグリー（共同学位）など、国の枠組みを越えたトランスナショナルな高等教育の形態が広がっていくなかで、日本語や韓国語といった国の言語とは異なった言語（たとえば英語）で行われる国際的な教育プログラムへの留学動機に関する新たなる学術的分析と、その分析枠組の再検討の必要性を示唆している。しかしながら、いまだ日韓の英語プログラムへの留学動機を扱った研究は存在せず、またそのプッシュ要因、プル要因を既存の枠組のもとに整理することにも疑問が残る。英語プログラムは、日韓をはじめとする非英語圏の高等教育国際化や留学生移動に新しい留学の流れをもたらしており、そこには今までとは異なった留学への動機があると考えられる。

　そのため本節の分析を行うにあたり、日韓の英語プログラムへの留学は、正規留学という長期の時間を過ごす、大学をめぐる環境としての日本や韓国という「国」の存在がある一方で、アメリカやヨーロッパなど西洋英語圏の教育、学術環境などを模範とした英語による教育への志向性が現れているのではないか、という仮説を提示する。具体的には、アメリカやイギリスなどといった英語圏の留学先を目指すことに加え、前節で分析した学生の語りにも現れていたように、日韓の英語プログラムにおいても西洋英語圏的な教育環境を期待するという二点での志向性である。そのため、日韓英語プログラムへの留学動機には、プッシュ・プル理論の分析枠組として、既存の「国」や「高等教育機関」という枠組みに加え、西洋への志向性や要因が隠されているのではないだろうか？

　以上のような問題意識と仮説を背景に、本節では東アジア地域からの正規留学生における日韓英語プログラムへの留学動機を、プッシュ・プル要因の分析枠組によって明らかにする。留学動機を分析するにあたっても正規留学生に着目する意義は、その国や大学で学位を取ることを目的とする長期間の正規留学では、短期や交換留学生としての留学よりも、より明確な留学動機

や要因が存在すると考えられるからである。インタビュー調査では、より学生の経験や思考に寄り添いその声に耳を傾けることで、それぞれの経験に即した多面的な留学動機を浮かび上がらせることが可能になることから、インタビューを通してその分析枠組自体を問い直すことで、日韓英語プログラムという空間的枠組が、留学動機のなかでどのように意識されているのか？という問いにも答えようとするものである。

1. 多様化するナショナル（国家的）プッシュ・プル要因

　東アジアにおける高等教育のマス化や私立セクターの拡大は、大学入試における受験競争や学歴競争を熾烈化させた（ドーア 1978；トロウ 2000）。大学はその後の人生の成功を規定する重要な要素になっており、日本や韓国では、センター試験や修学能力試験といった国家統一試験で熾烈な争いが繰り広げられるだけでなく、内申書や個別大学入試、TOEFL スコアの提出など、国内での大学進学には様々な条件をクリアすることが求められている。このような高度にシステム化された社会において、国内大学進学へのレールからの逸脱は、その受験競争からの脱落を意味することもある。

　今回のインタビューのなかでも、たとえば Diana は、高校 3 年生の時に短期留学したことが原因で、所属高校の先生に国内大学の受験を許されず、国外進学をせざるを得なくなった。このような不可抗力としての国内進学からの逸脱がある一方で、過熱化する国内受験競争のなかで、それぞれの国のなかで引かれた受験と大学進学のレールに居心地の悪さを覚え、自ら違う道を選ぶ学生も存在する。中学までを日本で過ごし、高校は地元の進学校にいたと言う Hiromi もその 1 人である。「進学校の保守的なスタイルが合わなかった」ため、「高校が嫌だったせいもあって、ここから脱出することはできないか」と考え、カナダの高校へ一年留学した。日本に帰ってきてからも、アメリカの大学への進学などを考えていたが、家族の反対などを受け、大学は創立 2 年目だった都内の英語プログラムに進学した。在学中には交換留学で中国にも留学し、そこで「たくさんの中国人、韓国人の友達ができて、そのなかでも韓国人と仲が良くなった」と言う。元々歴史問題などに興味が

あったことなどもあり、現在は韓国の英語プログラム（大学院）で学んでいる。大学院は英語で学べる場所でなくても良かったが、「基本は英語」、「先に英語をやらないと他の外国語ができない」と思い、韓国でも英語プログラムへの進学を決意した（発言はすべて Hiromi）。

　また、高校からニュージーランドの高校に編入した日本出身の学生は、「もともと日本の高校のことをあんまり好きじゃなかった」（Anna）と言う。特に「勉強も別にできた訳じゃな」く、「英語が得意って言う訳でもなかった」が、そのまま日本の大学に進学することには抵抗があった、と語った。そして、高校在学中の海外経験を通して「世界観が変わった」ことで、日本の高校から日本の大学へという「普通のレール」から外れ、オーストラリアの大学に進学するという決断をした。ニュージーランドでもオーストラリアでも、仲良くなったのは「アジアの友達」で、特に韓国や中国、台湾出身の友人が多く、大学では韓国語と中国語を勉強したという。英語圏への留学をするなかで、アジア地域から来た学生との友情が芽生え、社会や文化に興味を持ち、言語を学び、現在は韓国の英語プログラム（大学院）への留学に至っている。

　これらの学生が、もともと住んでいた国での学校や教育システムなどに違和感や息苦しさを感じたり、一度は英語圏への留学をしたことがきっかけとなり、アジアの非英語圏である日韓の英語プログラムに進学しているというのは示唆的である。一つ目は、先行研究に挙げられているような、出身国の相対的な教育水準の低さなどマイナス要因をともなうプッシュ要因ではなく、先進国特有の教育問題とそこからの逸脱が、新たな「**ナショナル・プッシュ要因**」として存在することを垣間見ることができる。加えて、学生の教育的背景が複雑化していくなかで、留学先国への移民やすでに留学している学生とのネットワークだけではなく、自分が現在の留学以前に行っていた留学体験のなかで、現在の留学先国の学生との直接的な出会いとつながりがあり、それが日本留学や韓国留学への「**ナショナル・プル要因**」となっている様子もうかがわれる。

　インタビューを重ねていくなかで、学生が留学先を決定するときに、「人とのつながり」が大きなプル要因として働いていることが分かってきた。そ

れまで自分がいた場所や留学のなかで出逢った人とのつながり、より具体的に言えば自分と同じ東アジア地域出身の学生との出会いが、日韓における英語プログラムへの留学の背景にある。たとえば、出身国でも有数の進学校に通っていた学生は、高校生のときに韓国にホームステイし、そこで受けた大きな刺激についてこう語る。

> 高校生の時に短期留学の文化研修みたいなもので、奨学金もらって一週間くらいいただで韓国に来る機会があって。1週間くらいのなかで、ホームステイが2日間で、そのとき泊った家が、同世代の女の子の家だったんですけど、その子が留学もしていないのにめちゃくちゃ英語喋れて、そのとき自分は高校一年生で英語に自信あったのに、留学していないのにこんなに流暢にしゃべれる人がいるっていうのはすごいなと思って。それまで全然韓国興味なかったんですけど。(Marina)

この学生は、上記の出来事がきっかけで「サムソンなど韓国の世界的な企業をどのような人たちが支えているのか」ということに関心が生まれ、韓国への留学を決めたという。その後の留学動機とつながる人との出会いは、前述のような海外留学や滞在経験からだけではなく、国内の国際化したキャンパスでも生まれている。中国の大学を卒業した Shawn は、「大学に多くの韓国人学生がいて、親友も韓国人。一緒にいるときに韓国語が必要だったので学んだ」ことがきっかけで、韓国に興味を持ったと言う。ベトナムの名門大学を卒業した Hue も、「(ベトナムの) 大学で会った韓国人の友達と韓流の影響」で、韓国の英語プログラムに進学を決意した。

一方で、日本への留学動機としては、「アニメやゲームといった現代文化的なものに対する幼い頃からの関心」(Sharon) や、「システム化された先進的な社会への憧れ」(Chula)、「高校のときから日本語を学ぶチャンスがあったこと」(Brian) など、先行研究でも指摘されている社会・文化等に関連する伝統的なプル要因が多く聞かれた。日本は世界で5番目に多く留学生を集める国でもあり、先進国としての「日本留学」というブランド性はいまだ確

かに存在するようだ。

　前述のような受け入れ国の学生との事前の出会いやつながりという新たな「ナショナル・プル要因」が、より韓国の英語プログラムに留学する留学生に現れているのは示唆的である。その背景には、日韓の大学生の海外留学者数や一般的な英語力の差異、海外で教育を受ける学生数の絶対数における違いなども影響を及ぼしているのではないだろうか。韓国企業の海外進出や加熱する留学熱を背景に、海外で居住する韓国人の若者の数は増加しつつあり、「内向き志向」と言われる日本人学生の海外進出の減少とは対照的である。東アジアの学生は、留学や家族の就業などの理由ですでに東アジア地域中に広がっており、また各国の大学が国際化戦略を通して、多くの東アジア出身の留学生をキャンパス内に受け入れることで、国内でも地域的・国際的な交流が生まれている。このように、一国から海外に広がる若者たちを中心とした交流が、次の留学生移動を生み出すきっかけとなっている様子が伺われる。

2. リージョナル（地域的）プル要因と「周遊」型留学の創出

　本インタビュー調査を通して、人の移動や大学の国際化・地域化が生むさらなる留学生移動の地域化現象に加え、学生が留学先を選ぶ過程で、日韓という二つの異なった国の英語プログラムが並列して同時に考慮される留学先の選択肢となっている、というケースが見られた。たとえば、韓国の英語プログラムで学ぶ留学生のなかには、留学先として日本と韓国の英語プログラムのどちらに進学するか迷い、結果として韓国へ来たと語った学生が複数見られた。韓国の英語プログラムで大学院修士課程に属するフィリピン出身の学生は、「日本で院に進学するには16年間の教育年数が必要で、それに満たなかったので日本をあきらめた」という現実的な進学条件の問題点について触れた上で、韓国を留学先の選択肢に入れた理由としてこのように語る。

　　日本と韓国は似ているけれどやっぱりちょっと違うと思います。私がフィリピンに帰ると、何故日本じゃなくて韓国なんだ？と質問されますが、日本に関する研究はもう確立されていて、日本語を学ぶ人もたくさ

んいる。でも、韓国研究は今ちょうど台頭してきていて、まさにブーム。自分がパイオニアになれる機会があると思ったんです。アメリカへの留学ももうすでに色んな人が行っていて、私はそのうちの1人になりたくなかった。なにか違うことをやりたかったんです。(Karen)

ほかにも、元々日本の文化に関心があり、「日本はすべての面で好きだった」と言うタイ出身の学生は、日本の大学の日本語別科に短期留学をしていた経験もあったが、日本の修士課程で奨学金を受けることができず、偶然受けた韓国の奨学金が受かり、「もしかしたら面白い国なのかな」(Ploy) と考え、韓国への留学を決めた。当時韓国語は全くできなかったが、韓国への留学のチャンスが開かれたのは英語ができたこと、日本への留学経験など国際的な経験があったことがプラスに働いていたのではないか、と言う。

今までの伝統的な留学の形では、日本においても韓国においても、日本語や韓国語という媒介言語によってある意味閉じられた教育空間への留学であったため、留学先を考える際に「日本にするか？韓国にするか？」という選択は成立しなかった。しかし、英語プログラムが存在することによって、日韓といういわばリージョナルな選択肢が生まれ、留学の目的地が今までの「国」から、日本もしくは韓国かというより広い「地域」に拡大され、リージョナルなプル要因として存在するようになってきたと言えよう。

興味深いのは、今回のインタビューの範囲で見る限り、日韓という2つの異なる国家の英語プログラムを比較検討するという行動＝「リージョナル・プル要因」が、韓国への留学生にのみ散見されることである。日本の英語プログラムに留学している学生の場合、韓国との選択で悩み、結局日本に来たというケースは見られなかったが、その逆はいくつか見られた。その理由として、タイ出身のPongは、日韓両方の英語プログラムを留学先の選択肢に入れるなかで、韓国の大学が特に外国人留学生が海外から受験しやすいように、対留学生へのウェブ上での広報や情報公開、渡韓前入学試験など、より柔軟性の高い受け入れ体制を持っていると感じたこと、日本では英語プログラムの有無やその全体像が海外からのアクセスでは分かりにくかったという

点を指摘している。韓国では、早期留学や貿易依存経済などを背景に海外帰国子女が多いため、国内における英語プログラムの需要も高く、多様性をもった学生の受け入れ体制に関して、日本より柔軟性がありインターネットを通した発信力も高い。たとえば、今回調査を行った国際大学院という全在籍学生の半数近くを外国人留学生が占める専門大学院は、韓国の多くのいわゆる名門有名大学で開設されており、通称 GSIS として国内外でも広く認知され、柔軟性のあるアドミッション制度と奨学金の充実、大学に併設した寮の完備などを武器に、海外広報を積極的に行っている。インタビューを行った学生が限定されているため断定はできないが、日韓で留学を迷う学生が韓国に進学する傾向が見られたのは、留学生受け入れ先として韓国の英語プログラムのプレゼンスが高まっていることと偶然ではないだろう。

　さらに、今回インタビュー調査のなかで、日本・中国・韓国出身の学生の間では、日中韓3つの言語を操り、自国以外の2つの国に留学経験を持つ学生も複数存在した。東アジア出身のなかでも、特に日本、韓国、中国、台湾、香港などを出身地域とした学生同士の交流は盛んであり、それぞれの国に対してというよりは、北東アジアというより広い「地域」に興味・関心を持ち、そこに精通したいと考える姿が垣間見える。たとえば韓国の英語プログラム大学院で学ぶ日本人学生のひとりは、日本で就業してから会社を辞め、「これからは日本にとってはアジアの国（が重要）であって、人と人との交流はできているのに、国と国との交流がうまく行っていないというのが問題だ」（Taka）と感じ、中国留学を経て、韓国の英語プログラムに進んだという。また前述の Hiromi は、歴史問題など「もともと中国と韓国に興味があった」といい、学部在学中には中国への交換留学した後、「中国も韓国も行きたかったし、中国語もやったから今度は韓国語」と思い、大学院は韓国を選んだと語った。

　他にも、「中国は今後大きくなるから」という両親の意向で、小学校のころから中国の国際学校に留学した韓国出身の Jaesuk は、「もう中国は十分知った」「日本については何も知らなかったし、日本語を学びたかった」ことから、日本の英語プログラム学部に進学する。日本に来て「中国のことを客観

的に見ることによって、もっとよく中国のことを知ることができた」と言う。日中韓出身の学生以外でも、前述したタイ出身のPongは、元々タイの大学での学部生時代に中国語専攻にいたが、同時に第三外国語で日本語を学んだ後、結果として韓国語専攻に変え、現在は韓国の英語プログラム大学院で学ぶ、という学習の変遷を辿っている。このように、英語プログラムに在籍する留学生においては、学びとその留学先への関心が一つの国に留まることなく、より広い範囲（地域）へとつながっている様子が見られる。日本語、韓国語を学び、それぞれの言語で高等教育を受けられるようになるにはそれ相当の時間がかかるが、英語プログラムが存在することによって、より広い地理的空間への関心を持った学生のいわば「**地域周遊型**」の留学を可能にしているのである。

　このような留学からは、留学先国への関心や志向性、ナショナル・プル要因といった視点では捉えきれない、東アジアの複数の国々、というより広い地理的空間を含んだ「地域」に対する留学志向を垣間みることができるだろう。このような周遊型の留学形態は、英語という世界共通性が高く、多くの学生が外国語として長年学んでいる言語を媒介言語としていた教育プログラムが存在していることによる現象である、といっても過言ではない。英語プログラムの学生がこのように「地域」を周遊している様子は、英語プログラムが学生移動の地域化の一端を担っているということを示唆するものと言えよう。

3. 西洋英語圏との比較軸とその覇権性

　学生が英語で高等教育を受けることを希望している場合、その留学希望先として、アメリカやイギリス、カナダ、オーストラリアなどの英語圏を想定することは想像に難くない。今回のインタビューのなかでも、「何故、（英語圏ではなく）日本や韓国にきたのか？」という疑問に対して、実はアメリカに行きたかった、と告白する学生は少なくなかった。

　西洋英語圏の大学に進学できなった理由は、以下の二点に集約された。一点目は、経済的負担である。「本当はアメリカに行きたかったんですが、奨

学金もビザも、すべての面で難しかった」（Hue）や「大学卒業後は修士課程に進もうと思っていたんですが、アメリカは学費が高いじゃないですか。修士課程だと奨学金のチャンスもそれほどないし」（Taka）など、経済的な負担のためにアメリカ進学を諦めたという学生は少なくない。アメリカへの留学は、日本と韓国に比べて経済的な負担が大きく、その最大の理由は特に奨学金の有無であるようだ。日韓の英語プログラムでは、特に入学選抜時に成績優秀な学生や、発展途上国からの学生が奨学金を受け取ることのできるチャンスは大きい。「（国費留学生であれば）一年の語学研修をして、修士の2年間、学費と十分な生活費を貰える」（Akira）のは魅力的であった、というように、今回調査を行った英語プログラムでは、国や大学の積極的な国際化戦略によってできた外国人留学生向けの奨学金授与の機会が充実しており、学費だけでなく生活費や渡航費もカバーする奨学金を貰える機会も少なくない。事実、今回インタビューに応じてくれた学生のうち、1人を除く全員が何らかの形で学内外の奨学金や成績による授業料免除などを受けている。日韓の英語プログラムへの留学は、優秀な学生にとって経済的効率性の高い留学でもあるようだ。

　二点目に挙げられたのは、英語圏の留学に必要な能力の問題である。特にTOEFLやIELTS、アメリカの大学進学に必要なSATなど、明確に点数化される英語力の不足である。英語圏の希望する大学に進学するためには、それらの試験の点数が足りなかった、準備する時間が不足していた、と言う学生も少なくなかった。その点、日韓の英語プログラムでは、今回調査を行ったような旗艦大学であっても、外国人留学生入試の試験科目や要求するTOEFLやIELTSなどのスコアが、英語圏と比べて相対的に低く設定されていることで、英語力の面においても幅広い留学生の入学を可能にしているとも言える。

　最初は「英語圏に留学したくて、アメリカか、イギリスか、ニュージーランド、オーストラリアなどを考えていました」というインドネシア出身のIndhaは、「大事なのは、国ではなくて、その国のなかでどのような大学に行くか」だと考えており、どの国にいっても、「その国で一番いい大学」に

行きたかった、と言う。しかし申請前に英語圏での受験を諦めたのは、「イギリスなどは入学時に求めてくる IELTS が高いので、その国の一番いい大学には入れなかったと思うから」であり、韓国で最も名門とされている大学の英語プログラムに進学したが、次に博士課程に進む時は、「ハーバードで PhD を取ることも夢見ている」と語った。また、中国出身の学生は、「自分がそれほど優秀ではないことを知っていたので、この大学にきた」（Vivian）と語る一方で、「この（現在在籍している日本の）大学とアメリカのそれほど有名でない普通の大学であれば、この大学を選ぶ」と述べ、有名大学だからこそ現在の英語プログラムを選び、もしアメリカなどの英語圏であれば、いわゆる有名大学には行けないだろう、という冷静な自己分析をしている。

このように、西洋英語圏の大学と日韓における英語プログラムは、学生たちが留学先を検討するなかで比較検討されており、Mazzarol & Soutar（2002）の指摘にあるように、高等教育機関としての大学の認知度は、留学のプル要因として大きな影響を及ぼしている。特に、世界大学ランキングなど西洋基準の大学評価が世界的に広がったことで、高等教育機関レベルのプル要因も世界共通化し、そこでは西洋英語圏の大学との比較軸という新しい力が働いている。たとえば、中国の出身都市の名門高校を卒業し、シンガポールへの国費留学生としての推薦も受けたことがあるという学生は、このように語る。

> 友達はみんな聞きますよ。なんでイギリスやアメリカに行かなかったの？イギリスやアメリカの方がもっといい教育が受けられるのに、って。私も正直に言うと、英米の方がよりオープンで発達した高等教育を持っていると思います。でもすごくお金がかかるんです。私は自分の両親にそんな重荷を背負わせたくなかった。だからここでの勉強は、ステッピングストーンというか、基礎作りだと位置づけています。（Kim）

ほかにも、現在の英語プログラム卒業後は、「英語圏で奨学金を貰える場所に留学したい」（Minh）という声にも表れているように、次の教育段階における留学に関しては、明確な西洋への志向性を口にする。「もし今後、博

士課程に進むならアメリカで取りたい」という中国出身の Chia は、その理由として「世界で最もエキスパートな人はアメリカの大学にいるから」と言う。

　西洋英語圏と日韓の英語プログラムを比較検討する学生の語りから浮かび上がってくるのは、西洋英語圏の大学における教育環境や教育の質に対する信頼である。日韓での英語プログラム学部卒業後には、英語圏の大学院で専門性を高めたいという希望や、そのステッピングストーンとして日韓英語プログラムが位置づけられている様子からも分かるように、日韓英語プログラムは否応なしに西洋英語圏との比較軸上に置かれているのであり、多くの学生の間でその教育の質的優位性は西洋英語圏の大学にあると考えられている。

　しかし、英語圏と比べてネガティブな志望理由だけが存在するわけではない。日韓の英語プログラムは、英語で学べる環境でありながら、アメリカへの留学と比べて経済的に負担が少ないことに加え、日本や韓国に来た方が真面目に勉強をするのではないか、という期待も背景にあるようだ。先の学生がアメリカに行った友達から聞くアメリカ留学生活は、「パーティばっかり」(Minh) であるといい、日本にいる自分がとてもまじめに学生生活を送っているように感じるという。留学は、学校や教育だけでなく、その国で過ごす生活面での体験も含まれており、この点で日本留学や韓国留学の魅力を感じている学生もいるようだ。

　また、距離的な近さも大きな魅力であると言う。東アジア出身の学生とその家族にとって、日韓は同じ東アジア地域の国であり、アメリカやヨーロッパのように海を隔てた遠い異国ではない。「アメリカに行ったら両親が心配する」(Xiao)、「帰ろうと思えばいつでも帰ることができる」(Chia) といった声は、出身国と留学先との距離的な近さ、同じ東アジア地域にいることの安心感を表している。

4. 留学動機の類型化と多様化

　本節で明らかにしたのは、日韓の英語プログラムという新しい高等教育の場が、東アジアからの地域内留学生にどのような留学の選択肢として存在し、どのような留学動機やプッシュ・プル要因が存在するのかということである。

図10は、本節で分析した留学動機を類型化し、整理したものである。これらの類型は一人の学生が必ずしも一つの型に当てはまるわけではなく、実際多くの学生はこれらの類型化された要因や動機を複数同時に内在化させながら、日韓における英語プログラムへの留学に至っている。

留学生たちの声を通した留学動機の分析から分かったことは、国の枠組みを前提としたプッシュ・プル要因の多様化と、仮説で提示した「西洋英語圏」という分析枠組の必要性に加え、英語プログラムが「地域」という留学空間を含有していることである。また、先行研究で指摘されてきた国や高等教育機関の枠組に基づいたプッシュ要因・プル要因や、地理的・社会的・文化的な要因が語られる一方で、国内で規定された大学までの進学ルートに居心地の悪さを感じ、海外の高等教育機会に活路を求めたケースや、現在の英語プログラム進学前の留学経験や自国の大学で出会った人とのつながりといった

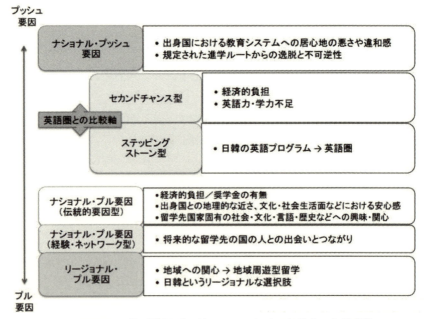

図10　日韓「英語プログラム」における留学生の留学動機
（出典）インタビュー調査をもとに筆者作成

新しい形のナショナル・プッシュ要因やナショナル・プル要因も明らかになった。ここでは、先行研究にあるような留学先国と受け入れ国の社会的・政治的・経済的な発展の違いが生み出す垂直的な留学生移動ではなく、学生はより多様で複雑化した留学動機を持って英語プログラムに留学をしている様子が浮かび上がってきた。

　また、教育における共通言語を日本語や韓国語から、英語という国際通用性の高い言語に変えたことで、日韓は、海外からの留学生にとって同時に考慮することのできる留学先となった。留学先としての日韓という選択肢（リージョナル・プル要因）が出てきたことで、英語プログラムを拠点とした留学生移動の「地域化」をもたらし、「**地域周遊型**」という新しい留学の形を表出させている。そして、日韓の英語プログラムを西洋英語圏留学における**セカンドチャンスやステッピングストーン**としての留学先と捉える様子からは、日韓への留学を検討する際にも卒業後の進路としても、西洋英語圏の高等教育機関という直接的な比較軸が生まれてきたことを表している。

　無論、今回調査を行った英語プログラムが、国内外の評価の高い旗艦大学に位置するものであり、旗艦大学へ進学可能な優秀な学生を対象としたインタビューになっているという点は、分析の限界点である。そのため、本節で提示した留学動機をすべての英語プログラムの留学生へ一般化することは難しい。たとえば今回のインタビューでは、西洋英語圏との比較をするなかで、日韓の英語プログラムを選択するという高等教育機関レベルでのプル要因が見られたが、これは旗艦大学の国内外での認知度が高いことが一つの要因になっていると考えられる。このような状況は、今回の研究対象以外の大学においては、また異なった様相が現れてくると予想されることから、今後は入学難易度や知名度、地理的条件などの点でより多様な大学を対象とした研究が望まれる。

　しかしながら、日本や韓国における大学の国際化政策や留学生受け入れの拡大が、特に大都市圏の旗艦大学が中心となって行われており、また英語プログラムにおける留学生の受け入れも、これらの大学で先導的に行われていることを考えると、今回研究対象とした英語プログラムをもとにした留学動

機に関する議論と示唆には大きな意味があるのではないかと考える。たとえば、インタビューのなかで、日本への留学にも関心のあった複数の留学生が、結果として韓国の英語プログラムに留学しているということは、今後日本の高等教育機関ならびに政府が真剣に受け止めていく必要があるのではないか。日本人学生よりもはるかに活発的な韓国人学生の海外留学や大学の国際化政策などが、世界のキャンパスで学生同士の有機的な出会いを生み出し、それらが韓国のナショナル・プル要因となって韓国における英語プログラムへの留学につながっていることは、日本が今後高等教育政策のなかで参照し、考慮していくべき事案である。

　加えて、日韓の国家教育政策などのビジョンに書かれているように、英語プログラムの導入が直接「質の高い」留学生の受け入れにつながっているかに関しても疑問がある。日韓の英語プログラムは、日本や韓国という国にありながらも、比較対象は欧米の英語圏であり、何らかの理由で西洋英語圏へ留学を断念した人のセカンドチャンスやステッピングストーンの留学先として、英語圏の高等教育機関との比較の上、様々な経済的、教育的、地理的、文化的要因を考慮したなかで、日韓の英語プログラムを選んでいるケースも存在する。教育プログラムへの英語の導入は、単に教育や伝達のツールが日本語や韓国語から英語に変わっただけではなく、英語圏との連携、アカデミックカルチャーの西洋化など、付随する様々な変容をもたらした。そこでは、西洋英語圏の高等教育機関が持つ覇権性と、その学術環境に対する学生の強い信頼があり、日韓の大学が英語圏主導のグローバルスタンダードの元で評価され得ることを意味している。さらには、言語の障壁をなくしたことはより柔軟性を持った受け入れを実現した反面、日本語や韓国語で教育を受けることが難しい学生の、より選別度の低い受け入れ窓口となっているという一面もある。

　上述したように、英語プログラムが有する課題は存在するものの、留学生の留学動機や日韓の英語プログラムへ抱く期待や位置づけは非常に多様であり、英語プログラムは日韓における留学生受け入れのすそ野を広げ、今までは受け入れることのできなかった多様性のある学生の誘致に成功していると

言えるだろう。日韓の英語プログラムが、東アジア地域や世界の高等教育のなかで、今後どのようにして各ナショナルコンテクストを高等教育プログラムの魅力として、留学生を惹き付けて行くことができるのかに関しては、今後の大きな政策課題として議論していく必要がある。

第5節　英語がもたらす学びの空間

　日韓における英語プログラムのなかには、第4章の類型化で示したように英語「で」学ぶこと以上に英語「を」学ぶという英語教育により力を入れているものや、在籍学生が国内学生だけのケース（グローバル人材育成型）や留学生のみを対象に取り出し授業や研究指導をしているケース（出島型）など様々な形態が見られるが、本章でケーススタディとして取り上げている日韓旗艦大学の英語プログラムでは、様々な国や教育機関で就学してきた学生が混在しており（クロスロード型）、彼らの経験は非常に多様である。

　学生が高等教育を受けるために海外留学を志す際に、今までの教育・学習経験のなかで得た能力やスキルを生かした方がいい、と考えるのは、至極自然なことである。実際、言語を使ってコミュニケーションを取ることと、言語を使って何かを学ぶことには大きな乖離があり、外国語能力をアカデミックレベルにまで高めるのは容易ではない。大学入学後やその直前に新しく言語を習い、その言語で大学レベルの教育を受けるためには、多大な努力が要されるのは想像に難くないだろう。特に欧州諸国ほど各言語間の近似性が高くない東アジア地域において、日本語や韓国語を語学学習の対象としてではなく、大学でアカデミックな活動をするための言語として使用し、高等教育を受けようと考えた場合、高校までに特別な学習時間を設けたり、質の高い日本語・韓国語教育の機会に恵まれないかぎり困難であろう。

　実際のところ、英語プログラムにはマルチリンガルで3―5カ国語を操る学生も多い。東アジアの言語は多くが異なった文字を有し、一部を除いてお互いに類似性が高くないことを考えると、これは驚くべき事実である。特に、英語という共通言語を使用するプログラムにおいて、様々な言語に堪能な学生が集まっているのは興味深い。本節では、言語に関する志向性を中心に、

学生にとって英語やその他の言語がどのような意味を持っているのか、どのように活用しているのかなどを議論していきたい。

1. 英語への認識

　英語プログラムの共通言語であり教授媒介言語である英語は、そこに留学する学生にとってはリンガフランカ（Lingua Franca）＝世界共通語であるということに疑問の余地は無いようである。Crystal（1994）によれば、世界で英語を母語とする人々は3億人、「公用語」とする人々が10億人、さらに「外国語」や「国際語」として学ぶ人々は7億人で、世界の約3分の1が何らかの形で英語を使用している。この数値は、グローバル化の進行するなかでより増加していることが予想される。

　英語プログラムで学ぶ学生たちの間でも、英語に対する同じような語りが見られる。英語は、「便利でどこへでも行ける言語」（Ryu）、「世界で最も重要な言語」（Shawn）、「国際語（International language）」（Shania）、などがその一例である。英語の普遍性と重要性を認識した上で、留学生が英語に対して抱く思いは、より具体的で大きな期待を含むものだ。

> 英語はQuality of life（生活の質）を上げる言語（Eko）

> 英語で授業を聞いていれば、英語力が高いという証明になって、将来的に就職するときに助けになるかなと思って。韓国人でも英語を良くできる人を尊敬したりするじゃないですか。就職するときはTOEICやスピーキング（のスコア）を必ず取らなければいけないとか。韓国語はある程度できるので、英語までできれば将来的に競争力を備えられるかなと思って。（Chia）

> やっぱり、英語ができるだけで、出会える人の人数も、コミュニケーションできることもぱっと広がるし、そういう部分で自分は英語ができてよかったなと思う。やっぱり韓国語ができることもいいですけど、英

語ができるっていうだけでコミュニケーションできる人や、出会ったときに意思疎通できる人の数が、本当に×100 くらいになるような気がして。（Yuriko）

　このように英語は、個人のエンパワーメントやコミュニケーション、ネットワーキングのための道具として、また就職活動などにおいてアピール可能な具体的な能力＝「スペック」としてなど、人生の様々な場面で自分に具体的な利益をもたらすものとして認識されている。本節の最終項で述べるが、日本や韓国の英語プログラムでは英語で教育を受けられることに加え、自分にとって利益をもたらしうる日本語や韓国語、というもう一つの言語を学ぶことができるということも、留学のメリットでありナショナル・プル要因の一つになっていることが挙げられた。それでは、その国際共通語である英語と、留学先の言語である日本語や韓国語に対する考えには、どのような違いがあるのだろうか。英語も韓国語も、同様の流暢さを持つ前述の日本出身の学生はこのように語った。

英語は、メイクアップだとしたら、韓国語はアクセサリーみたいな感じ（笑）。メイクは毎日するんですよ、絶対。自分のなかでは、身につけなければいけない、っていう部分なんです。でも、韓国語はプラスアルファで、自分がもうちょっと可愛くなりたいとか、今日は特別な気分になりたいとか、好きでしているっていう感じで、でも化粧はある程度「しなきゃいけないな」と思いながらしている、という部分があって。（中略）英語は道具として国に関係なく、みんなにとって必須アイテムとして使っているような気がするんですけど、韓国語っていうのはまだそこまでじゃないと思うし……ただ自分が韓国という国に対して特別な興味とか思いがあったからやっただけの話で。（Yuriko）

　この語りからは、「国に関係なく」、グローバル的でボーダーレスな志向性を持った言語として英語を見なしており、それは東アジアという地域やそこ

で出逢う人々に限らず、「みんな」がつながるために必要なユニバーサルな言語として英語が選ばれている。一方で韓国語という留学先の言語は、どこまでも自分が「特別な興味」で選んだもので、それは韓国というナショナルなものに対する志向性（国家的な志向性）のなかに留まっている。それでは、学生たちが身につけなければいけないと感じている英語には、どんな力があるのだろうか。英語プログラムにいる学生が英語で学ぶことを選んだ背景には何があるのだろうか。

2. 言語のパワーと経済性への視点

　このような英語への信頼を支えているものの説明として、クルマス（1993）のいう言語の商品性が挙げられるだろう。クルマスは、言語はそれぞれ経済的優勢度をもっており、言語の商品性は、外国語習得や外国語教育の分野で最も明瞭に現れると主張している。このような英語の「経済性」や大国言語である英語の「有用性」については、英語プログラムで学ぶ学生の語りにもしばし登場する。

> 韓国語はなんといっても、小さな国の言葉……っていう、ちょっとそういう考えがあるのかな？韓国語で専門的なことを勉強したら、将来的に制限があるのかなと思って。英語でやるのが良いように思えたんですよね。（Chia）

> 日本語は、日本のなかでだけ話されている言語ですよね。だから、もし私が日本語や日本自体に興味がなければ、日本語を学ぶこともないと思います。（Jess）

> 世界がグローバル化しているのに、将来的に、経済的にもロジスティックみたいなものをどんどん早く早くしなければいけないし、言葉が通じるのがいいでしょう。（英語は）国が発展するのにも助けになるし、世界的にコミュニケーションするのにも役に立ちますよね。（Shawn）

クルマスの唱える英語の経済性は、市場での価値を基盤にしている。世界のあらゆる場所で使用できる英語は、市場における言語としての価値が高い。一方、日本語や韓国語は、やはり「一国の」言語で、日本や韓国でしか通用しないという認識があり、学生たちは自分が学ぶ言語の将来的な「有用性」について、シビアに判断している様子が伺われる。あらゆる言語のなかで英語に一番力を入れて取り組んでいるのも、「決定的な要因は経済的必要性」（Eko）というように、英語は将来的にも有用で、経済的な効果を持つものとして認知されていることが背景にあるようだ。

3. 英語帝国主義的状況

東アジア諸国の場合、すべての国で小学校や中学校などからの英語学習を必須にしており、フィリピンやシンガポール、マレーシア、ブルネイなどでは、教授媒介言語としても使用されている（本名 2006）。教育のなかで、英語を最も優先して学ぶべき外国語とする傾向は、「それ自体がその傾向を強めるスパイラルとなって、英語の使用を加速させている」（Beacco & Bryam 2003: 52）と述べられているような状況として、英語プログラムでのインタビューでも明らかになった。英語は、多くの学生が初等・中等教育から何らかの形で英語学習を行っており、多くの東アジア市民にとって一番近い外国語でもある。多くの人が英語を学び、その言語スキルを生かしていくなかで、さらにその使用範囲を増やしていくという英語使用機会の「増加スパイラル現象」とも言える状況が起こっている。

日本の英語プログラム学部で 4 年間学び、大学院から韓国の英語プログラムに進学した学生は、大学在学中に韓国に興味を持ち、韓国語を学び、1 年間の交換留学生としてソウルに滞在した経験も持つ。大学院での専攻も韓国学を選んだが、受験の際には英語で行っている旗艦大学の GSIS を進学先として考えていたという。その理由として、こう述べている。

> 自分がその大学 4 年間を通して英語を使って来た、っていうバックグラウンドがあったから、それを活かさないよりは活かした方がいいな、と

思って。あと、周りの同級生のなかで交換留学先として、モンゴルとかロシアにいっていた人たちもいたんですね。で、その人たちの話を聞くと、英語の授業がほとんどなくて、その国の言葉で全部授業を聞いているってきいて、「おお、無理！」って（笑）。すごいアマチュアな考えなんですけど……英語でできるんだったら、なんで、英語でしないんだって思って。（Taka）

元々持っているものを生かした方がいい、と考えるのは、言語を使ってコミュニケーションを取ることと、言語を使って何かを学ぶことには大きな乖離があること、アカデミックな言語運用の難しさが背景にある。大学入学前後に新しく言語を習い、その言語で大学レベルの教育を受けるためには、高度な言語運用能力が要される。そう考えたときに、すでに多くの人が小学校や遅くとも中学から学習を始めている英語の能力を生かそうと考えるのはごく自然ではないだろうか。ネトル・ロメイン（2001）は、"世界中の人が英語を使うのは、世界中の人が英語を使うからである"という現状を「自己循環論法」が働いていると説明する。現在、日本や韓国をはじめ、世界中で見られる高等教育における英語プログラムの急増は、高等教育以前の英語学習機会の増大と英語を使える人口の拡大、それにともなって世界中の大学において英語を使った教育プログラムが増加していることが、そのさらなる増加に拍車をかけている、という状況にあるのではないだろうか。

上記に挙げたような点は、英語帝国主義論者が大きく指摘し、そのヘゲモニー性を批判する部分でもある。第3章でも述べたように、英語帝国主義批判は、少数民族語の消滅や精神の植民地化（津田 2005）などその実証が難しい点は除いて、(1) 高等教育を含め、世界の政治・経済・文化などを欧米の英語圏に有利に展開させ、権力を持った「中心」が「周縁」を支配する構造を持っていること、(2) 英語格差（English Divide）が生まれ、コミュニケーションや情報分配の不平等、英語の分かる層と分からない層という階層を作ってしまうこと、の二点が上げられる。たとえば「韓国語は小さな国の言語」と述べた先述の中国出身の学生は、英語プログラムにいる学生の間で起こって

いる言語の学びの不均衡について次のように語る。

> とても面白い点は、このGSISに来ている人のなかで、ネイティブスピーカーの人たちは、韓国語を全然勉強しないんですよね。そういう人がとても多いんです。韓国系アメリカ人は韓国語できますけど、アメリカ人とかイギリス人とか完全にネイティブの人は、韓国語を勉強しない。（中略）私はちょっと理解ができないですね。たとえば私が日本に行きますよね。それで日本語を勉強しない。中国に行ったけど中国語を勉強しない。こんなのどう考えてもおかしいでしょ。ここは学校なので、学校の生徒は英語をある程度話しますから生活できますけど。韓国の人たちは英語を話す人々をリスペクトしますから。(Chia)

　英語プログラムにいる学生は、英語の世界的な価値を認めており、英語というヘゲモニーの言語を手に入れて学んでいる。しかしそれでも、東アジアのなかの非英語圏からきた留学生にとっては、相対的にみて英語がより「できる」人や英語圏から来た学生との英語力の差や、言語に対する姿勢の違いを感じている様子が分かる。このような状況について大石は、「駐日アメリカ大使は、絶対に日本語で正式に話すことはないが、駐米日本大使は必ず英語ではなす」（大石2005：40）ことなどを例に挙げ、これを"逆さ現象"と呼んで英語帝国主義批判のひとつに位置づけている。他にも、授業内での発言頻度や参加度において、英語力が大きく影響することを指摘する学生は決して少なくなかった。インタビューした学生たちの話からは、授業での発言頻度や参加度は、一般的に英語圏出身学生、留学生および帰国子女、国内学生の順に多く、また留学生のなかでも英語よりも日本語や韓国語の方が得意な学生もおり、出身国に関わらずそれぞれの教育経験を通じ英語格差が生まれていて、それらが英語プログラムへの参加度に影響を及ぼしていることが指摘されていた。英語帝国主義批判において指摘される英語格差の問題は、大学の英語プログラムの内部にも存在するようだ。
　学生の英語能力の違いは、あらゆるところで学生をふるいにかけ、英語プ

ログラムという知的共同体への参加は、その学生の英語力に大きく影響されている。ある学生にとっては、言語が大きな障壁となって、英語プログラムが所属したくても所属できないもの、もしくは所属したいと思えない共同体となってしまう可能性をも持っている。英語力の差異とそれがもたらす結果を含めた現象こそが英語格差そのものである。学生それぞれが抱える言語の問題と、それと相関する英語プログラムという共同体への姿勢については、次のように語られている。

> 日本人と韓国人の国民性を考えると、すごく他人を気にするっていうのがあるから、自分が英語が下手だと思っていたり、英語ができるけどインド人みたいにうまくはできないって思っていたら、(英語プログラムに)行かない人もいるんじゃないかなって。モチベーション的な意味でのデメリット、私が普通の日本人だったら、そういう風に思うんじゃないかなって思います。たぶん今、英語で教育を受けている人と、日本語で教育を受けている日本人ってすごく意識が違うと思う。(Taka)

> 東アジアやアジアっていう地域で学習共同体みたいなのを作った時に、英語を共通言語にしてしまうと、「偏る」と思うんです。偏るっていうのは……たとえば日本人よりもインド人の方が、英語が得意じゃないですか。そういう意味で国によって、その参加率に差が出るんじゃないかって思って。特に日本は外に出たいっていう若者が少ないって聞くし、英語を共通言語にすることによって、逆に意欲をそがれる人もいると思う。私みたいに、まず英語を勉強して、そのあと自分の専門だとかやりたいことを見つける人もいるけど、自分の好きなことがまずあって、とりあえず中国の古代のことがまず知りたい。だから中国に行くんだ、だから中国語を勉強しなきゃっていう人もいると思うんですよ。そういう人がたとえばインド人だったとしたら、中国で勉強したくても、古代についての授業があるとしても、自分は中国語を勉強する時間?オポチュニティーコスト (Opportunity Cost) としての時間を省けるんだ、ってな

るかもしれないけど、日本人にしたら逆にハードルになるかもしれない。だから英語さえできれば、っていう風に、そこまで行けない人っていうのが逆に増えるんじゃないかなって気がする。その共通言語が英語、なおかつその国の言語も使用可、っていう風にすれば、その国の言語をおもに使いたい人も来ようと思えると思うんですけど……ここ（英語プログラム）では英語を主な言語とするよ、って宣言しちゃうと、たぶん住みこまない人も多い気がする。（Ryu）

　ここでは、英語に対する意識の違いから生まれる英語プログラムという知的共同体へのコミットメントの差異、そして英語という一方で「世界共通語」であり、経済的利益をもたらす有用なツールであると考えられているものが、ある学術を志向する人を排除する可能性について触れられている。学生が持っている言語資本は、彼らが育ち、教育を受けた環境に大きく左右されており、ボーダーレスの時代になっても、国という枠組みがもたらす言語・社会環境は学生の人生に大きな影響力を持っている。異なったバックグランドを持つ学生たちにとって、高等教育における英語という言語は、決して平等で万能な機会を与えるものではない、ということがここでは示唆されている。
　ある学生は、「英語はドリアンみたいだ」（Yuriko）、と例えた。英語は臭い（難しい）けれど美味しい（自分にとって利益になる）、と知っていたら食べる人もいるけれど、英語の「外側」にいる人からしたら、英語は臭いし美味しくないように見える。それを食べると美味しいのかもしれないと分ってはいても、つらい思いをしてまでその利益を得たくない、という抵抗感があるのではないかという。
　英語は確かに、地域内の移動を可能にし、より広い範囲の学生に日本留学や韓国留学の機会を与えている。しかし、それは「万能薬」ではない。英語プログラムは、いくつかの留学プログラムの一つとして有効ではあるが、東アジア域内の学生交流は、多様な言語を使う形があってこそ可能になる。それは、英語は数多く存在する言語のうちの一つであり、東アジアに存在する英語格差がそのまま学生を隔てる要素になってはならないからである。

4.「英語」の再構築 ―西洋の英語から、"私たち"の英語へ

前節までで見てきたように、学生たちの間では複層的で時に相反する性質をもって捉えられている英語だが、その英語という言語に対する認識が、英語プログラムでの経験を通して変わっていくこともある。日本出身のある学生は、以前は「本当の英語」(Ryu) と表現する「ネイティブモデルの英語」（ネイティブスピーカーが話す英語を忠実に模倣したような英語）を勉強したかったというが、学部時代、日本の英語プログラム大学で学び、そして韓国の英語プログラム大学院に留学をするなかで、身につけたいと思う英語に関する意識が変わってきたという。

> それまでアメリカ英語を絶対習得するんだぞ、っていう気持ちがあったんですけど、とりあえずどの国の人でもいい、誰に会っても伝わる英語を身につけたいなって思って。(Ryu)

また、韓国の英語プログラム学部で学ぶ学生も、その英語力をいかして塾でアルバイトをするなかで、今までの日本での教育では感じることのなかった「英語」を発見している。高校時代まで日本で受けてきた英語教育が文法や読解中心だったことに対し、大学の英語プログラムで話すことを中心に英語力を伸ばしたことが、英語を面白いと感じたきっかけになったという。

> 日本人のほとんどが英語を話すときに、この言い方ってあってるの、正しいの？みたいな部分があるから、日本人は英語を話さないんだと思います。昔は自分も嫌でした。これ言ってる意味違うんじゃないの？と思われるのいやだ、とか。(中略) でも（自分は）英語といっても、どっちかっていうと感覚的に話すみたいな部分があるんです。相手の言っていることを感覚で感じ取って、ああこういう事言っているんだって。自分が話すときに、英語の文法をきっちり使わなきゃいけないみたいな部分も少なくて。(塾で英語を教える経験を通して) そういう風にやることができるんだよ、言い換えの部分もそうだし、意思の疎通もできるんだよっ

て、それを今の子どもにも分かって欲しいと思います。（中略）こっちにきて、色んな立場の人と話すようになって、また見聞が広がったかな、みたいな部分があります。それが英語が好きになった部分なのかなと思います。(Sakura)

ほかにも、英語圏の大学で学んでいたころ、英語の母語話者（ネイティブ）ではない人から教わっていた経験のある学生は、「ネイティブじゃないからこそ」の英語の聞きやすさ・相手への伝わりやすさを知ったこともあり、現在の英語プログラムで教えるノンネイティブの教員たちの英語についてもポジティブに捉えている。

英語がネイティブだから、その人がすごくできるのか、っていったらそうではないじゃないですか。（中略）英語ネイティブの国に行ったから、ネイティブの英語の方が全部授業を教えてくれるっていったらそうでもないですし、英語ができるからなんなんだ、って思う部分もあるんですよね。英語ネイティブじゃないからこそ、もっと分かりやすく伝えてくれる、そういう風に思っていますね。（現在在籍する韓国の英語プログラムでは）比較的先生の言うことは聞き取りやすいです。逆に英語ネイティブだったら話が加熱するとすごく早口になって、何を言っているのか分からないと思うこともあったんで、そういう意味ではいいなと思ったんです。丁寧っていうか、そういう感じ。(Anna)

ネイティブでないからこそコミュニケーションがしやすいという指摘は、グロービッシュの主張とも重なる。グロービッシュとは、フランス人のジャン＝ポール・ネリエールが提唱したもので、よく使われる英単語1500語と標準化された文法で、グローバルビジネスにも十分対応できるように開発された新しいコミュニケーションツールである。文化的な言葉である「英語」とは異なったツールであり、完璧さよりも理解されることに重点を置く。グロービッシュの考え方では、たとえ「なまり」があっても、通じるのならば

完璧さはいらない、という。さらに、英語の非ネイティブの人のほうが英語のネイティブよりも、お互いの母語の「なまり」のある英語を理解できると述べており、実際グロービッシュの概念を生んだ国際会議においても、非ネイティブの間でのコミュニケーションが一番うまくいったという例も挙げられている（ネリエール・ホン 2011：55）。

　英語プログラムにおいても、前述したように学生の間では英語を習得することに対する高い意識やそれに起因する教員の英語力への批判などもある一方で、英語プログラム進学以前に抱いていたネイティブを理想型とした英語、言い換えれば、英語帝国主義批判で繰り出される英語圏に従属した形での英語への執着がなくなり、同時に伝わる英語、感じる英語への志向の変化も存在する。その変化は、英語プログラムのなかで様々な背景を持つ学生と出会うことによって、英語をより実用的で多様性のあるものと捉えられたこと、その認識の変化やネイティブモデル以外の英語の発見を通して、英語を自分（たち）のものにしようという意識の台頭を垣間見ることができる。

5.「英語＋α」とアジア言語

　英語プログラムの教授媒介言語は英語だが、学生間の共通言語は英語だけでなく多岐にわたる。今回研究調査を行った旗艦大学の英語プログラムでは、多くの場合韓国学や韓国研究があったり、日本語の習得が義務であったりなど、日本や韓国というナショナルコンテクストに密着したカリキュラムを持っている。そのため、学生も英語に加え、日本語や韓国語の能力を持っているケースが多く、母語やその他の外国語能力など複数の言語運用能力を持つ人も少なくない。たとえば日本語の母語話者で、韓国語と中国語に堪能な学生は、相手に合わせた言語のコードスイッチングについてこのように述べている。

　　話せる内容はレベルの問題だと思うんですけど、（中略）中国人とは韓国語ですね。だから中国人とも、韓国語が下手な中国人だと中国語になるんですけど、逆に私の周りの中国人って韓国語がうまくなっちゃって。彼らの話せる言語との対比で、お互い一番楽なポイントを探す。やっぱ

りネイティブにとって、すごい低いレベルの言語を聞くのって大変じゃないですか。意思疎通のレベルが落ちると思います。だから彼ら（中国人の友人）としゃべるんだったら、彼らが中国語で話してくるってことはあるんですけど、韓国語で返す、みたいな。韓国語でやることも多いし。韓国語が下手な場合は、中国語に合わせるか、英語になおすか、ミックスになりますね。（Hiromi）

　英語だけでなく他の言語が運用可能であることへのプレッシャーは、各学生の経験や出身国などの背景によって異なってくる。学生によっては、英語は当然のこと、他の人よりもさらに高い能力を付けるために、将来的にビジネスでも使えたり、市場価値の高い言語を選んだりする。今回インタビューを行った東アジア地域出身の学生たちにとって、日本語や韓国語という東アジア地域の大国言語は、出身国と日本・韓国との経済的・社会的なつながりから考えても、高いモチベーションをもって学べる言語でもある。あるフィリピン出身の学生は、「英語のプログラムは、外国人にとって、（英語以外の）言語を学ぶための橋渡しにもなっている」（Karen）といい、「英語＋α」の言語習得が韓国の英語プログラム留学の魅力だ、と断言する。実際、日韓の英語プログラムに留学をする学生は、英語で勉強ができ、それ以外の生活言語である日本語もしくは韓国語も学べるから、といった動機に言及する学生が非常に多い。韓流ドラマや日本のアニメといった文化的な魅力などに導かれた留学動機は当初予想していたよりも少なく、ナショナル・プル要因として突出していたのは、英語に加えて日本語・韓国語を学ぶことができる、というより物理的・現実的なメリットである。いわゆるエリート層と言われる学生にとって英語ができるのは当然であり、それ以外に留学先の言語である日本語や韓国語を学べるということは、日韓における英語プログラムの魅力のひとつになっている。

　英語プログラムに在籍する学生は、個々人の差はあっても、一般的に高いレベルの英語を身につけており、コミュニケーションとしての英語を十分に使いこなす学生たちであるが、留学とは、ただ大学内で過ごすわけではなく、

留学先の現地社会とのつながりも重要な経験となってくる。留学中の生活のほとんどを留学先国の社会で過ごす学生にとって、日本語や韓国語という国の言語はただ習得の対象にとどまらず、英語とはまた異なった重要性をもって存在していると考えられる。英語に対して、「韓国語はメイクアップ」と表現した前述の学生の発言のように、日本語や韓国語という言語の役割をより深く聞いてみると、「（韓国の）文化を学ぶことは、英語だけの環境では無理だと思います」(Ti)、「来てみて分かったんですが、韓国人との会話だと、英語だと乗り越えられない壁があるような気がします」(Marina) というように、留学先の社会で文化的に生きるために必要であると感じているようだ。それは一方で、日韓留学においてたとえ大学では英語を使用していても、留学生活全体のなかでは英語の限界を認識している様子が伺われる。

　第4章で分析したように、日韓の旗艦大学やクロスロード型の英語プログラムにおいては、キャンパス内に日本語や韓国語を学ぶ専門の機関（韓国の語学堂や日本語教育センターなど）があったり、英語プログラムのなかに日本語または韓国語の学習カリキュラムが組み込まれていたりなど、英語で留学をして来た学生が各言語を学ぶことのできる環境が整っている。たとえば、韓国語をまったくわからない状態で韓国の英語プログラムに留学し、大学院では英語による授業のみを履修しているタイ出身の学生は、街で出会う人と英語で話したときに理解しあうのが難しいなと感じたが、大学付属の語学堂で韓国語のスキルをつけ、人々と韓国語で話し始めたことによって、「歓迎される雰囲気が伝わってきて、それからはたくさんの友人ができ」た、という (Pong)。また、韓国の大学院に留学中、韓国人と会話する際に、「韓国語でしゃべると、私を日本人として見ないみたいな感じがある」という Ryu は、相手が自分の母語（第一言語）を話すというケースと置き換えて、「日本語ができる外国人と英語しかできない外国人だったら距離が違うと思う」ことから、「基本的に、相手の国の言葉を使う」ようにしているという。ほかにも、日本の英語プログラム学部に留学してから日本語を集中して学んできたマレーシア出身の学生は、「ほかの人たち（日本語を知らない留学生）より日本のことをよく知っている」「日本語をできると、やっぱりセンスの違いが

ある」（Sharon）と自信を持つ。その学生によれば、「特にアメリカとか西洋の考え方の持ち主」は、「"これはこうあるべきだ"という自分の考えを押し付けて、日本のことを理解する前に怒ってしまう」といい、自分は複数の言語で多様な本を読み、アジアの環境で、伝統的な家族のなかで育っていることから、日本のことを「とってもわかっているとは言わない」が、「見えているものは幅が広いと思う」と断言した。

　このように学生たちはそれぞれ留学先の社会で、言語がもたらす壁や言語が開いた新しい世界に日々触れながら生活している。非英語圏で英語のみで学位が取れるという教育環境であっても、学生が日々生活するのは英語が比較的通じにくい日本や韓国という日常の世界であり、そういった現地の社会とのつながりが留学生の留学経験に大きな意味と彩りを与えているのである。

　また韓国語や日本語といった現地社会の言語は、英語プログラム外のみで使用されるものではない。日韓の英語プログラムを構成する学生は、旗艦大学を始めその他の大学においても東アジア出身の学生が多いが、学生たちの育って来た社会や文化は多種多様である。英語プログラム内でともに学ぶ学生間であっても、言語によるコミュニケーションの変化が生まれている。たとえばある日本出身の学生は、「Good bye って言ってるのに頭下げてる」といった、英語を話す自分と自分に染み付いた英語圏的ではない文化や慣習を指摘しながら、「英語という外国語でしゃべる時と普通の言葉でしゃべるときと、自分の言葉でしゃべるときって全然違う」「人格が変わってくる」といい、「それがすごいいやだった」と表現する（Hiromi）。また、インドネシアで育ち、インターナショナルスクールを経て日本の英語プログラムに在籍している学生は、英語を使って異なった文化や社会的背景を持つ人とつながっていくこと、相互理解をしようとすることについて、「表紙だけみて、本を語るのと同じような感じがする」と語った。

　　本には表紙があって、表紙をみれば、だいたい本がどういう内容を持っているのかはわかるじゃないですか、でも本当に本について理解することはできないじゃないですか。だから本当にその国やその国の文化を学

びたいと思えば、言語がとても大事だと思います。この人がどんな単語を使って、どの状況でどの単語を使って、どういう風に表現するか？でもそれを英語で学ぼうとしたら、意味が変わってくるんじゃないかと。たとえば……英語では表現することができない日本語がたくさんあるじゃないですか。いただきます、みたいなものも、英語では言葉にしない。だから、日本人を学びたいと思えば、日本語を学ぶことは重要だと思います。(Ara)

ここで浮かび上がってくるのは、同じ東アジア人と話すときに、英語で話している自分自身に感じる奇妙さや、英語でのコミュニケーションに感じる壁、その限界である。アカデミックな場で英語を使って討論したり学習したりすることには疑問はなくとも、生活や他者との理解においては、英語以外の言語の重要性をあげる。特に、留学先の社会である日本や韓国において、日本語や韓国語という現地の言語を学ぶことが、相手の価値観や文化や社会の理解に非常に重要である、という視点だ。

「今、英語をできなければ、どこにいっても就職するのが難しいと思います。英語は無条件にしなければ（学ばなければ）いけない」(Diana) というように、学問を学ぶ上での英語の重要性が強く認識されているが、一方で「英語は他の人たちとコミュニケーションを取るためのツールで、そこには文化的な価値はない」(Eko) という意見もある。学生たちの語る日本語や韓国語など現地社会の言語の必要性は、他者と理解し、学び合うために必要なもの、というものに集約している。そしてそれらの言語はさらに、東アジアという地域のなかで、自分たちが共通して持つものを理解するための手段として捉えているように思える。

英語では言い表せない、でも韓国語や中国語では言えるなにか、はあるんですよね。中国語や韓国語では言えて、自分たちは何のことかよくわかるのに、英語では説明できないもの。絶対的に共有しているものはあると思います。(Diana)

英語では説明できないもの、英語では伝えられない何かは、確かに存在している。それはもしかすると、「同舟意識」(天児 2010) や「地域アイデンティティ」といったものに近いものなのかもしれない。

第6節　教授媒介言語と学術の相関

1. ディシプリン（学問領域）と言語

　英語プログラムでの教育は、学位を取るのに必要なすべての授業において英語を媒介言語として行うのが基本であるが、クロスロード型の英語プログラムでは、特に日本研究や韓国研究など留学先国と深く関連する科目のなかで、日本語・韓国語で教育が行われている授業も含んでいる。果たして授業で使用される言語とその学びには、どのような関係があるのだろうか。

　たとえば、韓国の英語プログラム大学院で韓国研究を行う学生は、大学院で行われている授業において、英語で行っている場合には近代や現代の研究が多く、韓国語で行うとそれ以前の研究になりがち、ということに関して不満を抱いている。在籍中の英語プログラムで扱っている韓国学は英語で行う授業が基本だが、韓国語での授業も多く、そこでの授業内容は「古い時代」のものばかりを扱っているという。もともと現代韓国社会に興味があって韓国研究を選んだという学生は、韓国語で行う授業の選ぶトピックが「儒教とか忠誠とか、民族観に関することばかりで、韓国人ですら知らないような古い歴史を分析して覚えさせるような授業が多くて、とても大変」(Pong) であると言う。

　教授媒介言語によって蓄積された研究が異なり、畢竟授業でも扱う内容が異なってくるということ以外にも、言語がもたらす異なった視点に関する指摘がある。留学生にとって言語とは、教育における教授媒介言語としてだけではなく、生活や社会などを含めた世界に対する理解と関連して捉えられている。今回話を聞くことができた英語プログラムの学生たちは、その多くが言語に対する高い関心を示し、留学先の言語をはじめとしてそれ以外の言語も学んでいきたい、という高い意欲を明らかにした。なかでも、「一つの言語だけすれば、一つの考え方しかできない」という学生はこう語る。

私は昔、韓国語をできなかったんですよ。そのときと今の韓国への理解はちょっと違います。もし、私が日本語を勉強したとすると、将来的に私が日本語を学ぶことは、日本へ対する理解が変わっていくことだと思います。(中略)たとえば、特に経済的な、学術的な面でも、本でも英語で書かれているものがとても多いじゃないですか。英語ができればそういう本を読むこともできるし、特に中国で何か悪いことが起きたときに、政府はそれを報道しないことがあるんですよね。日本でもそうでしょ？そういう時にインターネットを通じて、私は英語ができるので、西洋のニュースを見たり、韓国のニュースを見たりして、様々な人々の視角や、考えを知ることができますよね。(Chia)

　この学生は、「昔は趣味として勉強していた」が、今は言語をうまくできたら、「新しい世界を一つ開くことができる、新しい世界に入ることができるような気がする」(Chia) と続ける。言語の理解は社会を理解することであり、多面的視界を手に入れることだという主張は、他の学生の語りにも表れている。
　しかしながら、実際の研究・教育活動において言語のもたらす問題は、学生にとっても教員にとってもより等身大で実践的な視点を含むものである。学問の分野や研究対象によって、媒介として使用する言語のもたらすメリットやデメリット、それらを含めた教育・研究内容への影響が異なるのかという点について、たとえば、韓国の英語プログラムで国際協力を学ぶ学生は、文献に関しては「だいたい"有名なアメリカの学者のものを読みなさい"と言われることが多い」と言いながら、次のように述べている。

日韓比較だったら、韓国側の立場を読むことができるから、(韓国語ができると) メリットなんじゃないかなと思うけれど、国際関係の勉強をしていると、絶対韓国の立場を読む必要があるのかな、っていうとそうじゃない気もする。英語で勉強している分には、(韓国語の文献は) 必要ないですね。(Taka)

また、日本の英語プログラム学部の教員は、「国際関係論の入門みたいな授業で、仮に私のやっている授業がアメリカでやっているものと変わらないねっていわれたら、僕は、それは必ずしも悪いものだとは思わない」と述べた上で、その理由を「個人的なバイアスっていうものがありますから、それだけで十分、特色が出るんではないかと思っている」とし、同じように「どこでやっても変わるのでもないし、変えて困るでもない」分野の例として経済学・ミクロ経済学入門という科目をあげている。同じように、韓国の英語プログラム大学院の教員も、「人文科学とか社会科学というのは自分の見方というのが必要」とし、さらに「自然科学とか工学は、(国際化に関する温度が)全然違う。自分のパースペクティブよりは、グローバルな想像力、テクノロジー」と述べている。

　以上の学生と教員双方の語りでは、ボーダーレスでグローバルな知識を扱う科学技術などに代表される理系分野や、国際関係学やミクロ経済といった世界的に共通した科目においては、教育媒介言語（英語か、日本語・韓国語か）を含めた国家的コンテクストが学問内容に及ぼす影響の相対的な小ささを指摘していることが示唆される。

　一方、日本研究や韓国研究といった地域研究分野や、国際的に研究が進んでいなかったり、もしくは日本語・韓国語での研究蓄積と英語による蓄積に隔たりがあったりする場合、教育の現場では課題も残されている。先の日本の英語プログラムで教える教員は、英語プログラムの授業では、日本語を使わない・学生たちの日本語能力を問わないという前提で行っているので、基本的に英語でアクセスできる文献や資料しか扱わないという。しかし、分野によっては、日本語でしか手に入れることのできない情報などがあることについて、このように述べた。

　　ただ、日本なんとかかんとか、って言う科目に関しては、特に外国人学生が多いときにジレンマがありますよね。たとえば僕は日本のナショナリズムというような授業をやるんです。そうすると非常にそれ（ジレンマ）を感じる訳で、英語で紹介されている文献っていうのは非常に一部

であって、「英語圏でこういう問題を書く人は、大体こういう観点から書く人が多い」、っていうのがあるわけですよ。だからそのなかで、こういう風に授業をやっていてもあまり意味がないっていうのもあって、色んな立場があるんだからそれを衝突させたいんだけれども、なかなかできない。それで、日本人学生に「日本語のこの文献を読んでこれについてなにかレポートしろ」というようなことはやらせたりはするんですけれど。難しい文献を読ませたりすると、学生もうまくレポートすることができない。なかなか難しいところがあると思いますね。（英語プログラム学部・研究科教員、日本）

　この問題は、グローバルな知識や技術が求められるハードサイエンスと異なり、より地域的・国家的コンテクストの強い人文・社会科学系の科目のなかで表れてくる問題である。教授媒介言語を英語にすることで、学生たちが読むことのできる文献、授業で扱える範囲が一方で広がり、一方で限定されてくるという事実は、特にクロスロード型英語プログラムの含有する専門科目のなかでも如実に現れている。日本や韓国というコンテクストを生かし、どのような教育を提供するのか、という問いは、英語プログラムが直面する課題である。

2. 教員の学術的背景とアカデミックカルチャー

　学ぶ内容に影響を及ぼしているのは、もちろん言語だけではない。どの言語で教えるかという問題は、誰が・どのような教育的背景を持った人が、もしくはどのような教育方針を持っている人が教えるか、という面とも、密接に関連している。言い換えてみれば、その授業の志向性は、教室内で形成されていると言って過言ではないだろう。ある学生は、英語で書かれたもの、特に「西洋」の人が書いたもので勉強することで、外から見た韓国や西洋視点の分析・考察を知ることができる、しかしそれは、「西洋視点の韓国学である」と言う。

今ヨーロッパ系の先生の英語でやる韓国学の授業もとっているんですけど、いつも感じるのは、「西洋視点の韓国学」を学んでいるということです。それを受け入れがたい、っていうか。私は、韓国学を専攻する身として、「韓国人の目から見た韓国学」っていうのを知りたいなと思うし、それが韓国学の基本だと思うんです。でも、やっぱり英語で授業をやるとなると、文献講読も全部英語で書かれたものになるから、その文献のなかって、韓国人で韓国のなかで育って、韓国人の考えを持っている人？……が書いた論文ってあんまり多くなくて。やっぱり西洋の人が書いた、外から見た韓国、西洋視点の評価を学んでいるんだなっていうのがあって、その時に私が「本当にこの国の人を理解できるのかな？」って不安になるときがよくあります。（Akira）

この学生は、かつて他大学で同じような韓国学の授業を履修していたときには韓国人の書いた文献だけを読ませる授業があったことから、そこでの内容と英語プログラムでの授業との間にかい離を感じた、といいつつ、所属する英語プログラムで提供する韓国学では、「韓国人にとっての韓国を知ることはそんなに多くない」のではないか、という。視点の違いだけでなく、「どうしても西洋の文献になると、現代とか近代のトピックが多くて、古代とか、現代近代以前についての文献が多くない」というように、先の学生（Pong）が述べていたような言語によって扱うテーマや時代の異なりなども指摘しつつ、「もしその国の歴史とかを学ぶのであれば、その国の言葉を勉強する方が得るものが多いのかな」と述べている（Akira）。この学生は、英語で授業をする韓国人教員の授業も履修しているが、同じようにアメリカの学者の書いた課題図書を指定していても、そこでの「立場」や「視点」の違いについても指摘している。

教育の担い手である教員側も、国家社会や文化に直結する課題を扱う文系分野には「個人的なバイアス」や「自分の見方」と呼ばれるものが必然的に加わっていることについて以下のように述べている。

たとえば私がここでやっている「東アジア国際関係」という授業を、アメリカのある大学に行ったときに同じスタイルでやったわけ。アメリカの学生も「万歳、よかった！」といった。それは私が韓国人だからとかそういうんじゃなくて、その内容がそのままアメリカでも通じる。たぶん日本にいって同じことを教えても、同じ評価だと思う。「国際化」は、「国際社会に通用する論理」。理論と枠組みっていうのはそんなに変わらないのでね、どこへいっても。国際社会を正確に読むこと。私はたまたま韓国に身をおいているだけで、アメリカにいても、どこで見ても同じ現象が起こっていることを教えているから通じているもので、日本にいたら違って見えるというのは学問ではない。（中略）ただここにいる利点は、東アジアという内部で見ているので、遠くから望遠鏡で見ている人よりはよく見える。（ここに来る学生からは）韓国的な見方が大分入っていると見られると思うけれども。敢えて強調はしないけれども、韓国的な見方は、当然入ると思う。私はわざわざ韓国的なものを教えてはいない。しかし、そのなかに入り込んでいる、ということは否定できない。アメリカから見るとアジアというものを同じように見る。こちらにいると、違うものの間の複雑な力学を見るから、もっとレベルの高いことが分かると思う。（英語プログラム大学院教員、韓国）

理論と枠組みさえ国際社会に通用するものを持っていれば、その教育や研究は世界中で通用する、という上記の教員の語りからは、自分の立場や視点についての自信を垣間みることができる。同時に、国際的な枠組みを持った上で（意図する意図しないに関わらず）国家的な見方やその国家にいるからこそ見えるものを教育で提供することができる、それこそが学問のあり方であるという主張は、国際大学院というものが持つビジョンとも共通している。英語プログラムで行われる教育は、たとえ「国際関係学」や「韓国学」といった固定された科目においても、そのコンテンツも教授方法はそれを教える人（教員）によって異なってくる。学生と教員の語りからも見えて来たように、どのような考えや視点、学術的背景、言語能力を持った教員が教えるのかと

いう問題は、そのままその英語プログラムが持つ志向性につながっているのである。

第7節 「英語プログラム」におけるアイデンティティ

1.「純ジャパ」と「正試」―多様な学生と学生間の隔たり―

　日本の英語プログラムには、「純ジャパ」と呼ばれる学生がいる。日本の英語プログラムを見ていると、本研究では取り上げなかったが、国際教養大学（主に国内学生と交換留学生を擁するグローバル人材育成型）や立命館アジア太平洋大学（国内学生と学位取得目的の留学生をほぼ同数擁するクロスロード型）といった全学で英語による教育を実施している大学においても、「純ジャパ」という言葉やグループが存在することが、在学生や卒業生への聞き取りから明らかになっている。「純ジャパ」とは、「日本人の両親から生まれ、日本育ちで、海外での留学や生活経験がほとんどない日本人（日本国籍者）」といった意味合いを持ち、多くが日本国内の一条校から一般、AO、推薦入試等で入学して来た国内学生を指す。今回調査をしたなかでも、日本の2つの英語プログラム学部のなかで学ぶ留学生の声を聞いていると、そのなかには留学生と「純ジャパ」、そしてそれ以外の日本国籍の学生というグループ分けがなされているようである。ある留学生は、同じプログラムに属する国内（日本人）学生について、英語で勉強する学部なので、「日本人であっても『英語で話をしたい』と考える学生が多い」と言う一方で、その「日本人たち」のなかに存在する一定の特徴を持ったグループと、そのグループとの間に感じる壁について、このように語る。

　　「本当の日本人たち」は日本語を使って……っていうのがあるじゃないですか。本当に日本人がどういう風に考えているのか、深くは入ることはできないような感じがします。私の周りは……日本人の帰国子女が多いです。そうでなければ他の留学生たち。「純ジャパ」よりは留学生たちがむしろ、一緒にいるのは楽なので。「純ジャパ」は英語を使うのに対して若干……躊躇する感じ？英語をうまく使うんだけど、うまくでき

ないと考えている学生が多いので……（Ara）

　この学生は、「純ジャパ」とは「外国に一度も出たことがない人、外国に住んだ経験がないから、本当に外国の文化を見たことのない学生」と定義したあと、「純ジャパ」を「本当の日本人」と言い換える。「純ジャパ」や「本当の日本人」たちに対して感じる隔たりを感じた時のことを聞いてみると、新入生の時期の経験を答えた。

　1年の時自己紹介をするじゃないですか。アメリカで1年過ごしてきたような学生は、Hi, my name is blah-blah-blah, I am Japanese, I studied in America…….みたいな感じで話をするんですけど、そういう経験がない学生は、My name is blah-blah-blah……I'm "Jun-Japa". こういう風に話しするんですよね。外国の経験がある人間はそれを言うんですけど、経験がない人間はわざわざ自分を「純ジャパ」っていうんですよ。（Ara）

　「純ジャパ」は、留学生からだけ使われているものではなく、海外経験のない日本人学生が自らを「タグ付け」する（レッテルを貼る）ものでもある。「純ジャパ」に対して、長期の海外経験を持つ日本人や海外で中高を卒業した人は「キコク」（帰国子女の略）と呼ばれる。国籍上は日本人学生のなかでも、「純ジャパ」と「キコク」という大きなグループ分けがあり、その間にはそのどちらにも属さない学生たちが緩やかに存在しているようだ。「純ジャパ」は、多様な海外経験を持つ学生たちの集まる英語プログラムのなかで、自分の国際的志向性や能力が日本のなかで純粋培養されたものであることを示す「タグ」である。それは、自分の英語の特徴（たとえばネイティブとは異なる、日本語的に"なまり"のある英語）や限界（ネイティブや帰国子女に比べて英語の運用が流暢ではないこと）を一言で説明するための「タグ」であるようにも思える。
　留学生の目に、「純ジャパ」と「キコク」はどのように映っているのだろうか。

　日本人学生は、実は英語はできるのに、話すことをしないんですね。な

かにも国際的な日本人、たとえばインターナショナルスクールにいっていたり、留学していたような日本人もいるんですけどね。日本人の学生……特に「国際的な日本人」（筆者注："International Japanese" と表現）をのぞいて、「本当の日本人」（筆者注："Real-real Japanese" と表現）は、大学に入るまでにとても勉強して、でも入ってからは……（笑）。留学生はそういう日本人学生をジョークにしているんですよ。日本人の学生、特に女の子が、サークルに入ってボーイフレンドを作ってるとか、こういうのが日本のカルチャーを理解することなのかな、と。（Minh）

「国際的な日本人」（International Japanese）とは、留学生とも付き合い、英語が流暢で、授業中でも学校でも積極的に発言する日本人学生であると言う。一方、「本当の日本人」との間に感じているのは、ただ英語力や授業への参加度などプログラム内でのパフォーマンスだけでなく、大学生活の送り方や生活文化に至るまでの差異であり、彼らと自ら距離を取っているようにも見える。このような学生の語りを聞いていると、英語プログラムのなかでは、大学での教育面でも生活面でも、異なったバックグランドを持つ学生間に何らかの隔たりが生まれているようだ。

各英語プログラムは入学時の選抜をどのように行っているかによって、受け入れる国内学生の様相も大きく異なってくる。今回調査を行った総合私立大学における英語プログラム学部のひとつは、他学部の一般入試と異なった選抜方法（TOEFLスコア、小論文、面接など）でスクリーニングが行われている結果、いわゆる「純ジャパ」の割合が少ない。そのようなプログラムに在籍する留学生にとっての「純ジャパ」は、同じ学部の学生ではなく、多くの場合英語プログラム外の学生を指すという。

　この学部と他の学部の雰囲気は全然違う。やっばい（笑）。本当に別世界です。本当に「100％日本人」の人と話そうとしたら、全然、無理。（Chen）

「100％日本人」とは、主にキャンパスで知り合う「純ジャパ」の女子学

生のことを指しているという。日本語にも堪能な彼女は、在籍する英語プログラム以外の「純ジャパ」の学生とのコミュニケーションには支障がないというが、自分と彼女たちとの差を感じ、精神的な疲れを感じるという。

> すっごい可愛い女の子いるじゃないですか（笑）。なんていうかな……伝統的な日本人の女の子。ファッションとかも見たらすぐ分かるんですよ。自分の学部とかは本当にカジュアルなんだけど、ぱっと見で全然違うんです。（英語プログラムにいる）日本人の友達の前では、自分でいられる気がする。でも、他の（学部の）「可愛い」人たちに対しては、「やばい、もっとしっかりしなきゃ」って緊張して、ついていけない自分がいるんです。こうしなきゃいけないんだろうな……とか、男性にはこう見られるから、こうすべきなのかな……とか。これは（英語プログラムの）友達もみんな同じ意見を言っています。（自分の周りの友達は）なんだろう、サバサバしているのかな。人と接するときに、負担が少ないと感じます。（Chen）

「伝統的な日本の女の子」という表現やその後の語りからは、「純ジャパ」と自分たちの間にある大きな溝を感じている様子が伺われる。そもそも総合大学のなかで国際教養学部という英語プログラムやそこに在籍する学生が、その学生母体やカリキュラムの特殊性などから他の学部生に異色の目で見られるということは少なくない。特に日韓のように、全大学で英語による教育を行う大学が限られており、多くの大学では一部の学部やコースのみを英語化することが主流であることから、たとえその英語プログラムの在籍学生の半数近くが国内学生であっても、プログラム自体が大学全体のなかで「出島化」しているケースもある。しかし今回のインタビューで浮かび上がって来たのは、英語プログラムにいる学生たちが抱える「他の学部」の「伝統的な日本人学生」に対する特別な視線であり、彼ら（「日本人学生」）とは自分たち（英語プログラムの学生）が異なっているというアイデンティティのあり方である。

一方で、上記の二人の学生の語りからは、キャンパスライフのなかで出会

う「日本人学生」の振る舞いをある種のステレオタイプ化して捉えているような一面も垣間見える。Billing（1995）が「Banal Nationalism（平凡なナショナリズム）」と呼んだこのような行動は、日常的なことのなかに埋め込まれ、ジョークなどのなかで何度も繰り返されて人びとがほとんど自覚しないものでもある。「日本に位置し、日本語で教え、在籍者の大多数が日本人学生である日本の大学」のなかで、英語プログラムが「英語で教え、多様な学生が在籍する特別な学部」としてある意味「出島化」し、量的マジョリティである日本人学生との交流や一般的な日本の大学を体験する機会が限られてしまうことが、このようなステレオタイプ化した見方を生み出す一つの要因かもしれない。

　ほかにもインタビューでは、日本の英語プログラムで使われる「純ジャパ」に相当する機能を持った言葉が韓国の英語プログラムでも存在するのかどうか聞き取りを行ってみた。たとえば「純コレ」（Pure Korean）のように、韓国で育ち、海外経験のない学生と、帰国子女や韓国系アメリカ人2、3世などを区別するような言葉が存在するのかという疑問があったが、韓国の英語プログラムで共通して使われているような言葉は存在しないようだ。その背景には、韓国の英語プログラムにいる学生の間で、英語力の差が日本のそれほどはないこともひとつの要因であろうと考えられる。上記で紹介したように、韓国の英語プログラムでは「ネイティブとノンネイティブの差はそれほどない」という指摘に関して、このような話も聞けた。

　　ここに来る韓国の学生のなかでも、アメリカとかで勉強している学生がどんどん多くなっている。いわゆる帰国子女っていう人が。でも、40％くらいは普通に韓国で勉強して来た人だよ。面接の際にTOEIC満点、英語がとても流暢な学生がいたのだが、その人は一度も海外に出たことがなく、江南の塾で勉強した、という。驚いた。それはいろんなインフラストラクチャーが重なり合ってできたことだよね。（韓国・英語プログラム大学院教員）

江南とは、韓国ソウル特別市の南部に位置する地区で、居住者の教育レベルが一番高いとされている。有名校や学院と呼ばれる塾が立ち並び、高い教育を受けるために「国内移民」をする人々もいる。第2章で挙げたような、英語にまつわる日本と韓国の社会的状況の違い、英語学習熱の温度差は、このような点にも現れているのではないだろうか。旗艦大学の英語プログラムに入るための基準点となる TOEFL 等の点数も韓国の旗艦大学の方が高く設定しており、プログラムの職員による聞き取りでは、合格者の平均点は基準点を大きく越える年度がほとんどだと言う。これらのことから、英語プログラムに在籍する国内学生の英語力に関しては、韓国人学生の方が平均的に高く、留学生やいわゆる帰国子女との英語力差が相対的に小さいのは、多くの旗艦大学に共通する特徴であると考えられるからである。

　しかしそのようななかでも、学生間の交流に関する聞き取りを進めているなかで、今回ケーススタディを行ったいくつかの英語プログラムでは「随試（随時試験・수시）」「正試（正規試験・정시）」という単語が、国内学生を二つのグループに分ける言葉として使われているということが見えて来た。「随試」とは、長期の海外経験を持った韓国籍の学生が受ける入学試験のことで、日本で言う帰国子女を指し、「正試」とは国内の高校を卒業し、大学入試統一試験である修学能力試験で高いスコアを獲得して入学してきた国内入試組の学生を指し、日本で言ういわゆる「純ジャパ」と同じような意味合いを持つ（ただし純ジャパのように日本人の家庭に生まれたというような家庭背景の意味は含まれていない）。「随試（수시）」「正試（정시）」で入って来た学生の違いは、やはり個人差はあれ、英語力とその授業への参加度に現れているということであった。

　今回調査を行ったクロスロード型の英語プログラムにいる学生は、その多様な学生母体のなかで、多くの学生にとって外国語である英語を媒介とした教育を受けるという挑戦に日々晒されながら、他者との違いや自分のアイデンティティの再確認・再構築を行っているように見える。様々な社会的・文化的・教育的背景を持った学生が、相対的に均質的な文化を持つ日本や韓国という社会のなかの教育的空間で共存していくため、他者との差異化や、自

分と似たような考え・価値観を持つ学生との連帯を通じて、自分のアイデンティティの確立を行っている。そこでは、同じ「留学生である」というアイデンティティや、「純ジャパ」、「キコク」「随試」「正試」と言ったタグ付けを通してつながって行くといった様相が見られる。ほかにも、たとえば日本の英語プログラム学部を卒業し、韓国の英語プログラム大学院に留学する日本人学生は、所属する国際大学院では学生たちが「韓国人」、「在外同胞（主に韓国系アメリカ人、Korean American）」、「その他留学生」という大きく分けて三つのグループに分けられていると語る。

　　日本でも韓国でもどこでもそうだと思うんですけど、留学生って固まるじゃないですか。日本でもよく、授業に行ったら、ここら辺（注：教壇からみて前の方）は留学生が座っていて、こっちの方（注：教壇からみて後ろの方）に日本人がいて、みたいなのがあって。金曜日の夜とかも留学生同士がつるんだりとか、こっち（韓国）でも留学生同士は固まるし、遊ぶ時は基本みんな留学生同士で遊んでいる人が多いんですよ。韓国人と留学生で分れていて。（Yuriko）

　以前、留学先の日本で、現在とは違う大学の英語プログラムに在籍しており、「そこに在籍している学生の大半があまり熱心ではなくて、でもその学生たちとつきあわなければいけないというプレッシャーも感じていた」という理由で大学を変えた経歴を持つ学生は、やはり今の英語プログラムでも、同じ立場同士の学生がグループ化してしまうことを指摘している。

　　あまり学生同士のつながりが少ないように思います。日本人は日本人で、留学生は留学生で固まっていて。ゼミなどでも、日本の学生はとても静かで、教授に全くチャレンジしないんですよ。これは日本の文化と言うかアジアの文化かもしれないんですが、それでもやはり日本の学生がいつもすごく静かなんですね。日本の学生は、日本人同士でくっついていて、留学生とあまり交流をしないんです。（Minh）

学生たちの語りからは、日韓の英語プログラムでは、留学生は留学生同士のつながりが深く、国内学生（学生たちのいう「Real Japanese」や「韓国人学生」など）は国内学生同士でそれぞれ固まって行動しているという様子が見られることが伺われた。意識の上での異なったアイデンティティのあり方だけでなく、教室内・キャンパス外を通した実際の行動上でも隔たりが存在するケースは少なくないようだ。大学の教室内での調査を通して、アイデンティティとは中立的ではなく、教師が他者をどのように理解しているかによっても構築される、と言ったのは Harklau（2000）であるが、ここでも英語プログラムのなかで、多様な他者に外部から自分を意味づけられることによって、自身のアイデンティティが構築されている様子が伺われる。学生自らによる「純ジャパ」「留学生」と言ったタグ付けとそれを通したつながりの構築に加え、他者からどう思われているか、という点が重なって、英語プログラムを通して自分のアイデンティティが形成されている。卓越した英語力、旗艦大学という高等教育へのアクセス、そして留学を可能にする様々な人的・経済的資源を持つ学生たちは、広い世界と言う枠組のなかでは、比較的同質性の高いエリート学生という集団かもしれない。しかしその内部では、国籍、言語能力、これまでの教育経験、海外在住経験、授業での振る舞い、生活習慣、キャンパスライフの過ごし方、ファッションなど、様々な側面で自分と他者との違いを実感する機会が、英語プログラムに存在するのである。

2. アジアのなかの英語圏

　ある学生によれば、英語プログラムの魅力の一つは、「多様性」（Sharon）である。英語といういわば世界の共通語が教授媒介言語になることによって、今まで日本や韓国の高等教育が惹き付けられなかったような様々なバックグランドを持った学生を集めている。重要なのは、学生の多様性は大学ウェブサイトにデータとして載るような、学生の出身国籍だけでは表すことができないことである。英語プログラムでは、たとえば国籍上は「韓国人」や「ベトナム人」であっても、長い期間を様々な海外で過ごした学生や、留学などを通して出身国以外の教育を経験している学生も多い。たとえば韓国出身で

長年インドネシアのインターナショナルスクールに通っていた学生や、日本で中国の両親のもとで生まれ、日本の国際学校に通っていた学生などがいる。また、韓国系アメリカ人や在日韓国人、朝鮮族とよばれる韓国系の中国人、中国系マレーシア人など、国籍や民族だけでは量れない様々なアイデンティティや経験を持つ人が集まっているのも特徴である。

　　(韓国の英語プログラムにきて良かったことは)韓国人の意見も聞けるし、タイ人もいるし、アメリカ人もいるし、色々な国籍が混じっている分、いろんな意見が聞けるなっていうのと、日本に対する彼らの考え方を聞けたっていうのが大きかったかな (Taka)

　　私はこのプログラムのよさは、色んな人がいるということだと思いますね。これほど多様性のあるところは他にないんじゃないかと思います。私のクラスメイトのなかにはすごくハードワーカーな人もいるし。あともう一つ面白いのは、私がある特定の国について、興味のあることは何でも、聞きたくなれば、その国の人から直接話が聞けるということですね。それはすごいアドバンテージだと思います。ある時カンボジアのクメールルージュの、大虐殺について聞いてとても興味を持ちました。それでカンボジア人の友達と語り合って、意見を聞くことができたんですね。こういうことは他の場所では起こらないと思います。こんな直接的な情報のソースがあることがとても素晴らしいと思います。(Vivian)

　　ここでは、いろんな国から来た人たちに会うことができる。彼らとのコンタクトが作れますし。私は将来自国でビジネスをやりたいので、ビジネスにおいてはネットワークが必要ですよね。ここの学生でとても魅力的なのは、この年になるまで一つの国だけに住んでいないことです。たとえば、日本人であっても、スペインやコロンビアにいて、また日本に帰ってきた人だとか。国際的な人と出逢えたことは、ここで得たアドバンテージの一つですね。(Chula)

多様な社会的・教育的バックグラウンドを持った人たちが英語プログラムにもたらしているのは、様々な国や社会、文化などに関する情報や複数の視点である。英語プログラムは「国際的」な学生の集まる場所であり、各学生の出身「国」というファクターがその国以外からきた学生にとって新鮮な視点を与えていると同時に、国という枠組みにとらわれない経験をした人の「国際的」な視点も英語プログラムの魅力となっている。

　そのような日韓英語プログラムは、プログラムとして学生にどのような志向性を持った場所として考えられているのだろうか。やはりホスト国である日本や韓国といった社会的コンテクストに大きく影響を受けた国家的（ナショナル）な志向性なのか？もしくは、より広く世界のなかの東アジア圏という地域的な志向性を持っているのか。それとも、英語で行っているからこそ、英語圏的・西洋的な志向性を持っているのか、国・地域といった枠組みを越えたグローバルな志向性を持っているのか。自分も日本出身であり、高校時代から英語圏の学校に進学した学生は、韓国での英語プログラムの経験をこのように語る。

> 久しぶりにアジア圏に戻って来たっていう感じがします。（中略）本当に韓国に来たら、集団行動的なことも多くて、ああ、本当にアジアに来たんだ、ってそんな風に思いましたね。（中略）こっちであるイベントって、集団になることが多いのかなって。人と集まるって言うのが基本的に多い、っていうのを実感しますね。個人行動が多かった自分にとっては、新鮮なことがありました。（Anna）

　この学生によれば、韓国の英語プログラムでの留学生活は、「集団行動」が象徴するように、実際の体験はアジアの文化であると言う。英語プログラムであっても、その教育プログラムが存在する社会や国の文化が反映される。また、日本と韓国の英語プログラム双方で学んだことのある学生は、人間関係も留学先の現地社会で行うコミュニケーションに影響されるというという点について、以下のように語っている。

アメリカにいかなかった理由の一つなんですけど、やっぱアメリカに行っちゃうと、ネイティブとアジア人、みたいな差があるじゃないですか。目に見えない壁みたいなの。自分は留学生として行くんで、アメリカいった場合は留学生になるじゃないですか。で、アメリカ人が現地の学生になって、たぶんアメリカに行った場合、アジア人としか交流できない気がして。ネイティブ英語の差と、ネイティブじゃない人の英語の差で、アメリカに留学行っていた人からも、アメリカに行ってもアメリカ人とじゃなくてアジア人としか友達ができなかったと聞きます。別に、それはそれで素敵なことだと思うんですけど。アメリカ行ったけど、韓国人とか中国人とかと友達っていう……韓国に来たら、アメリカ人も、西洋から来る人も、同じ留学生としてくるじゃないですか。だから同じところにたって話ができるのかなって。(Marina)

ここに出てくる「アメリカ」が象徴するのは、英語のネイティブ話者が多数いるような英語圏の留学先である。ネイティブがいる場所では英語力の差が明白になり、同じノンネイティブのアジア人との付き合いが中心になる、という現象は、英語圏の留学先で韓国人や中国人と仲良くなり、結果としてアジアの言語を学んだり留学をしたりという次の行動につながった前述の学生たちの経験とつながっている。韓国の英語プログラムで「同じところにたって話ができる」とは、先に論じた「英語では越えられない壁があり、それぞれの現地の言語を学び合うことによって相互理解し合える」というように、現地の言語の学び合い、という次のステップとの連続性も説得力を持つ。英語圏では、英語のネイティブスピーカーではないという、育った環境を背景とし、言語が表象する距離感のようなものがある。「同じところにたって」という言葉が示唆する「同じところではない」状況とは、実際の英語力といった現実的な能力の差だけではなく、自らを「純ジャパ」と呼ぶ心境と同じように、自分をどのように見なすかといったアイデンティティの壁がもたらすものなのではないか。その点で、アジアの地域にある日本や韓国という場所では、同じ「留学生」という枠組みが、様々な他者との差異を緩和する役割

を担っており、それが横のつながりを生む大きな安心感になっているようである。

3.「英語プログラム」とナショナルコンテクスト―順応か、迎合か、同化か―

今回検証した旗艦大学の英語プログラムは、日本と韓国という非英語圏の、長い歴史と固有の文化を持つ国のなかに存在している。英語プログラムで学ぶ学生は、留学先のナショナルなコンテクストをどのように受容しているのか。たとえば、日本出身で韓国語も流暢な学生は、韓国語で話すときは、より韓国語らしく話すように心がけているという。

> 自分で言うのもなんですけど、英語にしても韓国語にしても、発音はかなり褒められる方なんですね。だから、発音とかはすごくこだわるというか、友達とかにも自分に変な発音があったらその場で直して、って言って。たとえば買い物に行ったときに、話していて「うりならさらむあにんごかった（日本語訳：私たちの国の人じゃないみたいね）」っていわれるのがすごく嫌なんです。なんか知らないけれど嫌で、（日本人だと）ばれたくないっていう気持ちが強くて。（中略）同化したいってことかな・・・それで発音とかは特に、ネイティブモデルに近づきたいっていうのはすごくあると思います。（Yuriko）

その留学先の国や社会に対してどのように向き合っていくのか、という態度は、当然のことながら学生によって大きく異なる。「自分たちの国の人じゃないみたい」と言われるのが嫌だというこの学生は、韓国語のネイティブスピーカーと同じように話すことを通して自分の「日本人性」を消し、現地の社会になるべく自然にとけ込もうとしている様子が伺われる。また他のある学生は、韓国語も学習しているといいつつも、語学堂で勉強しているほかの留学生たちに対して「偏見」があると言う。

> 韓国語を学ぶ人たちが持つ、「縄張り意識」みたいなものに抵抗がある

んです。韓国語を習う人に対して、結構偏見があります。あの人達はなんで韓国語を勉強しているんだろうっていうのが疑問。(中略) 手段と目的の話で、目的と手段が逆になっているという気がする。目的があるから韓国語という手段を学んでいるのに、それが逆な気がします。特に韓流好きの人たちをみると、韓国語を学ぶことが目的になっちゃっているのではないかと。それで、媚びてるというか、韓国社会に阿っているというか、韓国を過大評価しているのが……。(中略) 他の国に留学している人と比べて、やたらとコレアナイズされている人が韓国に興味を持っている人って多い気がする。「親韓」の人が多い気がして。中国とかに留学する人だとまたちょっと違うと思ってて……もちろん中国が好きな人もいるけど、ある程度クリティカルシンキングができる人が多い気がするんですけど、韓国に留学に来る人って「韓国のすべてを受け入れる」みたいな。で、受け入れたものをすべてだと思って、自分もコレアナイズされて、それがちょっといやだなと思って。(Marina)

　自分の考えを「偏見」といい、その見方には偏った部分があることを認めつつも、韓国語を学び、韓国の文化社会に積極的に順応していこうとする留学生の姿が、この学生には現地の社会への「順応」というよりは、過剰な受容もしくは「迎合」のように見えるのだろう。同じ日本人同士、中国人同士でも、英語プログラムにいる学生から見た、(韓国語)語学堂・(日本語)別科にいる学生に対する違和感は、ほかにも複数の学生が口にしている。
　日本語や韓国語という言語共同体は、「外部の不純なものが入り込めない、濃密なコミュニケーションを分かち合っている人たちの共感共同体」(梁他2002)であり、特に、日本語や韓国語という一国の文化や社会と強く結びついた言語である場合、それは国際的な共通語として広がる英語と異なり、日本や韓国に特有のものを「理解できるものだけができる」という正統志向で閉じた方向に向かってしまう可能性がある。英語が西洋の文化や社会との連携や広く西洋への志向性へつながることと同様に、日本語や韓国語を学ぶことが国という国家的 (ナショナル) な志向性を持ち、高等教育の現場におい

ても現地の言語を基盤にした言語共同体＝「共感共同体」を作っているのである。

　英語プログラムで学ぶ学生にとって、英語がグローバルな言語であり、学習のための道具であり、コミュニケーションのための国際共通語であるとしたら、現地社会の言語である日本語や韓国語は、国固有のコンテクストを理解するための言語である。それらは相補的な関係ではあるにしろ、片方のみに属していると、自分たちの共同体の持つ排他性に気付かない可能性もある。それは前述した、英語プログラムに在籍する学生たちが、周りの英語プログラム以外の学部・研究科に在籍する学生たちから感じる「全然違う」「別世界」（Chen）という言葉に代表される、「自分たちの異質性」とも似ている。

　同じ留学生のなかでも、多くの韓国人学生が集まる日本の英語プログラム学部では、韓国人同士のなかでも、自分のアイデンティティの属する場所が出身国だけではないことを感じる学生もいる。

　　周りの人たちは韓国の高校からすぐ日本の大学に来た人が多いので、私は特別なケースかなと思いますね。あの人たちは完全に「韓国人」っていう感じがするんですけど、私は高校からインターナショナルスクールなので、考え方が西洋よりというか……そういうのはすごく感じますね。（中略）韓国からきた人たち話す内容が整形とか、芸能人の話とか、みんながそうなわけじゃないですけど、話すことがうわべっていうか、浅い感じがします。（韓国人としての）プライドはもっていますけど、そこまで感じないかなあ。（Ara）

　　中国は私のホームですよ。誇りに思っているし、中国人だと思っているし。でも10年とか15年とか離れていると、中国人として見てもらえないんですよ。華僑ってかんじ。（Chen）

　グローバル化時代におけるアイデンティティは、多様な国や地域との文化的接触を通して、より複層的で流動的に形成される。英語プログラムの留学

生たちのインタビューからは、自分は何者かというアイデンティティが、自分の出身国という枠組みを越え、今まで過ごした環境や、今いる環境のなかで他者との差異や共通点を見つけることを通じて生まれてきている様子が分かる。栗田（2012）の研究でも、アジア人意識を思考する枠組みが強固なナショナル・アイデンティティを離れ、特に若い世代から徐々に多様化・複層化していくとの指摘がある。

　しかし、当然のことながら英語プログラムにいる学生がすべて国際的で複数のアイデンティティを持っているというわけではなく、また留学先や他者の多様性・複層性に受容的な態度を持っているわけでもない。たとえば、韓国の英語プログラムでは、母国へ「Uターン留学」をする韓国系でアメリカ籍の学生（韓国系アメリカ人）が多くいるが、その彼らに対して「コレアン・アメリカンがとても固まるんですよ。彼らはパスポートもアイデンティティもアメリカだけど、ちょっと"ルーツ体験"みたいな感じで韓国に留学に来ている。だから、そこまで韓国語に対して、何がなんでも練習したいっていうのもないみたいで」（Yuriko）というように、少し離れたところからの視点を送る学生もいる。また、「西洋的なバックグランドを持っている人たち」のなかに、日本での生活や大学に対して批判的で、日本のあり方を理解しようしない留学生たちの集団も存在する、と指摘する学生は、「日本で生きにくいとか、文句ばっかり言っている人を見ると疲れるんですよ。日本の問題はもちろんあるけれど、何度も聞くと"もう聞きたくないよ。何ができるか考えなさい"と言いたくなる」（Sharon）と批判的なことも口にする。

　セン（2011）は、アイデンティティとは、一個の自由な個人が有する、多面的・複層的な概念であり、個人は単一的なアイデンティティに拘束されるのではなく、複数のアイデンティティのなかから個人が理性により「選び抜く」ものである、と表現した。英語プログラムに在籍する東アジア出身の留学生たちの声を通して浮かび上がったのは、そこに属する学生たちが持つ複数のアイデンティティと、単数のアイデンティティを持っている（ように見える）集団や、多様な集団の間に横たわる「へだたり」の感情である。鳥瞰的に見れば多様で複層的な英語プログラムは、学生の声に耳を傾けることに

よって、その多様性が生む学びと交流の豊かさと同時に、様々な学生間の小さな分断も見えてくる。それはまさに、グローバル化がもたらした、多文化社会の持つ魅力や課題とも共通しているのではないだろうか。

注

1 　質的研究や質的調査方法については、上記に引用した他にもサンデロウスキー（2013）や関口（2013）、フリック（2002）、小田（2010）などの方法論を参考にした。

終 章

おわりに

結論とその意義

　日韓の比較の視点から英語プログラムを概観してみると、韓国の方が時期的にも早く、より積極的に英語プログラムを導入しており、独立した英語プログラム学部・研究科の数も日本と比べて相対的に多い。日韓の事例から、英語プログラムは、社会や経済の発展などと比例して出現するものと言うよりは、各国固有の社会・経済・文化・歴史的なコンテクストのなかで、その必要性と重要性が生まれてくるのであろう。

　英語プログラムのあり方も一様ではない。英語プログラムを形態や在籍学生、媒介言語、カリキュラムなど内容別に類型化した結果、それぞれのモデルが異なった大学環境で多様な目的と特徴を持って開講されていることが明らかになった。国レベルでの政策分析から、英語プログラムには、大学としての国際的拠点の形成や外国人留学生の柔軟な受け入れ、自国学生のグローバル人材育成という大きく3つの目的を持つことが分かったが、全大学調査を通して全国的な英語プログラムの様相を見てみると、一部の旗艦大学を除き、国内学生を集めるためのいわば金字塔として「グローバルな教育の提供」としての英語プログラムを掲げている大学が少なくなかった。つまり日韓では、国内学生の「国際化」や「世界化」を意図した**「グローバル人材育成型」**の英語プログラムが圧倒的に多く、それは自己変革と対外的拡大のプロセスをともなった国家的（ナショナル）な志向性の強いプログラムとなっている。また、英語プログラムのあり方やその目的は、各英語プログラムを含有するそれぞれの大学の国家的なプレゼンスや地理的位置、入学希望者数の様相な

ど、様々な外的要因に影響されて規定されていることもわかった。

そのなかで、学生の地域的な移動に基づく「地域の創造」という観点から見たとき、留学生を多く含有した「**クロスロード型**」の英語プログラムは、東アジアからの学生が出会い、共に学び交流をする場所として、認識の共同体形成において最も可能性のあるプログラムであると言える。このような「**クロスロード型**」の英語プログラムが、旗艦大学を中心とした一部の大学においてのみ存在していることは、日韓の国家政策を通した重点的な国際化拠点支援も含めて、旗艦大学とそこに集ういわゆるエリート層の学生たちによる「地域の創造」が、東アジアにおける「地域」形成の基盤になって行くかもしれないことを示唆している。

東アジアの高等教育は、域内交流の進展や地域的高等教育連携を見ても、確かに自立の道を歩んでおり（馬越 2007）、もはや東アジアの高等教育を総体として西洋高等教育の「周縁」に位置すると考えることはできない。しかし、本書が注目した英語プログラムに関しては、その志向性としての西洋というベクトルは、未だ大きな力を持っているのではないかと思われる。アジアは「等しく西洋の方を向くこと」で「ひとつであり続ける」（四方田 2003）というが、英語プログラム内において働いているのは反欧米といったような「対抗意識」（天児 2010）というよりは、西洋英語圏の高等教育やアカデミックカルチャーへの親和性から生まれる憧憬や畏怖に似たものかもしれない。英語プログラムの従属性は、ヘゲモニー性を持った言語である英語を教授媒介言語とすることによって、英語による高等教育の「中心」であるアメリカなど西洋英語圏との間に、従属的関係性が生まれやすいところにある。第5章で行った質的調査では、日韓旗艦大学の英語プログラムに留学する東アジア出身の留学生にインタビューをするなかで、移動や言語、相互理解、アイデンティティといったいくつかの重要な側面において、西洋に対する複層的な志向性が見られた。たとえば、「第二希望」としての東アジア（日韓）の英語プログラムへの留学や、英語プログラムの内部にも存在する英語格差 (English Divide)、英語力による階層化、"逆さ現象" や "自己循環" などの英語帝国主義的状況、そして英語プログラムの教育内容や方法に期待されて

いる「西洋的（英語圏的）」なあり方、さらには特に韓国の旗艦大学に特筆されるアメリカの大学での博士号取得者による教育、日本の大衆的な「グローバル人材育成型」の英語プログラムに散見された、英語ネイティブ教員によるESL指導とオーセンティックな英語志向などがその例である（第4章および第5章）。悲観的に解釈するのならば、東アジアにおいて学生たちの教育に英語を使うことは、ともすれば植民地知識人的な人材の養成につながってしまう恐れも否定できない。

そのような懸念を克服し、東アジアにおける高等教育を中心とした知の共同体を形成するために、本研究での分析結果をふまえ、言語、教育のデリバリーと移動、アイデンティティと相互理解、英語プログラムの可能性の4点にまとめ、今後の政策への示唆として提示したい。

1. アジアの共通言語としての英語の確立と東アジア地域における多言語・複言語主義政策

留学生たちへのインタビューで明らかになったのは、彼らにとって英語が、その中立性や経済的合理性・市場性から考えても、共通語・国際語としての認識とその地位が揺るぎないものであると言うことである。一方で、英語プログラムに留学する学生にとって、英語に加えてもう一つの留学先国の言語（ここでは日本語と韓国語）を学習できるということ＝「英語＋α」が大きな魅力となっていることも分かった。実際英語は、英語プログラムに在籍する学生のなかで、英語格差や共存する集団間の分断を生み出す一つの要素ともなり、多言語学習への意識の異なりも見られた。しかし、学生たち自身も同じ東アジアからの非ネイティブの学生とコミュニケーションを重ねるなかで、英語を「自分たちの言語」にしていくような流れも見えて来た。

留学生へのインタビューからは、学生たちが英語プログラムという知的アリーナのなかで教育を受け、留学先の社会で日常生活を過ごすなかで、言語が彼らの学びや経験を方向性や深さを決定づけるものとして捉えられている様子が描き出された。このように英語プログラムに在籍する学生たちにとって、留学動機やその学びの経験において、言語という要素が大きな影響力を

持っていることをふまえ、言語に関連した様々な教育戦略や政策を考える必要性があると考える。

実践的には、英語プログラムでのアカデミックな活動を可能にするため、入学してからも継続した英語力の向上は必須であり、TOEFLなどの試験対策以外の英語に対するサポートを充実させることが必要であろう。具体的には、アカデミックライティングクラスの提供、エッセイやレポートを書く際に自由に利用できるライティングセンターの設置、また英語の授業から英語による専門科目をつなぐためのCLIL（Content and Language Integrated Learning: 内容言語統合型学習）の授業、そして専門科目、と段階を踏んだカリキュラムの構築などが考えられる。

また、英語を自分たちの言葉として捉えられるような試みや、本書で取り上げた複言語主義、英語帝国主義、グロービッシュ、English as a Lingua Francaなど言語を社会学的に捉えた授業を新入生のころに履修できるような履修設計も有効であろう。加えて教授媒介言語であり共通言語としての英語と、生活やコミュニケーションのための留学先の言語など、複数の言語を体系的かつ選択的に学ぶことができる教育カリキュラムの存在は、日韓の英語プログラムの付加価値をあげるだろう。留学生が英語プログラムに在籍しつつも日本語や韓国語を実際に学ぶかどうか、またどの程度のレベルまで学ぶかどうかは学生本人の希望に委ねるとしても、日本語や韓国語を学ぶことを通して学生交流や現地社会・文化への理解を促すことにもつながることがインタビューからも明らかになっており、言語教育プログラムを整備することの効果は大きい。

最後に、東アジア地域の言語政策として、多言語や複言語の理念を地域レベルで議論し、地域として東アジアの複言語の学びを奨励するような仕組みを持つことも重要ではないだろうか。欧州のように政治的に協働する組織がないため困難はあるが、東アジア地域において英語が共通語としての大きな役割を担っていることを踏まえつつ、それぞれの国に根付いた言語の学びを各国のナショナリズムに回収することなく、学び合い、その能力を認証していくCEFR（ヨーロッパ言語共通参照枠）のアジア版のような仕組みを作るこ

とも可能であろう。国レベルでは、高等教育に入る前までの段階で、外国語学習が英語偏重になることなく、多様な言語を学ぶ機会の提供を増やしていく必要がある。本研究のインタビューからも分かったように、言語を教育の媒介としての道具やスペックとしてのみではなく、学生を自由にし、可能性と人びとの間の相互理解を広げ深化させるものとして捉えつつ、英語プログラムを有する高等教育機関、国、地域の3つのレベルで言語に関する取り組みが必要であると考える。

2. カリキュラムと教育のデリバリー

英語プログラムのカリキュラムの国際化においては、扱う学問領域をどこに設定し、育成する学生像をどのように志向するのか、また学習成果（Learning outcome）をいかにデザインし、どのように評価するのか、といった点が重要なポイントとなる（Leask 2015; Brewer & Leask 2012）。本研究のインタビューからは、学生たちは英語プログラムで西洋英語圏の教育スタイルを経験することを求めている一方で、実際に学生たちが英語プログラムのなかで学びとる知識や視点は、どのような教員が、どのようなテキスト（学術書やジャーナルなど）を使い、どのような教授方法で授業を運営するのか、という点がその志向性を決定づける要素となっている。これらの実態をプログラムごとにより詳しく検証するには、学生―教員間や学生同士のインターアクション、留学生活での経験などをフォーマルなカリキュラムに対する「隠れたカリキュラム（hidden curriculum）」と捉え、それらが学生の学びに及ぼす影響を検討することも可能であろう。

英語プログラムの提供する国際的なカリキュラム、特に日韓で多く見られた国際学や国際教養などの学際的なプログラムにおいては、国家的（ナショナル）コンテクスト、地域的（リージョナル）コンテクストをどのように有機的に配合していくかという課題がある。英語プログラムでは、英語という言語を媒介に、アメリカで書かれたテキストや英語圏からのものの見方が示されていることも多い。英語という学術における共通言語を通して、英語プログラムは世界の多くの地域で拡大しており、ユニバーサルな知の共有が進

んでいる。そのなかで、西洋と東洋、もしくは英語圏とそれ以外という視点、東アジアという場所で、英語で学ぶからこそ手に入れることのできる視点や知がどのようなものなのか。日韓という東アジアにおける英語プログラムの意義として、複層的な知見の提示は可能なのか。ここでの課題は、英語プログラムにおける学びの内容に、東アジア的もしくは日本や韓国といった地域的・国家的な視点や、東アジアであるからこそ提供できる独自の教育内容や授業をどのようにデザインしていくかであり、それこそが日韓英語プログラムの魅力や強みとなっていくだろう。

さらに、日韓の英語プログラムでは、西洋英語圏（特にアメリカ）での学位取得者が教員になるケースや英語の指導者としてネイティブの英語教員が英語教育を行うケースが多いという様相が見られた。複層的な視点の育成のためには、英語プログラムに関わる人材の東アジア内での自給自足と、より多様な地域からの教員の参与が望まれる。教員（academic staff）は英語プログラムのなかで教育・研究指導を行う主体であり、キープレイヤーである（Leask 2015: 13）。第5章で論じたように、国家社会や文化に直結する課題を扱う文系分野には「個人的なバイアス」や「自分の見方」と呼ばれるものが必然的に加わっているため、どのような教員がどのような視点を持って教育を行うかが、そのまま英語プログラムの志向性に直結する。特に英語プログラム卒業後の教育として、西洋の英語圏で修士や博士課程の留学を希望する学生が多かったことからは、英語による教育の中心としての英語圏（特にアメリカ）、西洋への志向性がいまだ非常に強いことがうかがわれる。東アジア圏内で教育者の育成を行い、地域内で「頭脳還流」という波を作り出すために、東アジア地域内の英語プログラムがその教育的質を向上させ、研究拠点としての地位を確立することが求められている。

3. 多様なアイデンティティと相互理解

今回インタビュー調査を行った英語プログラムは、旗艦大学における留学生を多く擁した「**クロスロード型**」の英語プログラムであった。クロスロード型の英語プログラムは、入学時点での学生の教育的背景や言語能力が異な

るなかで、英語プログラム在学を通して交わり合い、さらなる知識の修練と国際的な経験をして卒業していくという高等教育における人々の「交差点」である。具体的には、英語プログラムという大学プログラムのなかで交流や学び合いを通して、他者に対する理解を深め、国内学生は国際的でグローバルな視野を獲得し、留学生はそれに加え日本や韓国という国家社会や文化の体験を得ることを通して、影響を与え合う。

　留学生たちの語りから分かるのは、留学という国境を越えた移動の背後にある、地域としての東アジアに対する志向性である。英語プログラムは東アジアの学生に、「日韓」という選択や「東アジア周遊」など、東アジアという地域での留学先の選択肢を与えている。また、国際化した自国のキャンパスや英語で学ぶ環境で知り合った東アジアからの留学生とのつながりで、東アジア地域やその諸国家に関心を持ち、実際の留学につながったというケースも見られた。英語プログラムの導入によって、教育における言語的障壁がなくなったことで、韓国籍や日本籍の学生を多く有する英語プログラムが、より東アジアという自らの位置する地域への志向性を高めていることがわかる。韓国の国際大学院の教員への聞き取り調査では、特に韓国人学生において、「学術的関心は"上向き志向"で、より発展した国について学びたがっている」という声もあった。しかし、韓国の経済的発展によって韓国が援助される側から援助する側へ変わるに従い、地域研究を志す学生、特に韓国籍の学生において、以前と比べて、東南アジアなどの発展途上国や東アジアという地域全体の問題に興味がある学生も増えてきたという。このような「東アジア」という地域への関心の高まりは、経済や文化・社会における交流に加え、キャンパス・アジアや AUN など地域的な高等教育協力によって生み出された域内留学によって、より高まっていくだろう。

　しかし、インタビューで実際に東アジアからの留学生の声に耳を傾けるなかで、そこには英語プログラムのなかで構築された様々な集団間の「隔たり」を感じさせる部分があった。たとえば「純ジャパ」と呼ばれる日本人学生や「本当の韓国人」・「本当の日本人」、「キコク」「随試」枠で入ってきた国内学生、祖国体験をしているように見える「コレアン・アメリカン」や「韓国贔

眉」で「迎合」しているように見えてしまう韓国語を学んでいる学生などがその集団の例である。自分とは異質な他者に対する隔たりの感情と、自分とは異質なものに触れることで強化されていくアイデンティティ、ナショナルなものとの連帯やそこへの求心力が、そのナショナル性に属さない人たちを何らかの形で排除しているかのような様相が見えた。第5章のインタビューにもあったように、「純ジャパ」や「留学生」、「コレアン・アメリカン」や「韓国語を習う日本人」といったタグ付けを通して、彼らの持つ「文化」を集団ごとに固定的に見てしまうような視点は英語プログラムのなかでも生成されている。Park（2009）は韓国系アメリカ人として韓国の学校で就学した経験から、「アメリカ人（ネイティブスピーカー）らしい」英語の発音を通して自分と他の韓国人学生の間に境界が引かれる様子を描写したが、英語プログラムのなかでも様々な要素によってこのような境界が生まれている。一方でインタビューでは、そのような固定的な視点に対する批判も学生のなかから生まれてきている様子も見られている。

　一つの集団への強い帰属意識は、ときに排他的となり、「集団相互の不和」を煽りやすい（セン 2011）。英語プログラムにおける学生のなかでも、言語の学びや使用、アイデンティティにおいて国家的（ナショナル）な志向性が高いと、異なった他者に排他感を与え、共同体としてのアイデンティティを持ちにくくなる。一方で、アイデンティティは、連帯感を強め、お互いの助け合いや関係性を深める役割を果たす。本書にあげたように、留学先で出逢った人々とのつながりが、次の留学国先を決定していたり、その国の言語を学んだり、留学という身体をともなった移動を生み出すきっかけになっているケースも多い。特に、歴史認識や領土問題などで紛糾する北東アジアの学生の間でも、英語プログラムや国際化した大学内で関係を築くなかで、相互理解が進み、またアジア人として何らかの共通するもの、通じ合うものの存在を感じている学生も現れている。英語プログラムでは、学生たちが国や民族、第一言語、教育など、それぞれの学生が持つ独自で多様な背景や経験を前提としながらも、ナショナルなもの、リージョナルなものを含めていくつもの言語や留学先としての移動、他者への理解やアイデンティティなどを複層的

に内在させている。

　ここで特に日本の今後の政策決定過程においても重要だと考えるのは、国際化を考えるとき、同時に多様なアイデンティティについて議論する必要性である。たとえば嶋内（2014c）では、日本における国際化やグローバル人材育成の議論において、一見「グローバル」や「国際」とは相反する概念である「日本人としての主体性（アイデンティティ）」や「日本人としての個の確立」、「日本人としての自覚」といったものが同列に強調されていることを指摘している。また Kubota（1998）も、日本における「国際化」が日本人のアイデンティティを脅かす西洋化と、日本人のアイデンティティを守ろうとするナショナリズムの両面を含んでいると主張している。

　国という境界を乗り越えて人々が自由に世界とつながり、国際的な競争力を持ってグローバルな活躍をしようとするとき、そのボーダーレスな「グローバル化」という環境に順応して生きていく人材は、越境的なコミュニケーション手段としての語学力や能動性・主体性を持つことが求められるのは当然だろう。しかし特に日本の文脈では、それと同時に「日本」という国の枠組に規定された社会に関する知識を持ち、「日本」という国を構成する様々な要素を持って自分自身を構築し、それを体現する「日本人」としての自覚や主体性という武器を持つことが期待されていることは、ボーダーレス化する流れへのバックラッシュを引き起こす危険性を含んでいる。

　グローバルな志向性と国家的（ナショナル）な志向性をトレードオフの関係ではなく、共存させるための教育とはどのようなものなのか。東アジアの非英語圏における英語プログラムが、東アジアとして、もしくは日本や韓国にある高等教育プログラムとしてどのように独自の知の体系を創造し、ここでしかできない豊かな学びの場を提供することができるのか。国や高等教育機関、教員・研究者が協働して取り組んでいく課題である。

4. 英語プログラムと国際教育の可能性

　今回扱った英語プログラムは、第5章で焦点を当てた旗艦大学の英語プログラムはもちろん、多くの英語プログラムが限られた学生を対象にしたプ

ログラムであり、英語プログラムを起点として見られた移動や相互理解の促進、アイデンティティの形成は、誤解を恐れずに言えば一部のエリート層に起こっている事象を取り上げたに過ぎない。英語が第一言語や母語でない学生が大多数を占める東アジアにおいて、英語は資本であり、そこには英語を操ることができるものとできないものとの英語格差（Phillipson 1992, 2010）がある。英語プログラムに在籍する学生たちは、英語プログラムに入る前に、英語という言語を習得するチャンスをすでに得ており、一定以上の英語能力を持つもの、そしてその能力を持つための教育機会を与えられたものだけが入学を許可されるという点で、英語プログラムは一面で、エリート養成のための「特進コース」的な役割を果たしていると言えるだろう。一方で、その英語プログラムが持つ可能性は、決してエリート層だけにとどまるものではない。

　今回、筆者がインタビューを行った学生は、多くの学生が非常に海外経験豊富で、多言語能力を持ち、知的好奇心に溢れていた。事実、一つの質問に対して、非常に熱心に様々な角度から答えてくれる学生が多く、インタビューは常に予定の時間を越え、研究テーマに興味を持った学生から逆に質問攻めにあうことも多々あった。その背景のひとつには、彼らの経験や教育上の選択が、未だ一般的に広く認知されているものとは言えず、彼ら自身が経験してきた困難や葛藤を共有したいという思いがこもっているようにも感じられた。

　また、英語プログラムは、海外経験や民族的背景など様々な要因で国内の教育システムから外れた学生や、出身国のなかでの学歴競争や受験戦争というレールに乗らなかった学生にとっても、多様な教育的背景を持った学生に新しい選択肢を提供し、それらの学生の「受け皿」となっていることがわかる。また、それぞれの出身国において、それまでエリートコースを通っていない学生にとっても、英語というリベラルなパワーを持つ武器を手に入れることによって、いわば「逆転」のチャンスを英語プログラムが用意しているとも見ることができるのである。

　共通するのは、海外での生活や留学経験を積んだ学生のなかには、入試試

験や大学入学制度などの要求に答えることができず、さらにいえば、それぞれの出身国の硬直した高等教育の受験システムによってはじかれてしまう学生がいるということである。たとえば、今回インタビューしたなかである韓国籍の学生は、7年にわたって他のアジア諸国での就学経験を持ち、英語も中国語も（もちろん第一言語である韓国語も）流暢であるが、出身国である韓国に帰って就学するときには、「海外帰国子女」枠には入れず、韓国におけるセンター試験である修学能力試験を受ける必要があった。しかし韓国国内での教育を受けていない限り、この修学能力試験を受けてトップクラスの大学に入るのは至難の業であり、この学生はそのための努力が、将来的な自らの成長に資さないと判断したのである。

　英語プログラムの持つ多様性と包容力は、もう一つの特徴からも示唆することができる。それは、英語プログラムには女子学生が多い、という英語プログラムの持つジェンダー特性である。日本では、大学の英文科や国際コミュニケーション学科などの英語を中心的に学ぶプログラムでは、女子学生が多いのが一般的な現象だが、韓国でも同様で、多くの「英語プログラム」では7割前後を女子学生が占めていることもわかった。北村（2011）では、日本という保守的で男性中心社会のなかで、「救われない」女たちが、英語の習得によって力を得ていこうとする姿が描かれており、世界的にみても、英語の学習はジェンダーの階層や差別的状況から女性自身を解放するための手段として見なされているとの研究もある（McMahill 1997, 2001）。英語プログラムは、学歴競争の過熱化する東アジア国内の受験競争からはみ出てしまった人、今までの教育システムのなかで違和感を抱いていた学生、生まれ育った社会状況から解放されたいと願う女子学生に、新しい学びの機会を提供しているのかもしれない。

　さらに、英語プログラムは、東アジア地域において、「遍路型」（白石2008）や「共同体理解型」（権藤1991）、そして「地域周遊型」と呼べるような新しい留学の形を形成している。グローバル化したトランスナショナルな世界では、国家の枠組をもとにした異文化の理解は古び、すべてのコミュニケーションは異文化間のコミュニケーションであるという指摘もある

(Holiday et al. 2004)。日韓における英語プログラムは、日本と韓国という比較的に文化的同質性が高く、国際化政策のなかでもその国家的(ナショナル)な志向性を全面に打ち出している社会のなかで、国家の枠組に捉われないトランスナショナルな交流を生み出している場所である。それは、様々な課題を含んでいるとはいえ、東アジアを周遊し留学する学生たちが新しい形で「認識の共同体」を作りうる可能性を秘めている。英語プログラムによる「地域の創造」は、現在始まったばかりである。

今後の課題と展望

　本節では、はじめに本研究の限界と省察を踏まえた上で、今後の研究課題と展望について述べる。まず本研究の限界の一点目として、質的研究の対象として旗艦大学の英語プログラムのみを扱っていることが挙げられる。英語プログラムといってもその様相は多様であり、本書で取り上げた旗艦大学に関しても、日韓間の差異だけでなく大学によってもその在籍学生の様相やカリキュラム、教員の様相等が異なっており、先述したように英語プログラムのあり方やその目的は、各英語プログラムを含有するそれぞれの大学の様々な環境に影響され規定されている。そのため、今回取りあげることのできなかった英語プログラムに関しても、様々な大学への調査を積み重ねることで、今回の類型化を一つの指標としつつも、新しい知見を踏まえて更新していきたい。

　実際、本研究者は、日韓の英語プログラムに関して、両国の地方大学にある英語プログラムや多様な大学なども含めて訪問調査を継続中であり、教職員や東アジア以外の地域から留学する外国人留学生や国内学生(日本人・韓国人学生)へのインタビュー、また授業観察などを行っている。英語プログラムがそれぞれ異なった地域から入学する学生にとって、どのような役割を果たしているのか、また大学の特質による学生の様相の違いと英語プログラムのあり方のつながりなど、英語プログラムのより多様な側面についての調査と分析も現在進めている。

　次に関心を持つ課題は、国際的資質とジェンダーに関する研究である。多様な社会的・文化的背景をもった人々が共生する現代社会において、「国

際的資質」や「国際性」の必要性は自明であるようで、それが一体何を意味しているのか、どのような資質を指すのか、実体は明らかになっていない。今後の研究課題として、グローバル化時代の人材育成を目的とした教育プログラムで学ぶ日本人学生が、「国際的資質」や「国際意識」(International Awareness) といった能力・スキルをどのように捉えているのかを動機と学びの成果から分析し、そこにどのようなジェンダー間の特徴と差異があるのか。英語による国際的な教育プログラムにおける国際的資質の形成と、そこでのジェンダー位相について分析する研究はいまだ存在しない。英語プログラムという取り組みのなか、女子学生のプレゼンスが高いということがどのような意味を持っているのか、特に日本の大学におけるグローバル化時代の国際的人材育成を目的とした教育的環境のなかで、「国際的資質」がどのように捉えられ育まれているのか、またそこにどのようなジェンダー間の差異が存在するのかを明らかにしていきたい。

　最後に、東アジアにおける国際化カリキュラムの再検討を行うことである。具体的には、東アジアの高等教育の志向的重層性やダイナミズムを、英語プログラムやその他の特色ある地域連携プログラムを対象に分析する。キャンパス・アジア、AUN などの地域連携プロジェクトや、北東アジア・東南アジアというサブリージョナル（準地域的）な単位での比較分析については、いまだ多くの実証的研究がされておらず、研究意義の高いものである。研究範囲の地域的拡大と東アジアに特徴的なプログラムを含めた、英語プログラムのカリキュラムやその成果、課題に関してより教育学的視点から分析を行うことで、英語プログラムの発達とその問題点、今後の発展への示唆などを「東アジア」という地域単位で議論することが可能となると考える。英語プログラムの教育効果と教育カルチャーの形成、英語プログラムが果たす役割や課題点、今後の発展可能性について、東アジア地域で特徴的な英語プログラムでの質的・量的調査によって、「東アジア・プログラム」のあり方とその可能性を探ることができるだろう。

　英語プログラムは、いまだ発展途上のプログラムであり、多くの課題点を抱えているが、同時に多くの可能性をも含有するものである。戦争や植民

地経験の爪痕を残す東アジア地域では、支配的な言語からの自立のみならず、教育や大学の自立的発展にはいまだ課題を残している。また、昨今において特に近隣諸国との間で引き起こされる領土問題・歴史問題などに関する摩擦によって、国家単位での対立が表面化し、人々の間の感情が悪化している。この様な東アジアの状況に関して、研究者としても、日本人としても、「東アジア」地域全体としての発展と平和のために、高等教育における次世代交流の可能性を探りたいと考えている。

研究助成

本研究は平成21年度から平成23年度にかけて日本学術振興会特別研究員（DC1・早稲田大学アジア太平洋研究科所属）として書き上げた博士学位申請論文をもとに、日本学術振興会特別研究員（PD・上智大学総合人間科学部所属）としての研究期間中（平成25年度から平成27年度）に行った分析を含め、加筆・修正したものである。研究調査には、平成21年度から平成23年度の科学研究費補助金（特別研究費奨励費）による助成を受けている。また、研究調査（第4章で行ったデータ収集）の一部は、私立高等教育研究所『日韓私立大学の国際化プロジェクト』の研究調査で収集したデータを使用させて頂いている。

本書は、平成27年度日本学術振興会科学研究費補助金研究成果公開促進費（学術図書）（課題番号15HP5176）の交付を受けて刊行される。

初出一覧

以下初出の論文である。末尾に対応している章を記したが、書籍化に際し、構成などを含め大幅に書き直し、データを刷新しているため、完全に対応しているわけではない。また、論文のうち、節や段落など一部のみを本書に収録したものも含まれている。

- 嶋内佐絵（2012a）「東アジアにおける高等教育の国際化・地域化と言語」『アジア太平洋研究紀要』早稲田大学アジア太平洋研究科，23，173-190．→第1章〜第3章
- 嶋内佐絵・寺沢拓敬（2012b）「英語力がアジア人意識に及ぼす効果 〜アジア・バロメーターとアジア学生調査の計量分析を通して〜」『アジア英語研究』第14号，日本「アジア英語」学会，84-105．→第3章
- 嶋内佐絵（2012c）「日本における高等教育の国際化と『英語プログラム』に関する研究」『国際教育』第18号，日本国際教育学会，1-17．→第2章および第4章
- 嶋内佐絵（2013a）「留学生移動の地域化：高等教育における"東アジア化する東アジア"」天児慧・松岡俊二他編著『アジア地域統合学　総説と資料』（アジア地域統合講座総合研究シリーズ）勁草書房，280-282．→第1章
- 嶋内佐絵（2013b）「東アジアにおける高等教育の国際化・地域化と言語―地域共同体の中の言語的統一（Linguistic Unity）と言語的多様性（Linguistic Diversity）をめぐって―」黒田一雄編『アジアの高等教育ガバナンス』（アジア地域統合講座総合研究シリーズ）（第5章）勁草書房，92-117．→第3章
- 嶋内佐絵（2013c）「北東アジアにおける高等教育の国際化と言語」樋口謙一郎編『北東アジアのことばと人々』（第11章）大学教育出版，119-217．→第1章
- 嶋内佐絵（2014a）「なぜ英語プログラムに留学するのか？―日韓高等教育留学におけるプッシュ・プル要因の質的分析を通して」『教育社会学研究』第94集，日本教育社会学会，303-324．→第5章
- 嶋内佐絵（2014b）「非英語圏における英語による高等教育プログラムとその課題―日韓旗艦大学の留学生に対する質的調査から」『アジア教育』第8巻，アジア教育学会，29-42．→第5章
- 嶋内佐絵（2014c）「グローバル人材育成政策と大学の国際化に関する一考察」『横浜市立大学論叢・人文科学系列』第66巻第1号，109-126．→終章
- 嶋内佐絵（2015a）「韓国高等教育の国際化と英語による学位プログラムに関する一考察―国際大学院における質的分析を中心として―」『防衛大学

校紀要人文科学分冊』第 110 輯, 83-103. →第 5 章
- 嶋内佐絵（2015b）「国際理解教育における歴史教育の意義―韓国でのピースツアーの実施報告をふまえて」『横浜市立大学論叢・社会科学系列』第 66 巻第 2 号, 117-129. →終章

参考文献

英文文献

Adler, E. & Barnett, M. (1998). *Security Communities*, Cambridge: Cambridge University Press.
Altbach, P. G. & Lulat, Y. (1985). *Research on foreign student and international study: An overview and biography*. New York: Praeger.
Altbach, P. G. (1989). "Perspectives on Internationalizing Higher Education", *International Higher Education*, 27 Spring.
Altbach, P. G. (2002). "Japan and International Trade in Education", *International Higher Education*, 29, Fall 2002, 25-26.
Altbach, P. G. (2004). "Higher Education crosses borders", In *Change*, 19-24.
Altbach, P. G. & Umakoshi, T. (2004). *Asian Universities: Historical Perspectives and Contemporary Challenges*, Johns Hopkins University Publishing.
Altbach, P. G. (2006). "Chinese Higher Education in an Open-Door Era", *International Higher Education*, 45, Fall 2006, 15-17.
Altbach, P. G. & Balán, J. (Eds.). (2007). *World class worldwide: Transforming research universities in Asia and Latin America*. JHU Press.
Altbach, P. G. (2007). "The Imperial Tongue: English as the Dominating Academic Language", *International Higher Education*, 49, Fall 2007, 2-4.
Altbach, P. G. (2008a). "Globalization and Forces for Change in Higher Education", *International Higher Education*, 50, Winter 2008, 2-4.
Altbach, P. G. (2008b). "The Humanities and Social Sciences in Asia: Endangered Species?", *International Higher Education,* 52, Summer 2008, 4-6.
Altbach, P. G. (2009). "Academic Freedom: A Realistic Appraisal", *International Higher Education*, 57, Fall 2009, 2-3.
Altbach, P. G. (2010). "The Asian Higher Education Century?", *International Higher Education*, 59, Spring 2010, 3-5.
Altbach, P. G. (2011). "Ranking Season Is Here", *International Higher Education*, 62, Winter 2011, 2-5.
Altbach, P. G. & Ma, W. (2011). "Getting Graduates to Come Home –Not So Easy", *International Higher Education,* 63, Spring 2011, 8-9.
Anderson, B. (2006). *Imagined communities: Reflections on the origin and spread of nationalism*. Verso Books.
Asia Barometer. Retrieved from https://www.asiabarometer.org/
Beacco, J.-CL. & Byram, M. (2003). *Guide for the development of language education policies in*

Europe: From linguistic diversity to plurilingual education. Strasbourg: Council of Europe.

Becker, R. (2007). "The Growth of English-Medium Instruction in East Asia: The Key to Competitiveness?", The Observatory on Borderless Higher Education.

Berns, M. (2009). "English as lingua franca and English in Europe", *World Englishes*, 28 (2), 192–199.

Bhandari, R. & Belyavina, R. (2012). "Global Student Mobility: Trends and New Directions," *International Higher Education*, 66, Winter 2012, 14-15.

Billig, M. (1995). *Banal nationalism*. London: Sage.

Bourdieu, P. (1993). *Language and Symbolic Power*, Polity.

Bradford, A. (2013). "English-medium degree programs in Japanese universities: learning from the European experience." *Asian Education and Development Studies*, 2(3), 225-240.

Brandenburg, U. & De Wit, H. (2011). "The End of Internationalization", *International Higher Education*, 62, Winter 2011, 15-17.

Bray, M. (2004). Methodology and Focus in Comparative Education. In Bray, M. & Koo, R. (eds.). *Education and Society in Hong Kong and Macao: Comparative Perspectives on Community and Change*. CERC Studies in Comparative Education 7, 2nd Edition, Hong Kong: Comparative Education Research Centre, The University of Hong Kong, 237-350.

Bray, M. (2007). Actors and Purposes in Comparative Education. In *Comparative Education Research: Approaches and Methods*, Springer, 15-38.

Breidbach, S. (2002). *Plurilingualism, Democratic Citizenship in Europe and the role of English*, Language Policy Division, Strasbourg: Council of Europe.

Brewer, E. & Leask, B. (2012). Internationalization of the Curriculum. In Deardorff, D.K., de Wit, H., Heyl, J.D. and Adams, T. (eds.), *The SAGE Handbook of International Higher Education*, SAGE: USA, 245-267.

Byun, K. & Kim, M. (2010). "Shifting Patterns of the Government's Policies for the Internationalization of Korean Higher Education", *Journal of Studies in International Education*.

Byun, K., Chu, H., Kim, M., Park, I., Kim, S. & Jung, J. (2011). "English-medium teaching in Korean higher education: policy debates and reality", Springer Science + Business Media B.V., published online 30 November 2010.

Canagarajah, A. S. (1999). *Resisting linguistic imperialism in English teaching*. Oxford University Press.

Chapman, D. W., Cummings, William K. & Postiglione, G. A. (eds.). (2010). *Crossing Borders in East Asian Higher Education*, Hong Kong: Springer Comparative Education Research Centre The University of Hong Kong.

Chow, P. (2011). "What International Students Think about US Higher Education", *International Higher Education*, 65, Fall 2011, 10-12.

Clammer, J. (1997). "Foreign Students in the Japanese University", *International Higher Education*, 8, Summer 1997, 6-7.

Coleman, J. A. (2006). English-medium teaching in European Higher Education. *Language Teaching*, 39 (1), 1-14.

The Council of Europe. (1997). *Language Learning for European citizenship. Final Report (1989-96)*. Strasbourg: Council of Europe Publishing.

The Council of Europe. (Council for Cultural Co-operation Education Committee Modern Language Division, Strasbourg). (2001). *Common European Framework of Reference for Languages: Learning, Teaching, Assessment*. Cambridge: Cambridge University Press.

The Council of Europe. (2008). Council Resolution on a European strategy for multilingualism. 2905th EDUCATION, YOUTH AND CULTURE Council meeting, Brussels, 21 November 2008.

Cummmings, W. (1993). Global trends in oversea study. In Crauford D. Goodwin (ed.). *International Investment in human capital: Overseas education for development*. New York: Institute of International Education.

Curry, M. J. & Lillis, T. (2007). "The Dominance of English in Global Scholarly Publishing", *International Higher Education*, 46, Winter 2007, 6-7.

Crystal, D. (1997). *English as a Global Language*, Cambridge University Press.

Crystal, D. (1994). *An Encyclopedic Dictionary of Language and Languages*. London: Penguin Books.

De Wit, H. (2010). "Recent Trends and Issues in International Student Mobility", *International Higher Education,* 59, Spring 2010, 13-14.

De Wit, H. (2011). "Internationalization of Higher Education: Nine Misconceptions", *International Higher Education*, 64, Summer 2011, 6-7.

Deutsch, K.W., Burrell, S., Kann, R. & Lee, M. (1957). *Political Community and the North Atlantic Area*, Princeton University Press.

Doiz, A., Lasagabaster, D. & Sierra, J. (2011). "Internationalisation, multilingualism and English-medium instruction", *World Englishes*, 30, 3, 345-359.

Doiz, A., Lasagabaster, D. & Sierra, J. (eds.). (2013). *English-Medium Instruction at Universities Global Challenges*, Multilingual Matters: UK.

Enders, J., & Fulton, O. (2002). Blurring boundaries and blistering institutions: An introduction. In *Higher education in a globalising world*. Springer Netherlands, 1-14.

Fox, H. (1994). *Listening to the World: Cultural Issues in Academic Writing*. National Council of Teachers of English.

Gao, X. (2006). "Strategies Used by Chinese Parents to Support English Language Learning: Voices of 'Elite' University Students", *RELC Journal*, 37 (2), 285-298.

Ghazarian, P. G. (2014). "Actual vs. ideal attraction: Trends in the mobility of Korean international students". *Journal of International Students*, 4(1), 89.

Gill, S. K., & Kirkpatrick, A. (2013). "English in Asian and European higher education". *The encyclopedia of applied linguistics*.

Goodman, R. (2007). "The concept of Kokusaika and Japanese educational reform". *Globalisation, Societies and Education*, 5(1), 71-87.

Gopinathan, S. & Altbach, P. G. (2005). "Rethinking Centre-Periphery", *Asia Pacific Journal of Education*, 25 (2), 117-123.

Graddol, D. (1997). *The Future of English?*, British Council.

Graddol, D. (2006). *English Next: Why Global English May mean the End of 'English as a Foreign Language'*. London: British Council.

Harklau, L. (2000). "From the 'good kids' to the 'worse': Representations of English language learners across educational setting", *TESOL Quarterly*, 34, 35-67.

Hayhoe, R. (1996). "Japanese Universities Facing the World", *International Higher Education*, Issue 5, 11-12.

Higher Education in Korea. Retrieved from http://www.academyinfo.go.kr/main Action.do?process=load

Holiday, A., Hyde, M., & Kullman, J. (2004). *Intercultural Communication, an Advanced Resource Book*. London: Routledge.

Hood, C. P. (2001). *Japanese education reform: Nakasone's legacy*. Routledge.

Institute of International Education. (2013). *Open Doors Data*, "International Students: Leading Places of Origin". Retrieved from http://www.iie.org/Research-and-Publications/Open-Doors/Data/International-Students/Leading-Places-of-Origin/2011-13

Institute of International Education. (2014). *Open Doors Data*, "International Student: Leading Places of Origin". Retrieved from http://www.iie.org/Research-and-Publications/Open-Doors/Data/International-Students/Leading-Places-of-Origin/2012-14

Ishikawa, M. (2009). "University Rankings, Global Models, and Emerging Hegemony Critical Analysis from Japan". *Journal of Studies in International Education*, 13(2), 159-173.

Ito, H. (2003). "A New Framework of Culture Teaching and for Teaching English as a Global Language", *RELC Journal*, 33 (2), 36-57.

Iwabuchi, K. (1994). "Complicit exoticism: Japan and its other". *Continuum*, 8(2), 49-82.

Kachru, B. B. (1987). *The Alchemy of English: The Spread, Functions and Models of Non-Native Englishes*, Oxford: Pergamon.

Kang, H. (2012). "English-only instruction at Korean universities: Help or hindrance to higher learning?", *English Today 109*, 28(1), Cambridge University Press.

Kang, S. & Park, H. (2004). "Student beliefs and attitudes about English medium instruction: Report of questionnaire study". *Yonsei Review of Educational Research*, 17 (1), 33-53.

Kerr, C. (1990). "The internationalisation of learning and the nationalisation of the purposes of higher education: Two 'laws of motion' in conflict?". *European Journal of Education*, 5-22.

Kim, E. & Choi, S. (2010). Korea's Internationalization of Higher Education: Process, Challenge and Strategy. In Chapman, D. W., Cummings, W. K. and Postiglione, G. A. (eds.) (2010) *Crossing Borders in East Asian Higher Education*, Hong Kong: Springer Comparative Education Research Centre The University of Hong Kong, 212-229.

Kirkpatrick, A. (2008). "English as the official working language of the Association of Southeast Asian Nations (ASEAN): Features and strategies", *English Today* 94, 24, 2, Cambridge University Press.

Kirkpatrick, A. (2009). English as the international language of scholarship: Implications for the dissemination of 'local'knowledge. In Sharifian, F. (ed.). *English as an International Language: Perspectives and Pedagogical Issues*, Multilingual Matters: Bristol・Buffalo・Toronto. 254-270.

Kirkpatrick, A. (2011). "Internationalization or Englishization: Medium of Instruction in Today's Universities", Working Paper Series No. 2011/003, The Hong Kong Institute of Education.

Kirkpatrick, A. (2012). "English in ASEAN: implications for regional multilingualism", *Journal of Multilingual and Multicultural Development*, 33(4), 331-344.

Knight, J. (2008a). "Internationalization: A Decade of Changes and Challenges", *International Higher Education*, 50, Winter 2008, 6-7.

Knight, J. (2008b). *Higher Education in Turmoil −The Changing World of Internationalization*, Sense Publishers.

Knight, J. (2009). "Internationalization: Unintended Consequences?", *International Higher Education*, 54, Winter 2009, 8-10.

Knight, J. (2010). Higher Education crossing borders: programs and providers on the move. *Higher Education in a Global Society*. USA: Edward Elgar Publishing Ltd, 42-69.

Knight, J. (2011). "Five Myths about Internationalization", *International Higher Education*, 62, Winter 2011, 14-15.

Knight, J. (2012). Concepts, Rationales, and Interpretive Frameworks in the Internationalization of Higher Education. In Deardorff, D.K., de Wit, H., Heyl, J.D. & Adams, T. (eds.), *The SAGE Handbook of International Higher Education*, SAGE: USA, 27-42.

Kobayashi, Y. (2002). "The role of gender in foreign language learning attitudes: Japanese female students' attitudes towards English learning". *Gender and Education*, 14(2), 181-197.

Kratoska, P. H. (2010). "Asian University Presses in the Digital Age", *International Higher Education*, 61, Fall 2010, 1-5.

Kubota, R. (1998). "Ideologies of English in Japan". *World Englishes*, 17(3), 295-306.

The Korean Ministry of Education, Teach and Learn in Korea. Retrieved from http://www.talk.go.kr/

Leask, B. (2015). *Internationalizing the Curriculum*. Routledge.

Lo, W. Y. W. (2011). "Soft power, university rankings and knowledge production: distinctions between hegemony and self-determination in higher education". *Comparative Education*, 47(2), 209-222.

Marginson, S. (2006). "Dynamics of national and global competition in higher education", *Higher Education*, 52, 1-39.

Marginson, S., & Van der Wende, M. (2007). "To rank or to be ranked: The impact of global rankings in higher education". *Journal of Studies in International Education*, 11(3-4), 306-329.

Mauranen, A. (2010). "Features of English as a lingua franca in academia". *Helsinki English Studies*, 6, 6-28.

Mazzarol, T., & Soutar, G. N. (2002). ""Push-pull" factors influencing international student destination choice". *International Journal of Educational Management*, 16(2), 82-90.

McMahill, C. (1997). "Communities of resistance: A case study of two feminist English class". *TESOL Quarterly*, 31, 612-622.

McMahill, C. (2001). Self-expression, gender and community: A Japanese feminist English Class. In Pavlenko, A. Blackledge, I. Piller, I. & Teutsch-Dwyer, M. (eds.), *Multilingualism, second language learning and gender.*, Berlin: Mouton de Gruyter, 307-344.

Ministry of Education, Science, and Technology (MEST). (2007). Higher Education in Korea. Retrieved from http://english.mest.go.kr/web/1710/en/board/enview.do?bbsId=258&boardSeq=1885&mode=view

Nihalani, P. (2008). "Globalization and Multicultural Communication: Unity in Diversity", *RELC Journal*, 39 (2), 242-261.

Ninomiya, A., Knight, J., & Watanabe, A. (2009). "The past, present, and future of internationalization in Japan". *Journal of Studies in International Education*, 13(2), 117-124.

Nishinakamura, H. (2011). "Regional Cooperation of Liberal Arts Education in East Asia" (国際シンポジウム「高等教育の地域協力と地域間協力」(於東京大学、2011年2月17〜18日) 発表資料).

Obara, Y. (2009). "Japanese Higher Education: The "Haves" are Gaining and the "Have-nots" are Losing", International Higher Education, 57, 17-18.

OECD. (2004). *Internationalization and trade in higher education: Opportunities and challenges*. Paris: OECD.

OECD. (2013). *Education at a glance*, OECD.

OECD. (2014). *Education at a glance*, OECD.

Park, J.S. (2009). *The Local Construction of a Global Language – Ideologies of English in South Korea*, Mouton de Gruyter: Berlin New York.

Pavlenko, A. & Norton, B. (2007). Imagined Communities, Identity, and English Language Learning. In Cummins, J. & Davison, C. *International Handbook of English Language Teaching*, Springer, 669-680.

Pempel, T. J., (ed.), (2005). *Remapping East Asia: The Constructing of a Region*, Cornell

University Press.
Peterson, P. M. (2011). "Liberal Education in the Global Perspective", *International Higher Education*, 62, Winter 2011, 10-11.
Phillipson, R. (1992). *Linguistic Imperialism*. Oxford: Oxford University Press.
Phillipson, R. (2009). "English in Higher Education: Panacea or Pandemic?", *Angles on English-Speaking World*, 9, 29-57.
Phillipson, R. (2010). *Linguistic Imperialism Continued*. New York and London: Routledge.
Postiglone, G. A. & Chapman, D. W. (2010). East Asia's Experience of Border Crossing: Assessing Future Prospects. In Chapman, D. W., Cummings, W. K. & Postiglione, G. A. (eds.). *Crossing Borders in East Asian Higher Education*, Hong Kong: Springer Comparative Education Research Centre The University of Hong Kong, 377-382.
Rassol, N. (2007). *Global Issues in Languages, Education and Development: Perspectives from Postcolonial countries*. Clevedon: Multilingual Matters and Orient Longman, New Delhi.
Rostan, M. (2011). "English as "Lingua Franca" and the Internationalization of Academe", *International Higher Education*, 63, Spring 2011, 11-13.
Rumbley, L.E., Altbach, P. G., & Reisberg, L. (2012). "Internationalization within the Higher Education Context". In Deardorff, D. K., de Wit, H., Heyl, J. D. and Adams, T. (eds.). *The Handbook of International Higher Education*. California: Sage Publishers, 3-26.
Said, E. W. (1978). *Orientalism*. New York: Pantheon Books.
Schwartz, P., Leyden, P., & Hyatt, J. (2000). *The long boom: A vision for the coming age of prosperity*, Basic Books.
Scott, P. (2000). "Globalization and Higher Education: Challenges for 21st century," *Journal of Studies in International Education*, 4, 1, 3-10.
SEAMEO RIHED. (2008). SEAMEO RIHED Bulletin (As of May 2008). Retrieved from http://www.rihed.seameo.org/wp-content/uploads/2012/04/2008-05.pdf
Shin, J. C. (2012). "Higher education development in Korea: western university ideas, Confucian tradition, and economic development", *Higher Education*, 64. 59-72.
Shimmi, Y. (2011). "The Problematic Decline of Japanese International Students", *International Higher Education*, 64, Summer 2011, 9-10.
Skutnab-Kangas, T. (1999). *Linguistic genocide in education -- or worldwide diversity and human rights?*, Mahwah, NJ: Lawrence Erlbaum Associates.
Strevens, P. (1981). "What Is 'Standard English'?", *RELC Journal*, 12 (2), 1-9.
Study in Korea. Retrieved from http://www.studyinkorea.go.kr/ko/main.do
Swales, J. (1985). "English as the International Language of Research", *RELC Journal*, 16 (1), 1-7.
Tanaka, S. (2006). "English and Multiculturalism –from the Language User's Perspective", *RELC Journal*, 37 (1), 47-66.
Teichler, U. & Maiworm, F. (1997). *The ERASMUS Experience: Major Findings of the*

ERASMUS Evaluation Research Project. Luxembourg: Office for Official Publications of the European Communities.

Teichler, U. (1999). "Internationalisation as a challenge for higher education in Europe". *Tertiary education and management,* 5(1), 5-22.

Tsuneyoshi, R. (2005). "Internationalization strategies in Japan: The dilemmas and possibilities of study abroad programs using English", *Journal of Research in International Education,* 4, 65- 86.

Tsung, L., & Clarke, M. (2010). "Dilemmas of Identity, language and culture in higher education in China", *Asia Pacific Journal of Education,* 30 (1), 57-69.

UNESCO. (2003). *Education in a multilingual world,* Education Position Paper, UNESCO.

UNESCO Ad Hoc Expert Group on Endangered Languages. (2003). "Language Vitality and Endangerment", document submitted to the International Expert Meeting on UNESCO Programme Safeguarding of Endangered Languages, UNESCO.

UNESCO Institute for Statistics. (2008). *GLOBAL EDUCATION DIGEST 2008 Comparing Education Statistic Across the World.*

UNESCO Institute for Statistics. (2010). *GLOBAL EDUCATION DIGEST 2010 Comparing Education Statistic Across the World.*

Van Dijk, T. (1993). *Elite discourse and racism,* London: Sage.

Van Leeuwen, C. (2003). Feasibility of policy in university language teaching today. In Van Leeuwen, C., & Wilkinson, R. (eds.). *Multilingual approaches in university education: Challenges and practices.* Valknof Pers. 19-45.

Wächter, B. (2008). "Teaching in English on the Rise in European Education", *International Higher Education,* 52, Summer 2008, 3-4.

Wächter, B. & Maiworm, F. (2008). *English-taught programmes in European higher education,* ACA Papers on International Cooperation in Education. Bonn: Lemmens.

Wende, M. (2003). "Globalization and Access to Higher Education," *Journal of Studies in International Education,* 7, 2, 193-206.

Woodrow, L. (2006). "Anxiety and Speaking English as a Second Language", *RELC Journal,* 37 (3), 308-328.

Wilkinson, R. (2005). "The impact of language on teaching content: Views from the content teacher", presentation paper at conference in Hersinki, 2005.

Wilkinson, R. (2013). "English-Medium Instruction at a Dutch University: Challenges and Pitfalls". In Doiz, A., Lasagabaster, D., and Sierra, J. M. (eds.). *English-Medium Instruction at Universities Global Challenges,* Multilingual Matters: UK, 3-24.

Yang, R. (2001). "An Obstacle or a Useful Tool? The Role of the English Language in Internationalizing Chinese Universities", *Journal of Studies in International Education,* 5, 341-358.

Yonezawa, A. (2011). "The "Global 30" and The Consequences of Selecting "World-Class Universities" in Japan", In N.C. Liu et al., (eds.). *Paths to a World-Class University: Lessons from Practices and Experiences*, 67-81, Sence Publishers.

Yonezawa, A., & Kim, T. (2008). The future of higher education in the context of a shrinking student population: Policy challenges for Japan and Korea. *Higher education to 2030*(1), 199-220.

Yoshino, K. (1992). *Cultural nationalism in contemporary Japan: A sociological enquiry*. London: Routledge.

和文文献

青木保・佐伯啓思編著（1998）『「アジア的価値」とは何か』TBS ブリタニカ
青木保（2005）「東アジア共同体への道」『毎日新聞』2015 年 6 月 5 日付
青木保他編（2002）『アジア新世紀 3　アイデンティティ　解体と再構成』岩波書店
青木保他編（2003）『アジア新世紀 7　パワー　アジアの凝集力』岩波書店
天児慧（2010）『アジア連合への道　理論と人材育成の構想』筑摩書房
アルトバック，P. G.・セルバラトナム，V. 編，馬越徹・大塚豊監訳（1993）『アジアの大学　従属から自立へ』玉川大学出版部
アルトバック，P. G. 著，馬越徹監訳（1994）『比較高等教育論』玉川大学出版部
アンダーソン，B. 著，梅森直之編著（2007）『ベネディクト・アンダーソン　グローバリゼーションを語る』光文社新書
石橋嶺司・山内太地（2011）『アホ大学のバカ学生　グローバル人材と就活迷子のあいだ』光文社新書
李星鎬（2006）「韓国の高等教育―その歴史と未来への挑戦―」，P. G. アルトバック・馬越徹編，北村友人監訳『アジアの高等教育改革』玉川大学出版部，156-187.
猪口孝・ブロンデル，J. 著（2010）『現代市民の国家観―欧亜 18 カ国調査による実証分析―』東京大学出版会
浦田秀次郎・深川由起子編（2007）『東アジア共同体の構築 2　経済高共同体への展望』（毛里和子編集代表『東アジア共同体の構築』シリーズ）岩波書店
馬越徹編（1989）『現代アジアの教育―その伝統と革新―』東信堂
馬越徹（1993）「比較高等教育研究の回顧と展望」広島大学・大学教育研究センター『大学論集』第 22 集，111-122.
馬越徹（1995）『韓国近代大学の成立と展開―大学モデルの伝播研究―』名古屋大学出版会
馬越徹（2007）『比較教育学　越境のレッスン』東信堂
馬越徹（2010）『韓国大学改革のダイナミズム―ワールドクラス（WCU）への挑戦―』東信堂
江淵一公（1997）『大学国際化の研究』玉川大学出版部
大石俊一（1990）『「英語」イデオロギーを問う―西欧精神との格闘―』開文社出版

大石俊一（1997）『英語帝国主義論―英語支配をどうするのか―』近代文芸社
大石俊一（2005）『英語帝国主義に抗する理念』明石書店
太田浩（2010）「キャンパス・アジア構想―留学生交流の現場から―」教育学術新聞
岡本佐智子（2007）「『安泰な』言語であるために」『北海道文教大学論集』, (8), 53-72.
小倉紀蔵（2011）「朝鮮語―思考停止の外国語―」大木充・西山教行編『マルチ言語宣言　なぜ英語以外の外国語を学ぶのか』京都大学学術出版会, 21-41.
小田博志（2010）『エスノグラフィー入門〈現場〉を質的研究する』春秋社
川村湊（2004）『海を渡った日本語　植民地の「国語」の時間』、青土社
韓国教育開発研究院（2007）『私教育の効果、需要および影響要因についての研究』
黄福涛（2013）「中国の研究大学における英語による授業の開設―学生への調査とインタビューの分析結果を手がかりとして―」『広島大学高等教育研究開発センター大学論集』第44集, 243-254.
GIARI（Global Institute of Asian Regional Integration：早稲田大学グローバルCOEプログラム　アジア地域統合のための世界的人材育成拠点）『アジア学生調査（2008）』Available at: http://www.waseda-giari.jp/jpn/research/achievements_detail/873.html
北村文（2011）『英語は女を救うのか』双書Zero
喜多村和之（1984）『大学教育の国際化』玉川大学出版部
キム・ジュホン（代表著者）（2009）『韓国で世界を抱く』エディットワールド（韓国語文献）（김주헌대표저자（2009）『한국에서 세계를 품다』에딧더월드）.
金美蘭（2008）『韓国における大学国際化の現況と評価　各大学や第三者機関による大学の国際化に関する評価に係る調査研究』東北大学高等教育開発センター, 273-316.
グラッドル, D. 著, 山岸勝栄訳（1999）『英語の未来』研究社出版
クリスタル, D. 著, 国弘正雄訳（1999）『地球語としての英語』みすず書房
グールドナー, A.W. 著, 原田達訳（1998）『知の資本論』新曜社
栗田匡相（2012）「グローバリゼーションとアジア地域研究―アジア地域統合を思考するために―」浦田秀次郎・金ゼンマ編『グローバリゼーションとアジア地域統合』（天児慧編集代表・アジア地域統合講座　総合研究シリーズ2）勁草書房, 66-88.
クルマス, F. 著, 諏訪功他訳（1993）『ことばの経済学』大修館書店
黒田一雄（2008a）「アジアにおける地域連携教育フレームワークの構築に関する歴史的・理念的展望」杉村美紀・黒田一雄（研究代表）『アジアにおける地域連携教育フレームワークと大学間連携事例の検証』報告書（文部科学省平成20年度国際開発協力サポートセンター・プロジェクト）, 247-269.
黒田一雄（2008b）「アジアの高等教育―市場化と国際化の中の自立的発展―」（ワセダアジアレビュー総力特集　アジアにおける教育のダイナミズム）『ワセダアジアレビュー』, (4), 5-10.
黒田一雄（2012）「アジアにおける地域的高等教育フレームワークの構築」浦田秀次郎・

金ゼンマ編『グローバリゼーションとアジア地域統合』(天児慧編集代表・アジア地域統合講座　総合研究シリーズ2) 勁草書房, 232-254.
黒田千晴 (2012)「中国の高等教育における英語を教授媒介言語とした教育について―留学生を対象にした人文社会学系の修士学位プログラムを中心に―」日本比較教育学会第48回大会発表資料
小林明 (2011)「日本人学生の海外留学阻害要因と今後の対策」ウェブマガジン『留学交流』(独立行政法人日本学生支援機構) 5月号 Vol. 2
権藤与志夫編 (1991)『世界の留学―現状と課題―』東信堂
坂本昭 (1991)「欧州共同体の留学生―その目的と可能性」、権藤与志夫編 (1991)『世界の留学 ―現状と課題―』東信堂
サンデロウスキー, M. (2013)『質的研究をめぐる10のキークエスチョン』医学書院
渋谷謙次郎 (2004)「欧州における主権・人権・言語権」『ことばと社会　別冊・ヨーロッパの多言語主義はどこまできたか』三元社, 135-141.
嶋内佐絵 (2009)「韓国の留学生政策」ベネッセコーポレーション (平成20年度産業競争力強化高度人材育成事業委託費)「留学生・海外体験者の国外における能力開発を中心とした労働・経済政策に関する研究調査」〈報告書〉第三章, 112-163.
嶋内佐絵 (2012a)「東アジアにおける高等教育の国際化・地域化と言語」『アジア太平洋研究科論集』23, 173-190.
嶋内佐絵・寺沢拓敬 (2012b)『英語力がアジア人意識に及ぼす効果―アジア・バロメーターとアジア学生調査の計量分析を通して―』日本「アジア英語」学会『アジア英語研究』14, 84-105.
嶋内佐絵 (2012c)「日本における高等教育の国際化と『英語プログラム』に関する研究」日本国際教育学会『国際教育』第18号, 1-17.
嶋内佐絵 (2012d)「韓国の私立大学における英語プログラムの発展と課題」『教育学術新聞2486号　アルカディア学報No.484』日本私立大学協会
嶋内佐絵 (2013a)「留学生移動の地域化―高等教育における"東アジア化する東アジア"―」, 天児慧・松岡俊二他編著『アジア地域統合学　総説と資料』(アジア地域統合講座総合研究シリーズ) 勁草書房, 280-282.
嶋内佐絵 (2013b)「東アジアにおける高等教育の国際化・地域化と言語」黒田一雄編『アジアの高等教育ガバナンス』(第五章) (アジア地域統合講座総合研究シリーズ) 勁草書房, 92-117.
嶋内佐絵 (2013c)「北東アジアにおける高等教育の国際化と言語」樋口謙一郎編『東アジアのことばと言語』大学教育出版, 119-217.
嶋内佐絵 (2014a)「なぜ英語プログラムに留学するのか？―日韓高等教育留学におけるプッシュ・プル要因の質的分析を通して―」『教育社会学研究』日本教育社会学会第94集, 303-324.
嶋内佐絵 (2014b)「非英語圏における英語による高等教育プログラムとその課題―日韓旗艦大学の留学生に対する質的調査から」『アジア教育』第8巻, アジア教育

学会，29-42.
嶋内佐絵（2014c）「グローバル人材育成政策と大学の国際化に関する一考察」『横浜市立大学論叢・人文科学系列』第66巻第1号，109-126.
嶋内佐絵（2015a）「韓国高等教育の国際化と英語による学位プログラムに関する一考察―国際大学院における質的分析を中心として―」『防衛大学校紀要人文科学分冊』第110輯，83-103.
嶋内佐絵（2015b）「国際理解教育における歴史教育の意義―韓国でのピースツアーの実施報告をふまえて―」『横浜市立大学論叢・社会科学系列』第66巻第2号，117-129.
白石さや（2008）「どこから？どこへ？遍路札所を結ぶアジア・太平洋の高等教育ネットワーク構築」『アジア研究』54 (4)，44-55.
ネリエール, J. P.・ホン, D. 著, グローバル人材開発訳（2011）『世界ノグロービッシュ 1500語で通じる驚異の英語術』東洋経済新報社
杉村美紀（2007）「留学生の移動と共同体形成」西川潤・平野健一郎編『国際移動と社会変容』（『東アジア共同体の構築』3巻）岩波書店，179-202.
杉村美紀（2008）「アジアにおける留学生政策と留学生移動」『アジア研究』, 54, (4), 10-25.
杉村美紀（2011）「アジアにおける学生移動と高等教育の国際化の課題」『メディア教育研究』8, (1), 13-21.
関口靖広（2013）『教育研究のための質的研究法講座』北大路書房
セン，A. 著，大門毅編，東郷えりか翻訳（2011）『アイデンティティと暴力：運命は幻想である』勁草書房
園田茂人（2007a）「都市中間層の台頭と新たなアイデンティティの形成？」西川潤・平野健一郎編『国際移動と社会変容』（『東アジア共同体の構築』3巻）岩波書店，287-301.
園田茂人（2007b）『東アジア共同体成立の心理的基盤を探る―アジア人意識への社会学的アプローチ―』GIARI Working Paper, 3, 1-10.
園田茂人（2007c）「民主化動因としてのアジア中間層の実体―アジア・バロメーターからの知見―」, 西川潤・蕭新煌編『東アジアの社会運動と民主化』明石書店，224-243
園田茂人（2007d）「『アジア・バロメーター』に見るアジアのカタチ　第3回アジアの中のアジア人意識」ワセダアジアレビュー Vol. 3，28-31.
田辺俊介（2010）『ナショナル・アイデンティティの国際比較』慶應義塾大学出版
多仁安代（2000）『大東亜共栄圏と日本語』勁草書房
谷口誠（2004）『東アジア共同体 経済統合のゆくえと日本』岩波新書
勅使河原三保子・上田哲史（2008）『英語による大学院レベル工学系授業の質向上を目指して―授業受講支援の実施状況とアンケート結果調査―』大学教育研究ジャーナル第5号，123-127.
津田幸男編（1993）『英語支配への異論』第三書館

津田幸男（2003）『英語支配とは何か―私の国際言語政策論―』明石書店
津田幸男（2005）『言語・情報・文化の英語支配』明石書店
東京大学大学院教育学研究科 大学経営・政策コース夏期集中講義「比較大学経営政策論（2）」参加者一同（2008）「韓国の大学の事例研究・大学の国際化」
恒松直美（2007）「広島大学短期交換留学プログラム留学生の受講授業の多様性―日本留学の意義と魅力―」『広島大学留学生センター紀要』17, 11-32.
恒吉僚子・近藤安月子・丸山千歌（2007）「国際化戦略としての英語―東京大学短期交換留学プログラムの事例―」『東京大学大学院教育学研究科紀要』, 47, 87-100.
寺沢拓敬（2015）『「日本人と英語」の社会学 なぜ英語教育論は誤解だらけなのか』研究社
ドーア, R. P. 著, 松居弘道訳（1978）『学歴社会―新しい文明病―』岩波書店
トロウ, M. 著, 天野郁夫・喜多村和之訳（1976）『高学歴社会の大学―エリートからマスへ―』東京大学出版会
トロウ, M. 著, 喜多村和之訳（2000）『高度情報社会の大学―マスからユニバーサルへ―』玉川大学出版部
中井俊樹（2011）「英語による授業のための FD の課題」日本学生支援機構ウェブマガジン「留学交流」2011 年 9 月号, Vol.6
西川潤・平野健一郎（2007）「総論 東アジアの地域化を推進するもの」西川潤・平野健一郎『東アジア共同体の構築 3 国際移動と社会変容』岩波書店, 1-35.
日本学術振興会（2010）行政刷新懐疑「事業仕分け」参考資料⑨ ワーキンググループ A 評価コメント 事業番号 A-27(1) 国際化拠点整備事業 A-27 (2) 大学の世界展開力強化事業. Available at: http://www.jsps.go.jp/j-tenkairyoku/data/meibo_siryou/h23/sankou09.pdf
日本学術振興会（2012）「大学の国際化のためのネットワーク形成推進事業 中間評価結果の総括（平成 24 年 2 月 27 日）」. Available at: http://www.jsps.go.jp/j-kokusaika/data/chukan_hyoka/hyoka_kekka/h21/hyoukakekka_all.pdf
日本学生支援機構（2014）「外国人留学生受け入れ数の多い大学」（平成 26 年 5 月 1 日現在の在籍者数）Available at: http://www.jasso.go.jp/statistics/intl_student/ref14_02.html
日本学生支援機構（2015a）「平成 26 年度外国人留学生在籍状況調査結果」（平成 27 年 2 月）Available at: http://www.jasso.go.jp/statistics/intl_student/data14.html
日本学生支援機構（2015b）「University Degree Courses Offered in English」（平成 27 年 3 月）Available at: http://www.jasso.go.jp/en/study_j/search/__icsFiles/afieldfile/2015/11/24/b_degree_english.pdf
日本経済新聞「スーパーグローバル大「外国人教員等」実態は経験浅い日本人」2015 年 9 月 28 日朝刊. Available at: http://www.nikkei.com/article/DGKKZO92094740V20C15A9CK8000/
ニューズウィーク（日本版）2011 年 5 月 25 日号特集「日本人と英語」, 44-55
ネトル, D.・ロメイン, S. 著, 島村宣男訳（2001）『消えゆく言語たち―失われることば、

失われる世界─』新曜社
野水勉（2006）「英語による「短期留学プログラム」がもたらした国立大学の国際化─短期留学推進制度の10年間─」『国家戦略としての教授用語の英語化─短期留学プログラムの多国間比較研究─』平成15-17年度科学研究費補助金基盤研究B(2)，第2章，13-27.
ブルデュー，P.・パスロン，J.著，宮島喬訳（1991）『再生産─教育・社会・文化─』藤原書店
樋口謙一郎・木村隆（2010）「韓国の『英語村』─現状と展望─」『中部地区英語教育学会紀要』，39, 135-140.
平塚益徳監修（1980）『世界教育事典』ぎょうせい
平野健一郎（2006）「国際移動時代のナショナリズムと文化」『インターカルチュラル』，4, 2-22.
平野健一郎（2007）「東アジア地域交流と新たな文化の形成」西川潤・平野健一郎編『国際移動と社会変容』（『東アジア共同体の構築』3巻）岩波書店，125-154.
船橋洋一（2000）『あえて英語公用語論』文春新書
フリック，U.著，小田博志他訳（2002）『質的研究入門─「人間の科学」のための方法論─』春秋社
ブレーヌ，M.（1997）「EUの多言語主義政策」三浦信孝編『多言語主義とはなにか』藤原書店，106-116.
ブレイ，M.他編著，杉村美紀他訳（2011）『比較教育研究　何をどう比較するか』上智大学出版
堀晋也・西山教行（2013）「ヨーロッパに多言語主義は浸透しているか：ユーロバロメーター2001, 2005, 2012からの考察」. *Revue japonaise de didactique du fran ais*, 8(2).
本名信行（2006）『英語はアジアを結ぶ』玉川大学出版部
三浦信孝編（1997）『多言語主義とは何か』藤原書店
三浦信孝・糟谷啓介編（2000）『言語帝国主義とは何か』藤原書店
三浦信孝（2011）「文化的多様性と多言語主義　多言語的で発信型の外国語教育のために」大木充・西山教行編『マルチ言語宣言　なぜ英語以外の外国語を学ぶのか』京都大学学術出版会，217-236.
村田雄二郎（2002）「グローバル化時代の言語交流」『ことばと社会6号　漢字文化圏の文字ナショナリズム②』三元社，4-5.
メリアム, S. B.著, 堀薫夫他訳(2004)『質的調査法入門─教育におけるケース・スタディ─』ミネルヴァ書房
毛里和子（2007）「総論「東アジア共同体」を設計する─現代アジア学へのチャレンジ」山本武彦・天児慧『東アジア共同体の構築1　新たな地域形成』岩波書店，1-34.
森川裕二（2006）「留学生交流」毛里和子・森川裕二編『東アジア共同体の構築　図説ネットワーク解析』，228-229.
文部科学省（2003）「当初の留学生受入れ10万人計画」の概要
　　Available at: http://www.mext.go.jp/b_menu/shingi/chukyo/chukyo4/007/

gijiroku/030101/2-1.htm
文部科学省（2005）「大学等の教育情報の公表の促進について」．Available at: http://www.mext.go.jp/a_menu/koutou/kouhyou/1295576.htm
文部科学省（2010）「第一回日中韓大学間交流連携推進会議」により「CAMPUS Asia スタート」．Available at: http://www.mext.go.jp/a_menu/koutou/shitu/1292771.htm
文部科学省（2011a）「産学官によるグローバル人材育成のための戦略」平成23年4月28日産学連携によるグローバル人材育成推進会議．Available at: http://www.mext.go.jp/component/a_menu/education/detail/__icsFiles/afieldfile/2011/06/01/1301460_1.pdf
文部科学省（2011b）「我が国の留学生制度の概要　受入れ及び派遣」平成22年度文部科学省高等教育局学生・留学生課．Available at: http://www.mext.go.jp/component/a_menu/education/detail/__icsFiles/afieldfile/2011/12/12/1286521_4.pdf
文部科学省（2012a）『大学における教育内容等の改革状況について（概要）』高等教育局大学振興課大学改革推進室，32-33．
文部科学省（2012b）『教育指標の国際比較』（平成24年度版）．Available at: http://www.mext.go.jp/b_menu/toukei/data/kokusai/__icsFiles/afieldfile/2012/07/26/1318687_2_1.pdf
文部科学省・高等教育局大学振興課大学改革推進室（2013）『平成23年度 大学における教育内容等の改革状況について（概要）』，34-35頁「④英語による授業の実施状況」および「⑤英語による授業のみで卒業できる学科等がある学部」．Available at: http://www.mext.go.jp/a_menu/koutou/daigaku/04052801/__icsFiles/afieldfile/2013/11/27/1341433_04_1.pdf
文部科学省（2015）「日本人の海外留学状況」（平成27年2月文部科学省集計）．Available at: http://www.mext.go.jp/a_menu/koutou/ryugaku/__icsFiles/afieldfile/2015/03/09/1345878_01.pdf
梁石日（1990）『アジア的身体』青峰社
梁石日他（2002）「総合討論―国家に回収されないアイデンティティとは？―」青木保他編集委員『アジア新世紀3　アイデンティティ　解体と再構成』岩波書店，1-44．
山内乾史（2011）「比較教育学とはどのような学問か―高等教育研究からの視点―」『比較教育学研究』，42, 159-168．
山内乾史（2012）「各国の才能教育事情　才能教育について（概説）―日本における状況―」『比較教育学研究』，45, 3-21．
山本吉宣（2007）「地域統合理論と『東アジア共同体』」毛里和子編集代表，天児慧・山本武彦編『東アジア共同体の構築1　新たな地域形成』岩波書店
横田雅弘・小林明編（2013）『大学の国際化と日本人学生の国際志向性』学文社
米澤彰純（2013）「課題型教育研究と比較教育学―高等教育グローバル化・領域拡大

の中で変化する役割と期待―」山田肖子・森下稔編著『比較教育学の地平を拓く　多様な学問観と知の共働』東信堂

四方田犬彦（2003）「アリラン、ガムラン」青木保ほか編集委員『アジア新世紀8　構想　アジア新世紀へ』岩波書店，213-222．

レ・タン・コイ著，前平泰志訳（1991）『比較教育学　グローバルな視座を求めて』行路社

あとがき

　折しも、排除と包摂、異質なものとの共存と多文化理解は、21世紀の世界の人びとが抱える最大のテーマである。本書の研究対象である高等教育における英語プログラムとは、様々な社会に生きる多様な学生たちが移動し交流する知的アリーナであり、人生のある一定期間を共有するなかで水平的な関係性を築くことのできる場所でもある。また、それぞれの社会にとっても、「グローバル人材とはなにか」「国際的資質とはなにか」という今日的課題やビジョンの縮図ともなっている。

　学生時代にバックパッカーだった私は、50カ国以上を1人旅するなかで、違和感、連帯感、葛藤や喜びなど様々な感情と向き合いながら、自分自身が移動してどこかの世界に身を置き、コミュニケーションを通して自分で体感することの重要性を感じてきた。また、大学卒業後、韓国の留学院（海外大学留学予備校）で仕事をすることになり、韓国人学生を日本の大学へ正規留学生として送り出すことを通して、留学が彼らの価値観を広げ、可能性を伸ばしていくということを実感した。これら一連の経験がどこかでつながって、留学生交流と国際教育という分野での研究を志すきっかけになった。本書で示したように、「英語プログラム」は2000年代後半以降急速に増え続け、多様化しつつある。そのなかで本書の提示した留学の形や学生の経験における変容とそれらがもたらす様々な課題と考察が、国際化戦略や教育実践上の参考になれば幸いである。

＊＊＊＊＊＊

　本書は2012年9月に早稲田大学アジア太平洋研究科に提出した博士論文「東アジア高等教育の国際化・地域化と英語による学位プログラム（EMIDP）

の『地域の創造』に対するインパクト―日韓リーディング大学を中心として―」をベースに、大幅な加筆・修正と、可能な限りのデータ更新を行ったものである。博士論文の執筆にあたっては、多くの方からご指導を頂いた。特に2007年に同大学院の修士課程に入学してから、5年にわたってご指導下さった黒田一雄先生、また博士論文審査委員会で中間発表のときから建設的なご批判とコメントを下さったグラシア・ファーラー先生、平川幸子先生、院生時より様々な研究プロジェクトにお声掛け頂き、博士号取得後は日本学術振興会特別研究員（PD）として受け入れて下さった上智大学総合人間科学部の杉村美紀先生に、心より御礼を申し上げたい。特に黒田先生と杉村先生は、研究指導だけでなく、日本学術振興会DC1およびPDへの応募時や女性研究者助成、学術出版助成、また多くの公募書類等の推薦状を書いて下さり、私の研究者として、大学教員としてのキャリアを応援して下さった。社会人を経て大学院に入り直した私が、博士号を取得し、博論の書籍化まで順調に研究を続けてこられたのも、両先生の温かいサポートがあったからこそである。重ねて謝意を表したい。

母校である早稲田大学では、学部時代を含め11年以上の月日を過ごし、たくさんの出会いと成長の機会を得た。大学院に戻って研究を始めようと考えたとき、真っ先に脳裏に浮かんだのは早稲田大学アジア太平洋研究科（GSAPS）であり、GSAPSでの学びの経験がなければ、今回のような研究課題に取り組むことはなかったのではないかと思う。黒田ゼミでは指導教員の先生とも尊敬する先輩研究者として議論できるリベラルで開かれた環境があり、各国から集まった研究者志望の留学生と互いが持つ異なる背景と能力、知的関心で刺激し合いながら、多くの国際学会に一緒に参加し、活発な院生生活を送ることができた。また、早稲田大学グローバルCOEプログラム「アジア地域統合のための世界的人材育成拠点」（GIARI）では、「社会統合とネットワーク」グループのフェローとして多くの国際シンポジウムや研究プロジェクト、海外研究者との交流プログラムに参加し、知見を広げる機会を得た。GIARIで研究科内に用意していただいた研究室には、1年半の

間まるで自宅のように毎日朝から深夜までこもり、研究を行うことができた。また、3年半という短い期間で博士論文を完成させることが出来、入院や出産などによって研究を中断せざるを得ない期間を経ながらも、現在まで研究を続けていられるのは、博士課程在学時から日本学術振興会特別研究員（DC1）、博士号取得後はPDとして採用して頂いたことが大きい。研究調査を始め海外の国際学会にも数多く参加することが出来、研究に専念する時間と精神的な支えを与えて頂いたと思っている。この場を借りて、心より感謝したい。

　学外でも、私立高等教育研究所の「日韓私立大学の国際化プロジェクト」を通して、韓国の大学への度重なる大学訪問や日韓の英語プログラム調査を行うことが出来、米澤彰純先生（名古屋大学）には大変お世話になった。日本比較教育学会では、樋口謙一郎先生（椙山女学園大学）、田中光晴先生（東北大学）、山下達也先生（明治大学）、山﨑直也先生（帝京大学）と2年にわたり地域研究と比較教育に関するラウンドテーブルを開催し、日本人学生の留学離れや教員の国際的資質を研究課題とした科研でもご一緒するなかで、多くの研究関心を共有する同世代の研究者として毎回刺激を頂いている。また、PDとしての2年目には、ハワイ大学マノア校のJohn Hawkins先生のご紹介でEast-West Centerで在外研究のチャンスを頂いた。加えて度重なる日本訪問や米国比較教育学会で研究の相談や発表を聞いて下さり、建設的な意見を下さったJane Knight先生にも感謝を表したい。

　比較・国際教育の研究者としてだけでなく、大学教員としては、非常勤先の横浜市立大学で国内学生と留学生を対象に「多文化交流ゼミ」という英語による日本研究とグローバルコミュニケーション、比較教育のセミナーを担当する機会を得、英語による教育（English-medium Education）の実践者として貴重な経験をさせて頂いている。当初韓国語の非常勤講師公募で面接に行ったにも関わらず、履歴書を見て多文化交流ゼミの非常勤講師として抜擢してくださった岡田公夫先生（横浜市立大学）に心より御礼申し上げたい。

比較・国際教育、高等教育の研究者として、またその実践者として教育の現場に立つことは私が目指す大学教員の理想型であり、学生たちとの学びと交流を通し、教員として、また人間として成長させてもらっていると感じている。またすでに退職しているが、同じく非常勤講師として英語教育を行っていた防衛大学校でも貴重な体験をすることができた。研究調査に訪れた大学では、今回掲載できなかったものも含め、多くの学生たちと先生方が積極的にインタビューに応えてくれた。研究者として、教員としての活動のなかで出会ったすべての人たち、そして最後に、今回学術出版を申請時から応援し、出版を実現化して下さった東信堂の皆さまに心からの感謝を表したい。

＊＊＊＊＊＊

博士論文は2010年から2012年の夏にかけて執筆し、今回の出版を行うにあたっての加筆・修正、校正等は2014年から2016年の年始にかけて行った。博士論文提出後からは、入院、結婚、妊娠、出産、子育てと様々な重大イベントと重なり、生活が劇的に変化するなか、家族が私の仕事と自由を理解してくれたおかげで、好きな研究と教育活動を続けることができた。常に私の考えを尊重し応援してくれる両親と夫、そして私が仕事をする間、保育園や祖父母の家で元気に遊び、日々の成長を通して生きることの楽しさを教えてくれるもうすぐ1歳になる息子と、おなかのなかですくすくと育っている2人目の子どもに、とても感謝しています。

2016年1月吉日
嶋内　佐絵

事項索引

アルファベット

AIMS（ASEAN International Mobility of Students Programme）……25
ASEAN＋3……12, 20, 83, 91, 100-101
ASEAN 共同体……25, 90
ASEAN 共同体形成……25, 90
ASEAN 憲章……25, 90
ASEAN 首脳会議……90
ASEAN 大学……90
Asia-Vision サーベイ……91, 103
AUN（アセアン大学ネットワーク）……22, 25, 26, 90, 91, 163, 253, 259
Banal Nationalism（平凡なナショナリズム）……235
Brain Drain（＝頭脳流出）……37, 75, 97, 137
Brain Exchange（＝頭脳交換）……97
Brain Korea 21……55, 108, 154
Brain Reverse（＝頭脳還流）……37, 75, 97, 252
Brain Train……97
CEFR（ヨーロッパ言語共通参照枠）……250
CLIL（Content and Language Integrated Learning: 内容言語統合型学習）……250
Council of Europe……30, 31
EMI……7, 10, 11, 14, 33, 57, 60-64, 66, 100, 124, 186
EMT（English-medium Teaching）……10
ESL……149, 150, 249
EU（欧州連合）……28
IIE（Institute of International Education）……34, 45, 47,
JET プログラム……56
JICA（国際協力機構）……135
JICA・AUN/SEED-Net（ASEAN 工学系高等教育ネットワーク）……25
MEST……49
ODA 式受け入れ……44
OECD……41, 62, 194
RELC……25
RELC Journal……25
SEAMEO RIHED……25
SKY（ソウル国立大学、高麗大学、延世大学）……62, 139, 145, 162

S³ Asia MBA	26
Study in Korea	63, 110
Study Korea Project	49, 54, 63, 137
Study Korea Project 発展方案	55
TaLk プログラム	56
The Times Higher Education, World University Rankings	77
3 Campus Comparative East Asian Studies	26
U ターン留学	136, 183, 245
World Englishes	79

ア行

アイデンティティ形成	7, 25, 86, 90, 91
アカデミックカルチャー	78, 98, 208, 228, 248
アカデミック・リンガフランカ	77
アジア学生調査	91, 93, 94, 102
アジア式西洋文化	192
アジア主義	85
アジア人意識	86, 89, 91-96, 245
アジア的価値観	89
アジア・バロメーター	89, 91-94, 102
アジア版エラスムス計画	23, 82
アセアン・アイデンティティ（ASEAN identity）	90
異文化理解型	29
インパクトファクター	77
受け入れ外国人留学生	44, 45, 48, 49, 137
内向き志向	46, 51, 54, 57, 130, 199
上向き志向	253
英語イマージョン教育案	56
英語化	14, 33, 35, 36, 54, 55, 130, 234
英語格差（English Divide）	82, 83, 97, 190, 214-217, 248, 249, 256
英語学習熱	i, 41, 57, 58, 236
英語が使える日本人	51, 52, 66
「英語が使える日本人」の育成のための計画行動	51, 52
英語圏の教育スタイル	193, 251
英語圏博士号取得者	78
英語圏への留学	5, 35, 37, 46, 59, 145, 188, 197

英語圏への留学志向（＝英語圏への留学熱）……………………………………5, 145
英語公教育ロードマップ……………………………………………………………55
英語帝国主義……………………………………59, 71, 74, 79, 81, 82, 97, 98, 100, 213-215, 220, 248, 250
英語帝国主義批判………………………………………………………79, 81, 214, 215, 220
英語ナショナリズム……………………………………………………………………80
英語による教育課程…………………………………………………………………4, 157
英語によるコミュニケーション能力………………………………………………52, 75
英語熱………………………………………………………………56, 59-60, 64, 99, 136, 188
英語の「経済性」（英語の経済性）………………………………………………212, 213
英語の優位性…………………………………………………………………………33, 52
英語の「有用性」……………………………………………………………………212
英語＋α ………………………………………………………………………220, 221, 249
英語プログラム学部・研究科……124-126, 131, 139, 142-146, 149, 158, 177, 188, 189, 218, 222, 227, 228, 231, 233, 237, 244, 247
英語プログラムコース………………………………119, 122, 124, 127, 128, 135, 142-144, 158
英語プログラム大学………………………………………124, 125, 142-144, 146-147, 187, 201, 218
英語プログラム大学院………………………146, 187, 188, 201, 202, 218, 225, 227, 230, 235, 237
英語村……………………………………………………………………………………56
英語力仮説…………………………………………………………………………92, 93
英語力効果…………………………………………………………………………94, 95
エラスムス計画………………………………………………………………29, 30, 82, 84
エリート主義………………………………………………………………30, 36, 66, 97-98
欧州市民意識………………………………………………………………………29, 30
欧州統合………………………………………………………………………………27
欧州評議会…………………………………………………………………………29, 31
欧米式植民地モデル…………………………………………………………………76
欧米スタンダード……………………………………………………………………61
送り出し韓国人留学生数…………………………………………………………47, 54
送り出し日本人留学生数……………………………………………………………46
送り出しの英語圏志向………………………………………………………………44

カ行

海外学位取得者………………………………………………………………………43
海外高度人材…………………………………………………………………………56
海外留学………i, 33, 37, 45-47, 51, 52, 54, 56, 57, 125, 130, 131, 138, 154, 175, 198, 199, 208, 209
海外留学渋り………………………………………………………………………130

海外旅行抑制政策 …………………………………………………………………………… 54
外国人教員 …………………………………………… 43, 53, 63, 68, 78, 114, 124, 137, 149, 176, 185
学位取得型 ……………………………………………………………………………………… 29
学院 ………………………………………………………………………………………… 62, 236
学術的帝国主義（Academic Imperialism）……………………………………………… 97, 99
学術的な従属性 ………………………………………………………………………………… 78
学生の選別度（＝学生の選別機能）……………………………………………………… 132, 149
学生リクルート ……………………………………………………………… 6, 132, 146, 148
学歴至上主義 …………………………………………………………………………………… 62
学歴病 ……………………………………………………………………………………… 74, 75
隠れたカリキュラム（hidden curriculum）………………………………………………… 251
韓国開発研究院 ………………………………………………………………………………… 62
韓国教育開発研究院 …………………………………………………………………………… 62
韓国教育科学技術部 ……………………………………………………………………… 47-48, 55
韓国における受け入れ外国人留学生数 ……………………………………………………… 48
韓国の世界化 …………………………………………………………………………………… 54
キコク …………………………………………………………………………… 233, 237, 253
帰国子女 ……………………… 37, 120, 133, 136, 145, 174, 181, 201, 215, 231, 232, 235, 236, 257
キャンパス・アジア構想 ……………………………………………………… 9, 22, 23, 51, 57
キャンパス・アジアプログラム ………………………………………………………… 91, 175
教育科学技術部 ……………………………………………… 47, 48, 55, 109, 110, 148, 157
教育拠点としてのプレゼンス ……………………………………………………………… 22, 66
教育貿易収支の赤字 ……………………………………………………………… 11, 49, 137
共感共同体 ………………………………………………………………………………… 87, 244
行政刷新会議（事業仕分け）…………………………………………………………………… 53
共同体市民 ……………………………………………………………………………………… 28
共同体理解型 ……………………………………………………………………………… 29, 257
グローバル 30 … 7, 22, 51, 52, 65, 66, 108, 111, 117-119, 121, 122, 127, 128, 134, 140, 151, 154, 157, 161, 162, 174, 176
グローバル COE （Global Center of Excellence） プログラム ………………… 51, 52, 102, 175
グローバル人材 7, 24, 51-53, 65, 66, 68, 125, 126, 128-132, 134, 144, 147, 150, 151, 153, 155-157, 174, 179-181, 193, 209, 231, 247, 249, 255, 261
グローバル人材育成会議 ……………………………………………………………… 51, 125, 130
グローバル人材育成型 129-132, 134, 144, 147, 150-151, 153, 155, 156, 157, 174, 179-181, 193, 209, 231, 247, 249
グローバル人材育成推進会議 ………………………………………………………………… 52

グローバル人材育成推進事業 ··· 51, 53
グローバルな志向性 ·· 96, 240, 255
グローバルリテラシー ··· 50, 52, 80
グロービッシュ ·· 219, 220, 250
クロスロード型 … 100, 129, 132-134, 144, 145, 147, 153, 155, 157, 160-162, 174, 175, 179-181,
  193, 209, 222, 225, 228, 231, 238, 248, 252
京城帝国大学 ··· 43
形態別類型化 ··· 6
ケーススタディ ·· 7, 13, 14, 35, 61, 63, 65, 100, 125, 160, 161, 164, 209, 236
研究大学 ··· iii, 23, 118
言語共同体 ·· 86-88, 244
言語権 ·· 31
「言語習得と言語の多様性の促進」（"Promoting language learning and linguistic diversity"）
  に関するアクション・プラン（An Action Plan 2004-2006） ·· 32
交換留学プログラム ·· 25, 33, 61, 131
高等教育の国際化（＝高等教育国際化）··i-iii, 6, 8, 14, 17, 19, 20, 27, 39, 49, 50, 52, 53, 55, 65-
  67, 71, 73, 83, 96, 97, 99-101, 108, 154, 160, 163, 165, 195
高等教育の大衆化 ··· 43, 92
皇民化教育 ·· 40
語学堂 ·· 153, 177, 179, 222, 242, 243
国際意識 ··· 259
国際学 ·· 10, 102, 110, 139, 141-143, 155, 160, 164, 165, 169, 176-178, 180, 186, 251
国際学部 ··· 10, 102, 139, 141-143, 169, 176, 178, 180, 192
国際化政策 ····································· ii, 8, 50, 52, 54, 55, 65, 66, 73, 127, 155, 160, 207, 208, 257
国際化戦略 ····································· i, 4, 7, 8, 19, 22, 33, 37, 50, 55, 64, 73, 100, 156, 160, 199, 203
国際化の終わり ·· 20
国際教育 ··· iii, 55, 66, 99, 110, 126, 128, 174, 255
国際教養 ··· 120, 122, 123, 142, 160, 164, 165, 251
国際教養学部 ·· 10, 11, 111, 119, 125, 168, 173-175, 179-181, 184, 234
国際大学院 ········· 10, 11, 102, 110, 111, 139, 141-143, 166, 169, 176, 178, 180, 181, 184, 201, 230,
  237, 253
国際大学協会（International Association of Universities: IAU）································ 19
国際的教育研究拠点の形成 ·· 65
国際的競争力 ··· ii, 3, 22, 37, 52, 64, 65, 67, 77
国際的資質 ··· 132-134, 144, 258, 259
国際的対話力（グローバルリテラシー）·· 80

国際的（インターナショナル）な志向性 101, 151
国内移民 236
国内大学ランキング 42, 64, 66, 67, 137, 161
国内留学 56, 97, 130, 136, 157, 184
国内留学型 130
国民形成 3, 30
国民国家大学モデル 3
国民統合 30
コスモポリタン大学モデル 3
コスモポリタン的国民国家大学 4
国家的（ナショナル）な志向性 3, 73, 101, 151, 212, 240, 243, 247, 254, 255, 258
コレアン・アメリカン（＝韓国系アメリカ人） 56, 136, 145, 178, 183, 215, 235, 237, 239, 245, 253, 254
コンストラクティビズム 85

サ行

在外同胞 57, 237
逆さ現象 215, 248
サマースクール（International Summer School） 10, 11, 64
志向性 3, 7, 68, 73, 80, 95, 96, 99-103, 116, 146, 150, 151, 156, 165, 195, 196, 202, 204, 209, 211, 212, 228, 231, 233, 240, 243, 247, 248, 251-255, 258
自己循環論法 214
下からの地域統合 85
実証研究 7, 8
質的調査法 107, 159
私費留学生 44, 45, 48, 49
周縁 74, 77, 83, 215, 248
修学能力試験 42, 196, 236, 257
従属論 .... iii, 71, 72, 74, 75, 78, 97, 100
自由放任主義 193
純ジャパ 189, 231-235-238, 241, 253, 254
焦点的コーディング 172
女子学生のプレゼンス 184, 259
序列化 42
「自立」へ向かうアジア 75
私立優位型 42, 74

シンガポール宣言	90
人材の世界化	55, 66
随試	236, 237, 253
垂直的な留学生移動	194, 207
スーパーグローバル大学創成支援事業	7, 51, 53, 122
ステッピングストーン	102, 204, 205, 207, 208
スノーボール・サンプリング	166
スペック	18, 59, 60, 80, 211, 251
生活文化アイデンティティ創出型	89
正規留学生	6, 14, 100, 153, 160, 165, 167, 195
正試	231, 236, 237
西洋的な志向性	73, 150, 156, 240
西洋への志向性	195, 204, 243, 252
世界化	18, 40, 54, 55, 57, 65, 66, 68, 73, 147, 151, 247
「世界化」政策	40, 55
世界市民意識	94
世界大学ランキング	5, 34, 35, 57, 62, 64, 66, 67, 76, 77, 80, 143, 156, 161, 164, 204
セカンドチャンス	207, 208
世宗学堂	40
潜在的留学生	113, 147
先進文明吸収型	29
全大学調査	6, 107, 115, 136, 161, 247
増加スパイラル現象	213
早期留学	47, 54-57, 145, 201
想像の共同体	87
相対的な類似性	9, 40
外からの「国際化」	147

タ行

大学アルミ	110, 114, 144
大学院進学率	138
大学国際化	i, 63
大学進学率	41
大学全入時代	42, 74
大学の国際性	3
大学の世界展開力強化事業	24, 51, 52

体験留学プログラム……………………………………………………………64, 65
対抗意識………………………………………………………………………84, 248
大東亜共栄圏……………………………………………………………………85
多言語主義…………………………………………………………29, 30, 32, 79
短期留学推進制度………………………………………………………………50, 60
短期留学プログラム………………………………………………………7, 50, 60
地域アイデンティティ………………………………………85, 89-93, 96, 225
地域共同体……………………………………28, 29, 31, 85, 88-89, 91, 96,
地域共同体意識…………………………………………………………………29
地域研究型………………………………………………………………………29
「地域周遊型」の留学………………………………………………202, 207, 257
地域主義………………………………………………………………………84, 85
地域統合………………………24, 27, 30, 58, 71, 74, 82, 84-85, 89, 90, 103, 176
地域の創造………………………………………83-86, 94, 99, 172, 248, 258
済州島英語都市………………………………………………………………56, 279
知的アリーナ………………………………………………………………………4
知的共同体（＝知の共同体）…………………………3, 163, 164, 216, 217, 249
知的共同体形成……………………………………………………………163, 164
注入式教育…………………………………………………………………191, 192
朝鮮日報…………………………………………………………………………161
定員割れ………………41, 43, 64, 67, 126, 146, 147, 149, 152, 155, 156, 173, 193
ディシプリン……………………………………………………………………157, 225
出島化……………………………………………………………………135, 234, 235
出島型………………128-129, 134, 135, 144, 147, 150-152, 155, 156, 161, 181, 209
伝統的なプル要因………………………………………………………………198
同化型……………………………………………………150-152, 156, 161, 165, 181
同舟意識………………………………………………………………………89, 225
都市中間層………………………………………………………86, 87, 92, 93, 102
都市中間層連携論…………………………………………………86, 92, 102, 163
トライアングル・メソッド……………………………………………………107
トロウ・モデル…………………………………………………………………73

ナ行

ナショナリズム………………………41, 80, 81, 84, 87, 89, 228, 235, 250, 255
ナショナル・アイデンティティ………………………………………41, 91, 245
ナショナル・プッシュ要因………………………………………………197, 207

ナショナル・プル要因……………………………………197, 199, 202, 206, 208, 211, 221
21世紀COE (Center of Excellence) プログラム…………………………………50, 52
21世紀懇親会……………………………………………………………………………52
『21世紀日本の構想』報告書…………………………………………………………50
21世紀への留学生政策懇談会…………………………………………………………49
21世紀への留学生政策に関する提言…………………………………………………60
日米文化教育交流会議…………………………………………………………………50
日本学術振興会……………………………………………………………24, 51, 53, 132
日本学生支援機構（JASSO）……………………………10, 44, 45, 108, 109, 125
日本経済新聞……………………………………………………………………………78
日本語・韓国語要件…………………………………………………………………154
日本語別科………………………………………………………………………153, 154, 200
日本スタンダード………………………………………………………………………61
認識の共同体………………………………………………………………………85, 248, 258

ハ行

入り込み式受け入れ……………………………………………………………………45, 50
パラダイム転換（＝パラダイムシフト）……………………………………………i, ii, 14
半構造化インタビュー…………………………………………………………8, 14, 107, 169
反ナショナリズム仮説…………………………………………………………………89
ビエンチャン行動プログラム…………………………………………………………90
比較教育学…………………………………………………………………………iii, 8, 72
比較教育研究……………………………………………………………………8, 14, 39, 71-73
比較教育分析……………………………………………………………………………8
比較分析…………………………………………………………………i, 6, 8, 10, 71, 173, 259
東アジア共同体………………………………………………………………………23, 88
東アジア経済協議体……………………………………………………………………12
東アジア周遊……………………………………………………………………207, 253
東アジア主義……………………………………………………………………………85
東アジア首脳会議（East Asian Summit）…………………………………………12
東アジア地域統合……………………………………………………………71, 85, 89, 176
東アジアの東アジア化…………………………………………………………………20
東アジア4大学フォーラム（BESETOHA）………………………………………26, 38
フィールドワーク………………………………………………………………………9, 159
複言語主義……………………………………………………………………29-31, 79, 249, 250
複層的なアイデンティティ……………………………………………………………93

プッシュ要因 194, 195, 198, 206, 254
プル要因 194, 195, 197, 205-207, 211, 222
ブレイ・トマスキューブモデル 40, 71
文化共同体 88, 90
偏差値 42, 125, 132, 150
遍路型 29, 257
ポスト植民地主義 81, 82, 87

マ行

民主的市民（Democratic Citizenship）の育成 32
目的別類型化 6, 128, 144
文部科学省 23, 46, 52, 53, 60, 108, 114, 119, 138

ヤ行

ユーロバロメーター 32
ユニバーサル・アクセス型 42, 68, 74, 154
ヨーロッパ文化協定 29

ラ行

リージョナル・プル要因 200, 207
離層同化型 150-152, 156
リベラルアーツ 26, 119, 120, 123, 133, 143, 160, 164, 165, 177
留学生受け入れの「地域化」 43
留学生30万人計画 51
留学生10万人計画 50
留学動機 14, 167, 195, 196, 198, 199, 205-208, 221, 249
リンガフランカ 25, 32, 33, 77, 90, 92, 210

ワ行

われわれ意識 85, 86, 89, 92

人名索引

アルファベット

Adler, E. ……89
Altbach, P. G. ……iii, 5, 19, 34, 74, 76-77, 97, 165, 194
Anderson, B. ……87
Balan, J. ……iii
Barnett, M. ……89
Beacco, J. ……213
Bryam, M. ……213
Bhandari, R. ……35, 97-99
Belyavina, R. ……35, 97-99
Billing, M. ……235
Bradford, A. ……35
Bray, M. ……40
Breidbach, S. ……31
Brewer, E. ……251
Brandenburg, U. ……20
Byun, K. ……63
Canagarajah, A. S. ……83
Chapman, D. W. ……98
Choi, S. ……18
Chow, P. ……35
Clammer ……44
Coleman, J. A. ……33, 36, 82
Crystal, D. ……79, 81, 210
Cummings, W. ……194
Curry, M. J. ……77
De Wit ……20, 33, 35, 37
Deutsch, K. W. ……85
Doiz, Lasagabaster, D. ……35
Enders, J. ……17
Fulton, O. ……17
Ghazarian, P. G. ……48
Gopinathan, S. K. ……iii
Graddol, D. ……33

Harklau, L. ································· 238
Hayhoe, R. ································· 44
Hayatt, J. ································· 87
Holiday ································· 258
Hood, C. P. ································· 50
Ishikawa, M. ································· 5, 77
Kachru, B. B. ································· 87
Kang, H. ································· 62, 63, 79
Kerr, C. ································· 3
Kim, E. ································· 18
Kim, M. ································· 64
Kim, S. ································· 64
Kim, T. ································· 43
Kirkpatrick, A. ································· 25, 77, 90
Knight, J. ································· 17-18, 20, 66, 67, 76, 97
Kobayashi, Y. ································· 184
Kratoska, P. H. ································· 34
Kubota, R. ································· 255
Lulat, Y. ································· 194
Leask, B. ································· 251, 252
Lillis, T. ································· 77
Lo, W. Y. W. ································· 5, 77
Ma, W. ································· 97
Maiworm, F. ································· 29, 65
Marginson, S. ································· 66, 154
Mauranen, A. ································· 33
Mazzarol, T. ································· 194, 204
McMahill, C. ································· 257
Ninomiya, A., Knight ································· 66
Norton, B. ································· 79
Obara, Y. ································· 155
Park, H. S. ································· 63
Park, I. ································· 64
Park, J. S. ································· 60, 63, 254
Pavlenko, A. ································· 79
Pempel, T. J. ································· 85

Phillipson, R. ·· 35, 77, 81, 256
Postiglone, G. A. ··· 98
Rassol, N. ··· 82
Rostan, M. ·· 33
Rumbley, L. E. ··· 18, 19
Schwartz, P., Leyden, P. ··· 86
Scott, P. ·· 17
Shimmi, Y. ·· 45, 46
Shin, J. C. ·· 18
Sierra, J. ·· 36, 65
Skutnab-Kangas, T. ·· 79
Soutar, G. N. ··· 194, 204
Teichler, U. ·· 29
Umakoshi, T. ·· iii
Van Dijk, T. ·· 162
Van Leeuwen, C. ·· 33
Van der Wende, M. ·· 66
Wächter, B. ·· 33, 65, 118
Watanabe, A. ·· 66
Wende, M. ··· 17, 66
Wilkinson, R. ··· 65
Yonezawa, A. ·· 43, 45

ア行

青木保 ·· 87, 89, 93, 102, 162
天児慧 ··· 84, 89, 225, 248
アンダーソン, B. ··· 87
猪口孝 ·· 91
上田哲史 ·· 65
馬越徹 ··· 39, 42, 43, 66, 72, 74, 75, 248
浦田秀次郎 ··· 95
江淵公一 ··· 3
岡本佐智子 ··· 32
小倉紀蔵 ·· 99

カ行

糟谷啓介 ... 80
川村湊 ... 41
黄福涛 ... 65
喜多村和之 ... 3
北村文 ... 257
キム, J. H. ... 62
金泳三 ... 55
金美蘭 ... 63
木村隆 ... 56
グラッドル, D. ... 86, 88
栗田匡相 ... 91, 93, 103, 245
クルマス, F. ... 79, 212, 213
黒田一雄 ... iii, 9, 75, 95
黒田千晴 ... 9
小林明 ... 45, 46
権藤与志夫 ... 29, 257

サ行

佐伯啓思 ... 89
坂本昭 ... 28
志賀直哉 ... 58
渋谷謙次郎 ... 31
嶋内佐絵 ... 10, 23, 36, 64, 93-95, 255
白石さや ... 29, 85, 257
杉村美紀 ... 34, 88
セン, A. ... 245, 254
園田茂人 ... 89, 92-94

タ行

田辺俊介 ... 91
多仁安代 ... 41
谷口誠 ... 88
津田幸男 ... 58, 214
恒松直美 ... 61
恒吉僚子 ... 60, 61

勅使河原三保子 ··· 65
寺沢拓敬 ·· 93-95, 184
ドーア, R. P. ·· 41, 74, 75, 196
トロウ, M. ·· 42, 68, 73, 74, 196

ナ行

中井俊樹 ·· 98
西川潤 ··· 83, 84, 91
西山教行 ··· 32
ネトル, D ··· 214
ネリエール, J. P. ·· 219, 220
野水勉 ··· 60

ハ行

樋口謙一郎 ··· 56
平塚益徳 ··· 29
平野健一郎 ·· 83, 84, 89, 91
深川由起子 ··· 94
船橋洋一 ··· 80
ブルデュー, P. ··· 83
ブレイ, M. ··· 40, 71, 72
ブロンデル, J. ··· 91
堀晋也 ··· 32
本名信行 ·· 79, 213
ホン, D. ··· 220

マ行

三浦信孝 ·· 30, 80
村田雄二郎 ·· 26, 27
メリアム, S. B. ·· 159, 160
毛里和子 ··· 91
森有礼 ··· 58
森川裕二 ··· 95

ヤ行

山内乾史 ··· 39, 72, 73, 120, 125, 155
山本吉宣 ··· 89
横田雅弘 ··· 46
米澤彰純 ··· 39
四方田犬彦 ··· 84

ラ行

李明博 ··· 56
李星鎬 ··· 78
梁石日 ··· 87, 102, 244
レ, T. K. ··· 72
ロメイン, S. ··· 214

著者紹介

嶋内　佐絵（しまうち　さえ）

1980年横浜生まれ。Universiteit Leiden（オランダ・ライデン大学）留学、早稲田大学第一文学部卒業。2012年、早稲田大学アジア太平洋研究科博士課程単位取得退学。博士（学術）。日本学術振興会特別研究員（DC1）、早稲田大学グローバルCOEプログラム「アジア地域統合のための世界的人材育成拠点」特別フェローを経て、現在、日本学術振興会特別研究員（PD）、横浜市立大学および国際基督教大学非常勤講師。専門は比較・国際教育学。主な論文に「なぜ英語プログラムに留学するのか？-日韓高等教育留学におけるプッシュ・プル要因の質的分析を通して」（『教育社会学研究』第94集（2014）日本教育社会学会, 303-324）などがある。

東アジアにおける留学生移動のパラダイム転換
―大学国際化と「英語プログラム」の日韓比較―

2016年2月28日　初版第1刷発行　　　　　　　　　　　　〔検印省略〕

＊定価はカバーに表示してあります

著　者 © 嶋内佐絵　　発行者　下田勝司　　　　　　　印刷・製本　中央精版印刷

東京都文京区向丘1-20-6　郵便振替 00110-6-37828
〒113-0023　TEL 03-3818-5521（代）　FAX 03-3818-5514
　　　　　E-Mail tk203444@fsinet.or.jp
　　　　　Homepage http://www.toshindo-pub.com

発行所　株式会社 東信堂

Published by TOSHINDO PUBLISHING CO.,LTD.
1-20-6, Mukougaoka, Bunkyo-ku, Tokyo, 113-0023, Japan
ISBN978-4-7989-1342-1　C3037 Copyright©2016 SHIMAUCHI, Sae

東信堂

比較教育学事典	日本比較教育学会編	二二〇〇〇円
比較教育学の地平を拓く	山田肖子編著	四六〇〇円
比較教育学――越境のレッスン	森下稔編著	三六〇〇円
比較教育学――伝統・挑戦・新しいパラダイム	M・ブレイ編 馬越徹	三八〇〇円
国際教育開発の研究射程――「持続可能な社会」のための比較教育学の最前線	馬越徹・大塚豊監訳	二八〇〇円
国際教育開発の再検討――途上国の基礎教育普及に向けて	小川啓一編著	二四〇〇円
発展途上国の保育と国際協力	浜野隆編著	三八〇〇円
トランスナショナル高等教育の国際比較――留学概念の転換	杉本均編著	三六〇〇円
東アジアにおける留学生移動のパラダイム転換	嶋内佐絵	三六〇〇円
中国教育の文化的基盤	顧明遠著 大塚豊監訳	二九〇〇円
中国大学入試研究――変貌する国家の人材選抜	大塚豊	三六〇〇円
東アジアの大学・大学院入学者選抜制度の比較――中国・台湾・韓国・日本	南部広孝	三三〇〇円
中国高等教育独学試験制度の展開	南部広孝	三三〇〇円
中国の職業教育拡大政策――背景・実現過程・帰結	劉文君	五〇四八円
中国における大学奨学金制度と評価	王帥	五四〇〇円
中国高等教育の拡大と教育機会の変容	王傑	三九〇〇円
現代中国初中等教育の多様化と教育改革	楠山研	三六〇〇円
文革後中国基礎教育における「主体性」の育成	李霞	二八〇〇円
「郷土」としての台湾――郷土教育の展開にみるアイデンティティの変容	林初梅	四六〇〇円
戦後台湾教育とナショナル・アイデンティティ	山﨑直也	四〇〇〇円
ドイツ統一・EU統合とグローバリズム――教育の視点からみたその軌跡と課題	木戸裕	六〇〇〇円
教育における国家原理と市場原理――チリ現代教育史に関する研究	斉藤泰雄	三八〇〇円
インドの無認可学校研究――公教育を支える「影の制度」	小原優貴	三二〇〇円
中央アジアの教育とグローバリズム	嶺井明子編著	三六〇〇円
バングラデシュ農村の初等教育制度受容	日下部達哉	三六〇〇円
オーストラリアのグローバル教育の理論と実践――開発教育研究の継承と新たな展開	木村裕	三六〇〇円
[新版]オーストラリア・ニュージーランドの教育――グローバル社会を生き抜く力の育成に向けて	青木麻衣子・佐藤博志編著	二〇〇〇円
マレーシア青年期女性の進路形成	鴨川明子	四七〇〇円

〒113-0023　東京都文京区向丘1-20-6　TEL 03-3818-5521　FAX 03-3818-5514　振替 00110-6-37828
Email tk203444@fsinet.or.jp　URL:http://www.toshindo-pub.com/

※定価：表示価格（本体）＋税